suhrkamp taschenbuch 1748

Andreas Neumeister, geboren 1959 in Starnberg, lebt zur Zeit in München. 1990 erschien sein zweites Buch, der Roman *Salz im Blut*. »*Äpfel vom Baum im Kies* ist ein verdammt respektabler Erstling . . .«, schrieben die *Luzerner Neuesten Nachrichten* über das verblüffende Erstlingswerk von Andreas Neumeister, das durch seine Eigenwilligkeit einem Riesenpuzzle gleicht; denn, so weiß es der Autor, auch »das Leben ist kein Roman«. Andreas Neumeisters literarisches Debüt spielt verschmitzt mit den Genres. Aus autobiographischen Erinnerungen, bayerischer Heimatkunde und politischer Geschichte, aus geologischen und ethnologischen Exkursen, Naturbeschreibungen, Briefen, Reiseberichten und Tagebüchern, aus alten Schulaufsätzen sowie Fotografien, auf denen Kindheits- und Familiengeschichte wieder lebendig wird, setzt er das Leben des Andreas Nachleger zusammen. Auch den Leser läßt diese funkenschlagende Prosa voller Witz, Rhythmus und Sprachgefühl nicht zur Ruhe kommen.

Andreas Neumeister

Äpfel vom Baum im Kies

Suhrkamp

Umschlagfoto: Jenö Kovács

suhrkamp taschenbuch 1741
Erste Auflage 1990

Druck: Nomos Verlagsgesellschaft, Baden-Baden
Printed in Germany
Umschlag nach Entwürfen von
Willy Fleckhaus und Rolf Staudt

1 2 3 4 5 6 – 95 94 93 92 91 90

Inhalt

Einmal schaute ich vor zwei
Wochen bei meinem Freund FBI an. Es
war sechs Uhr und der Film war
aus, da ging ich heim. Es war
auch sehr dunkel und ich meinte,
die ganzen FBI Menschen laufen
hinter mir her. Als ich mir einbil-
dete, sie zu sehen, rannte ich durch
die Gegend wie ein Blitz. Als ich
endlich die Haustüre erreichte,
bekam ich wieder Mut. Ich tat
so, als wenn ich welche abschoß
oder ihnen einen Kinnhaken
gab und sie umfielen. Im Traum
ging es mir genauso. Gut! Z.

APFEL

Gnafna die Milchfrau

Am Anfang war die Milch. Kuhwarm und ein Schaum obendrauf. Oder aber ziegenwarm oder schafswarm und anderer Säugetiere mehr. Mit dem Frühling kehren auch die Zugvögel zu uns zurück. Wir freuen uns, die fröhlichen Genossen wieder bei uns zu haben! Vorgestern sind wir bei den hinteren Fischweihern spazierengegangen. In den kälteren Monaten hungern die Hausbesitzer nach dem Frühling, nach der ersten Gelegenheit, das Gras wachsen zu hören, es mähen zu können. Die Lichter auf der Wiese gehören bald dem Löwenzahn. – Schau, die vielen Fallschirmspringer!, wird Andreas rufen. An jedem Schirmchen hängt ein kleines Samenkörnlein. Andreas bläst ganz fest.

Terpentin ist ihm sehr wichtig gewesen, Pinselreiniger aus dem Keller. Die Ziegenmilch, die brannte nicht, die Schafsmilch. Bei einigen Blechautos lassen sich Flüssigkeiten einfüllen, ohne daß sie auf der Stelle wieder herauslaufen. Auf dem Erdhaufen vor der Garage ist gerade der rechte Platz für Experimente. Brauchbare Flüssigkeiten sind durch das Flammensymbol außen auf der Flasche deutlich gekennzeichnet. Je nachdem, gibt es eine Stichflamme. Vor einer Stichflamme heißt es ausweichen. Zäher, schwarzer Rauch quillt auf. Es stinkt, und wie es stinkt! Brennen muß es, bis das Auto zu einem massiven schweren Klumpen verschmolzen ist. Es ist nicht gelöscht worden.

Autos lösch ich nicht. Oder ich kann Papp-Hochhäuser anzünden, aus Papp-Schachteln eine ganze Trabanten-Siedlung aufbauen und sie anschließend in Brand stecken. Da lösch ich schon. Lösche immer ein wenig: Pappe brennt zu schnell. Ein echtes Hochhaus brennt auch seine paar Stunden, eh es endgültig in die Knie geht. Es soll sich schon lohnen, irgendwie, ich muß doch löschen, weil sonst keiner da ist, der hilft. Es beschwert sich der Nachbar wegen der Größe des Feuers. Das kann er nicht mitansehen, als Architekt. Ich bin auch Architekt, aber ich kann über meinen eigenen Schatten springen. Ein einziges Mal ist es gefährlich gewesen, aber meine Haare waren

kurz. Bei kurzer Stichflamme darf einer ruhig lange Haare haben. Wenn die Stichflamme jedoch lang ist, dann müssen die Haare kurz sein. Stets waren die Eltern für kurze Haare. Immer haben die Eltern gewußt, was gut ist für mich. Als Stichflamme war ich geboren, und entsprechend der Jahreszeit lernten wir die Wörter: Gartenzwerg, Gartenblume, Gartenzaun, Gartenstuhl, Gartentisch, Gartenstrauch, Gartenschlauch, Gartenhaus, Gartengerät, Gartenschirm, Gartenarbeit, Gartenmauer, Gartenbank, Gartenlaube, Gartenerde, Gartenmist, Gartentüre, Gartenweg, Gartenschere.
Am Anfang war das Samenkörnlein. Wenn ich schließlich den Führerschein habe, wird es kommen, wie es kommt. Am Anfang war vielmehr das Benzin. Ein paarmal mit dem gelben Ascona meiner Eltern in das frühjahrsgrelle Flachland hinaus. Mit Lothars hellblauem Kadett auch einmal durch die österliche Po-Ebene. In eine dieser aufgebrochenen Kleinstädte hinein, wo es zu einer zügigen Verfolgungsjagd mit Gabi und Micha im anderen Auto sicher auch kommt. Das Geld ist rar, und hungrig sind die Automaten. Niemand säumt die Straßen und beachtet die jungen Deutschen, die jedes Jahr um die gleiche Zeit nach Italien zurückzukehren drohen. Heftig blühen dann die Obstbäume, denn die Luft ist übermütig und gesund.
Im Schacht eines sienesischen Horoskop-Automaten wird einer von ihnen einen kartonierten Zettel finden: Bei dem Geschaeft, das du jetzt besorgt, sei klug am Anfang, aber sobald den Erfolg sehen kannst, setze fleissig fort. Deine gegenwärtigen Belaestigungen werden bald zum End und Glueck wird dich hold. Du wirst Sieg ueber deine Feinde davontragen. Eine Person, die dich sehr lieb hat und deren Gefuehle du daran teilnimmst, wird bald mit einer schoenen Ueberraschung ankommen. Guenstige Tag, Montags den 8.

Kenne keine Wiegenlieder. Kenne keine Nachtschicht-Putzkolonnen. Kenne keine längere, keine kürzere und überhaupt auch keine andere Geschichte als die meines eigenen Lebens und all dessen, was mich in den dazugehörigen Tagen beschäftigt hat. Alles hat sich von Grund auf verändert. Im Grunde hat sich nichts verändert. Noch immer mag ich keine Lebensbeichten leiden, keine Witzbücher.

Du Totgeburt!, sag ich endlich zu mir. Wie lange willst du es noch aushalten, den Magen voll Zement, zwischen Wänden aus Asbest? Wie lange willst du noch mit annähernd 360 Grad Fieber an das eckige Bett gefesselt sein und die Steckdosen in diesem Zimmer zählen? Zwei sind es, und es werden nicht mehr. Ich werde die Schneereste über meine brennende Kopfhaut verteilen, es soll endlich Schluß sein damit. Um endlich niesen zu können, seh ich hinauf zur ausgeschalteten Deckenlampe, nur um herauszufinden: es hilft nichts. Aufs neue verwundert, blicke ich an diesem, meinem, dem vor mir ausgebreiteten Körper herunter, nur um noch einmal festzustellen, daß das beliebte Erkennungszeichen der Säugetiergattung doch nur bei Frauen vorhanden ist. Am Anfang war die Milchfrau. Mit steilem Rücken zu mir, steht Roman schon am Fenster und behauptet, uns würde ja immer noch die Gattung der Wirbeltiere bleiben. Soll ich vorsichtig nach hinten tasten oder einfach davon ausgehen, daß dort noch alles beim alten ist? Das beliebte Münchner k. o.-Bier habe ich auch bloß 29mal und nie wieder getrunken. Wenn einer so dumm ist wie ich, wenn er mal zuviel Geld hat, dann muß er sich schon fragen lassen, warum ist er denn so dumm? Aß auch einen Bleifisch dazu. So gut ist das Leben in der Nahrungskette auch wieder nicht. Asbest-Kuh. Ich dachte, Schnaps sei dazu da, alles unschädlich zu machen. Ich dachte, vielleicht trifft der 3774. von allen ins Schwarze. Aber in Wahrheit trinke ich nur Milch aus der Milchtüte. Sollte sie helfen gegen Pilzvergiftung, so heißt das noch lange nicht, daß sie es auch mit den harten Drogen aufnimmt.

München ist wie Starnberg, sagt Roman, bloß größer.

Wenn wir uns nur zusammenreißen, wir werden es schon wieder lernen, akustische und optische Signale gleichzeitig zu verarbeiten. Roman, sah ich denn aus wie ein Weltwunder, bloß weil ich normale Kopfhörer zum aztekischen Walkman trug? In meiner linken Brusttasche: Das Herz. Soll ich es lauter stellen? Langsam bekomme ich wieder Oberwasser und mache bereits Pläne, ihnen die klugen Tassen einzeln aus den Schränken zu ziehen. Langsam bekomme ich wieder einen Schneid, und ich werde bald auch die über den Winter lasch gewordenen Fahrradreifen aufzupumpen versuchen. Wir sollen die Gürtel

immer noch enger schnallen, doch ich habe längst keine Lust mehr, ständig neue Löcher in die Kopfhaut zu stanzen.
New York ist wahrscheinlich genauso wie München, bloß größer, sagt Roman und meint es ernst.

Ende April wollte ich es noch mal probieren.
Roman, der nicht danach gefragt hatte, erklärte ich Ende April zusammenfassend, was ich mir auch selbst immer wieder zurechtzulegen versuchte: Bin in Starnberg bei Hanfeld in Deutschland an der Isar aufgewachsen und geboren und gelangte erst später über Lochhausen und Pasing nach München bei Neuhausen.
Die Gebärde der Geburt. Als Wegweiser quasi erschien Anfang 1959 eine neue Seydlitz-Erdkunde, deren erste Abbildung zeigte die Ortschaft Starnberg vor dem langgestreckten See gelegen. Die beschönigende Zeichnung wollte wie eine Fotografie aussehen. Auf diese doppelte Fälschung also war ich hereingefallen, und ich entschloß mich, nicht mehr weiterzublättern. 1959 war ja längst bekannt, daß diese Gegend ihre eigene Eiszeit gehabt hatte, allgemein Würmeiszeit genannt, in der sich die Alpengletscher bis zur jetzigen Würm vorgearbeitet hatten. Den Hintergrund der Abbildung bildet die Alpenkette. Diese Richtung ist allgemein als Süden definiert. Es soll dort wärmer sein, aber ich kann da nur eisbemützte Gipfel erkennen. Die meisten Bewohner der davorliegenden Landschaft kamen erst in den letzten Jahren aus den nördlichen Ebenen. Allgemein herrscht jetzt der Wunsch, die Hänge zu glätten, um gepflasterte Terrassen auf ihnen anlegen zu können. Ein Blick in die zahllos klaffenden Baugruben hätte gereicht zu sehen, was da unter der dünnen Humusschicht ansteht und Auskunft gibt. In den verbliebenen Hügeln vermögen die Tonangeber nur die ideale Unterlage für gepflegte Golfplätze zu erkennen. Es war die längste der Eiszeiten bisher. Der längste der darauffolgenden Kriege hat dreißig Jahre gedauert. Bei Mühlthal steht das Gletschertor.

Und die guten Wünsche stapeln sich. Im kranken Zimmer kann ich einmal herumschauen (gelber Schalter), ich kann hinüberschauen (grüner Schalter), ich kann hineinschauen (blauer

Schalter), wegschauen (kaputter Schalter), hinunterschauen (roter Schalter) und hinaufschauen an eine Decke (schwarzer Schalter). Vorne ist das Fenster, die gerahmte Alpenkette, da brauch ich den Kopf nur gerade zu halten (Hauptschalter Nullstellung). In der linken Brusttasche: Das Herz. Roman hat es ausgeschaltet, hat die Batterien rausgenommen und seine Kopfhörer wieder eingesteckt. Heute sind die Sterne gut beleuchtet. Houdek und der Kleine Kandler stehen günstig für uns. Die Kugel scheint ja diejenige Form zu sein, die sich für die umherirrenden Planeten am besten bewährt hat. Zwei Metzgereien und keine steht an der Tür und klingelt mit einer Wurst. Von der Möglichkeit an die Decke zu starren (schwarzer Schalter), mache ich vorsätzlich am wenigsten Gebrauch. Vom Vogelhäuschen, das noch am Geländer des Balkons hängt, sind die Dachrinnen weggerostet, seine Küche ist ausgebrannt und alle Fenster sind eingeschmissen. Das bequemere Schokoladeessen erspart das lästigere Suppeessen. Die Sonne, wenn sie nur auch in meine Schüssel schiene! Doch wenn einer eh nur im Schatten lebt, dann will er sich nicht auch noch im Schatten aufhalten müssen. Kann ich das so sagen, oder muß ich vorsichtiger umgehen mit dermaßen zielgerichteter Mitleidszuteilung? Schattenboxen ist eine durchaus angemessene Betätigung. Ich werde mich durchaus so lange beweinen, wie ich es selbst für richtig halte. Diese Erklärung mit gezielten Faustschlägen zu verteidigen, bin ich entschieden bereit. Ein Schatten, ein Zehnerl. Es ist sehr wichtig, was ausgerechnet ich mir vorneh-me. Auf diese Weise läßt sich das, was ich dann wirklich ausführe, immerhin auf jenes einschränken, was ich mir nicht vorgenommen habe. So kann jede Haltung ihren Zweck erfüllen. Meine Haltungsschäden sind mir erst kürzlich zwischen den Fingern zerronnen, auch wenn Doktor Maier schon viel früher behauptet hatte, daß mir nichts Grundsätzliches fehlt. Konnte er wissen, was kommt? Konnte er auch nur im entferntesten meine Unverletzbarkeit bei Autounfällen erahnen? Auch ich stand schon am Fuß des höchsten Berges Schottlands, welcher der höchste Großbritanniens ist. In diesen Wochen, in denen wir die Sonne kaum zu sehen bekommen hatten. Hinauf wollten wir und nachschauen, was los ist. Erst gestern hat Gernot wieder geschrieben. Seine hartnäckige Kleinschreibung

hatte ihn auch damals schon ständig begleitet. Ohne weiteres wären wir hinauf, hätte uns der Nebel nicht verschlungen. Ben Nevis, auf einer Postkarte haben wir deine Umrisse erkannt. Auch stand ich schon am Fuß des höchsten Scheißhaufens des Landkreises und mußte, wie jetzt, aufs Klo. Wo ist der Notschalter für die Durft? Wenn es mir doch nur gelänge, mich jetzt zusammenzureißen, vielleicht könnte ich mich dann all der Stellen erinnern, die ich regelmäßig und immer wieder aufgesucht hatte. Da saß ich und blickte auf verschiedene Gewässer, dachte an verschiedene Gewässer, aber an jedem Ufer waren Dinge zu sehen, die mich nur den Notschalter herbeisehnen ließen. Notschalter Mittelstellung: Die Spülung. Statt zu essen, ernährte ich mich von Ausblicken. Manchmal kommt es anders: an dem, was fünfzig Millionen Deutsche fressen, werd ich schon auch nicht verrecken.
Oft ist es auch der Anblick einsamer Pissoir-Fliegen gewesen. Wieder und wieder habe ich den Weg meiner Ausscheidungen entlanggedacht. Als die Versitzgrube zugeschüttet und das Haus an den Kanal angeschlossen wurde, ist es interessanter geworden. Durch die Kreisstadt-Kanalisation, die zentrale Kläranlage in die Würm. Das Leutstettner Moos, ein Schwamm. Vor Gauting ist die Würm noch ein Gedärm. Dünndarm. Danach, zwischen den breitgetretenen Vororten, muß sie sich keusch gebärden. In Pasing entnimmt die Stadt München dem Fluß, nach dem immerhin eine Eiszeit benannt ist, eine vage Hälfte des Wassers und entführt sie Richtung Osten. Es scheint, die Münchner haben es nicht ertragen können, daß die Würm einen so großen Bogen um ihre Stadt gemacht hat. So aber ernähren meine geklärten Fäkalien die Algen in den Nymphenburger Schloßteichen und die chinesischen Karpfen des Olympiasees. Affektierte Schwäne paddeln bedürfnislos darin herum. Der belassene Teil des Würmwassers hat einen längeren Weg in die Isar. Captain Beefheart hat ein Lied geschrieben. *Dachau Blues,* die Batterien sind leer, und die Würm mischt sich selbstlos in die entnazifizierte Amper. Fließt vorbei am verstummten Ampermoching. Fließt erst am oberen Rand der Münchner Schotterebene endgültig mit den Isartaler Ausscheidungen zusammen. Bei Deggendorf biegt die Isar rechts ab in die Donau, den Dickdarm. Ich habe gehört, daß man auf ihr bis

nach Budapest kommt. Da will ich hin. Im Osten, hinter Percha gelegen, Hauptstadt der Ungarn, meiner Scheiße längst vertraut. Ich habe gehört, von dort aus sei es noch ein weiter Weg ins Schwarze Meer, wo dann endgültig Schluß ist. Wo die Schwebeteile langsam absinken können. Wo das Wasser verdunstet, und wer weiß, wo es als Regen wieder herunterkommt. Summer surprised us, coming over the Starnbergersee, with a shower of rain.

Natürlich ist Wasser das faszinierendste Thema: der Mensch besteht zu siebzig Prozent daraus. Da Wasser so unendlich weiblich sein soll, ist nicht vom Meerzipfel, sondern vom Meerbusen die Rede. Brauch also bloß zu den Quellfassungen in der Maisinger Schlucht zu gehn, und siehe da, ich stehe meinem Ursprung gegenüber, hier floß aus der Erde, was den Hauptteil meiner Existenz ausmacht. Das mag ernüchternd klingen, aber mir gefällt es da unten ganz gut. Gerne sähe ich die Gebirge von Zufällen, die meine Existenz ausmachen, auf einem Haufen. Fragen drängen sich auf. Warum zum Beispiel hat vielleicht ausgerechnet der Urgroßvater väterlicherseits meiner Ururgroßmutter mütterlicherseits eine offene Lungenentzündung überlebt, an der seine beiden Geschwister jämmerlich zugrunde gegangen sind? Der hat die Mutter seiner Kinder vielleicht allein deshalb kennengelernt, weil die ausgerechnet vor der Haustür seines besten Freundes einen halben Zentner Kartoffeln über das Pflaster verschüttet hatte. Meine Urahnin. Was durchaus nicht einleuchtet: es hat ein jeder zwei Eltern, vier Großeltern, acht Urgroßeltern, sechzehn Ururgroßeltern und so weiter. Gleichzeitig aber nimmt die Weltbevölkerung ständig zu, anstatt ständig im Quadrat abzunehmen. Wie kann ich so je zu Adam und Eva kommen, oder als einer, der mit denen nichts zu tun haben will, zu den ganz gewiß nicht gerade zahlreichen ersten Lebewesen, die als Menschen bezeichnet werden müssen? Alte Bratpfannen schreien ja auch immer nach der Antwort auf die Frage, was in ihnen denn schon alles gekocht worden ist. Auf einem Haufen! Im Regen! An einem Dienstag! Allein, zu zwein, mit wem? Diesmal will Gnafna wissen, ob ich mir denn die Fingernägel auch richtig geschnitten hätte. Hinter diesen Fragen steckte das rostige Geländer des

Aussichtspunktes. Dahinter der schmale Streifen Wald vor dem Beginn der penetranten Kreisstadt. Dahinter die penetrante Kreisstadt. Dahinter der See. An dessen Ende Seeshaupt, von hier aus stimmt der Name, dort liegt die Zukunft. Bevor die Eisenbahn bis nach Murnau ging, war dort schon Ausgangspunkt für Hochgebirgsbegehungen. Dort liegt die Vergangenheit. Zur Rechten der Seebusen von Tutzing. Von Seeshaupt aus gesehen, ein zwölftausendjähriger Hängebusen, durch allmähliche Verlandung immer mehr geschrumpft. Brauch bloß über die Fingernägel, das Geländer und den Wald auf die Lego-Häuser der Kreisstadt hinunterzuschauen, wie sie stumpfsinnig grasend immer mehr zu schlachtreifem Vieh heranwachsen, dann ist leicht zu verstehen, warum sich ihre Bewohner jeweils mit der sich alle paar Jahre wiederholenden Wahlprozedur zufriedengeben. Besser könnte die Konjunktur für Baukästen gar nicht sein. Daß Frauen im Durchschnitt noch konservativer wählen als Männer, ist doch nur ein weiterer Beweis dafür, daß die, die am meisten verarscht werden, am ehesten die unterstützen, die sie am meisten verarschen, um sich dabei selbst das Gefühl einzuhandeln, an ihrer eigenen Verfassung verantwortungsvoll mitgebastelt zu haben. Weibliche und männliche Konserven zusammen ergeben eine Konservenfabrik. Kurz vor Kriegsende logierte Hitlers Statthalter General von Epp auf dem Schornerhof bei Starnberg. Ende der Siebzigerjahre hätte der Landkreis die Milchfabrik Schorn (links im Bild) beinahe an den Landkreis Tölz abgeben müssen. Es war eine Frage der Gewerbesteuer. Am Schornerhof stoppt ein Wagen. Gerngroß springt heraus, schneidet im Vorhaus die Telefonleitungen durch. An den völlig verdutzten Wachposten vorbei geht er ins Herrenzimmer. Dort sitzt General Epp mit Major Carraciola und anderen Offizieren. Gerngroß zu Epp: Herr General, die Lage in München ist grauenhaft. Bitte helfen Sie das Chaos zu beenden! Kapitulieren Sie! – Epp zaudert: Ich habe viele Freunde in der Partei, ich kann sie nicht im Stich lassen. – Schließlich schlägt Leiling vor, zu Panzerkommandeur Braun nach Freising zu fahren, vielleicht könne der Epp umstimmen.

Schließlich werde ich nicht mehr bis nach Schottland fahren müssen, um auf Hügel steigen zu können, von denen aus, durch nichts behindert, in jeder Richtung die ganze Weite zu sehen ist. Von hier oben wird hinter dem Geländer längst alles sehr schottisch aussehen. Rauf und runter und dazwischen Wasser. Alles kahl und nichts verstellt den Blick. Die Milchfabrik, die Milchfabrik, sie pumpt die Kühe leer. Es werden die Kühe endlich mehr Platz haben, auf endlosen Weiden, nur von zielstrebigen Straßen durchschnitten. Nach Ungarn werd ich endlich fahren, wenn ich doch mal Wälder sehn will. Eichenwälder. Jenseits von Budapest, und gut gedüngt. Eichen halten am längsten, denn sie brennen auch am längsten. Wer noch in der Nähe des Geländers wohnt, der wählt in der Schießstätte, vor deren Eingang eine Kanone steht, sie markiert den Ausgang. Sie zeigt nach Südosten, hinter den Donauknick. Wer daneben wählt, wird (nicht) erschossen. Die Wahlen sind geheim.

Gestern war Mutters Festtag. Ich erfreute meine Mutter mit einem selbstgebastelten Geschenkblatt.
Unkonzentrierte Insekten turnten auf dem Fensterbrett. Mutter hatte immer sehr viel Wert auf frische Luft gelegt, viel Milch, frische Milch. Solange es im Garten noch zu kalt war, lag ich auf dem Holzbalkon und sah der Trauerweide beim Trauern zu. Eines Tages bestand Verdacht auf Scharlach, und alle meine Lego-Steine mußten in einer Plastikwanne desinfiziert werden. Wahrscheinlich aber waren es nur die Röteln, und ich brauch mir jetzt wegen meiner Schwangerschaft keine Sorgen mehr zu machen. Es wird ein Bub!
Fest steht, daß Mütter den Frauen stets überlegen sein werden, denn sie haben den ganzen Sohn in sich gehabt. Die Frau aber höchstens einen kleinen Teil des Sohnes. Ein Gedicht muß her! Ein Mädchen hätt ich eh nicht sein mögen. Mädchen reimen sich meist. Buben bauen Dämme, um das Schmelzwasser umzuleiten. Buben bauen Autobahnen. Kein Vogel sitzt in seinem Nest so warm, wie ich auf meiner Mutter Schoß, auf meiner Mutter Arm. Kurz lebt das Leben. (Das Leben lebt kurz.) Zwischen Entstehung und Erlöschen der Stichflamme liegt das Stichflammen-Dasein. Der Vergleich mit einer Stichflamme gefällt mir. Er gefällt mir richtig. Er ist so richtig schön an den Haaren

herbeigezogen. Es stinkt, wie die Haare so brennen, und das ist mein Ende.
Heute lernen wir Maiwörter: Maibaum, Maikäfer, Mailuft, Maiwetter, Maizeit, Maiglöckchen, Mairegen, Maisonne, Maiwiese, Maibowle, Maiwein, Maibock, Maiblumen, Maiandacht, Maiwoche, Maigewitter, Maitag, Mailieder, Maifeiertag, Maisonntag.
Weil alles Löschen nicht hilft: Bury my heart an der Biegung der Würm. Nach mir die Sintflut, diese Eiszeit. Erst wenn restlos alles weggeschoben ist, was mir nicht gefallen hat, werd ich wiederauferstehen. Und siehe, es wird herrlich sein! Gnafna ist am Ende.

Drei Fahnen, dreifarbig

Herr Otto, der Sohn des Ottomotor-Erfinders, hatte an der Esso-Kreuzung vorne seine Fabrik und eine kleine Flugzeugwerft direkt neben dem Strandbad. Hett Orro, Ilses neuer Freund, liegt im Strandbad nicht etwa vor den Umkleidekabinen, die Vater während seines Praktikums beim Stadler mit aufgerichtet hatte. Es gibt dort keine Holzhütten mehr. Nur Starnbergs untere Kanalisation und die Wassersportsiedlung, für deren Planung Vater bei der Stadt eingestellt war, sind noch unversehrt.
Der Vorgänger vom Großvater hieß Haas: Dachdeckerei Haas. Ein paar Meter nördlich des alten Hauptsammlers der Kanalisation verläuft mitten durch Starnberg der 48. Breitengrad, der es mit so fernen Regionen wie Neufundland oder Ulan Bator, Hauptstadt der Mongolei, verbindet. Auch mit Minnesota, zwischen dessen zehntausend Seen bereits 1870 hunderttausend Deutsche siedelten. Damit künftig niemand mehr diese geographisch bedeutende Linie unwissend überschreitet, ist eine markierte Steinplatte in die Wittelsbacher Straße eingelassen.
In Minnesotas Stearns County, das vorwiegend von Katholiken aus Baiern, Westfalen und dem Rheinland unter den Pflug genommen war, galt jeder zweite Kolonist als Deutscher. Sie bauten in geschlossenen Bereichen rund um ihre Kirchen. Eine dieser Siedlungen, eine Ansammlung fensterloser Blockhütten, an jener Stelle gelegen, wo der Red-River-Trail auf den Saukfluß traf, hatten sie 1858 Neu Muenchen getauft. Denn zuvor schon war der nur eine Meile von dieser Stelle entfernte See von dem bairischen Landvermesser Sebastian Wimmer als Starnberger See in seine Landkarte eingezeichnet worden.
Der Nachfolger von Herrn Haas, mein Großvater, hatte sich nach dem Ersten Weltkrieg zusätzliches Geld verdient. Da die meisten Metalle schon vor Kriegsende sehr knapp waren, stieg das Kupfer, das er wegen der zu seinem Geschäft gehörigen Spenglerei auf Vorrat hatte, enorm im Wert. Der erzielte Gewinn floß an den Bauern Lechner, von dem er später die zu

einem Spottpreis weiterverkauften Grundstücke an der Bozenerstraße erwarb. Was ein gut eingeführter Handwerker war, der konnte einen verlorenen Krieg doch noch gewonnen haben. Mein Vater war sein Sohn. 1919, als der Sohn neun Jahre alt war, sollten, den Bahndamm ein paar hundert Meter weiter, alle greifbaren Vertreter des räteregierten Starnberg von den Weißen Truppen hingerichtet werden. Zusammen mit etwa zwei Dutzend anderen jungen Männern wurde auch der Schleusinger hinter einem Wagen mit Chlorkalk und Karbol hergeführt. Dort, wo die Münchner Straße inzwischen den Bahndamm unterquert, erreichten sie die vom Damm abgeschlossene Bleichwiese, den schon von Neugierigen umringten Exekutionsplatz. Sie wurden gezwungen, sich mit dem Rücken zum Bahndamm zu stellen, vor dem sich in größerer Entfernung auch schon die Soldaten aufgereiht hatten. Noch kurz bevor die ersten Schüsse fallen sollten, gelang es einem der Gefangenen, den Ring der Soldaten zu durchbrechen und in den unüberschaubaren Schilfgürtel der Sümpfe Richtung Leutstetten zu entkommen. So sehr versetzte das den Kommandierenden Offizier in Zorn, daß er den Schleusinger, den er für den Rädelsführer hielt, dazu zwingt, den Tod der anderen mitanzusehen, bevor er ihn erschießen läßt. Als er sich weigert, setzen sie dem Schleusinger von beiden Seiten Revolver an die Schläfen. Da bleibt ihm nichts, als hinzusehen. Seinen Genossen geht es nicht besser als Schlachtvieh. In dem Moment aber, da er selbst an die Reihe kommen soll, trifft atemlos der Ortsvorsteher ein; einen beschriebenen Zettel hält er in der Hand. Der Offizier sieht sich gezwungen, den Schleusinger ins Gefängnis zurücktransportieren zu lassen. Dessen Freunde sind beseitigt, er ist seit dieser Stunde nervenkrank. Vaters Schulfreunde haben ihn grauhaarig werden sehn. Und seitdem schüttet es aus Fässern, aber trotzdem bricht jemand in die Schule ein und hat dort nichts anderes im Sinn, als sämtliche Türen von innen mit Ketten zu blockieren. Doch der Hausmeister merkt es wohl zu früh. Es kommt das Technische Hilfswerk. Es kommt zu Drohungen. Köpfe sollen rollen, doch niemand hat mehr einen Hals. Nötigung! In den Pausen zwischen dem großen Monsun sind wir nach Maising gefahren, zu sehen, wer alles auf dem Damm schon hockt.

Montags räumten wir die elterlichen Kühlschränke leer und schleppten die Viktualien auf den Damm hinauf. Auf dem Staudamm erwirbt sich die Sonne die ganze Aufmerksamkeit, als sie taubstumm hinter den See fällt. Hett Orro, Ilses Freund aus Ulan Bator, erkannte das Becken des Maisinger Sees als den Hauptteil des Starnberger Inundationsgebietes. Der See wird von einem Seemeister beaufsichtigt, der, wenn erforderlich, die Seeschleusen zu ziehen und zu schließen hat. Dieses geschieht zumal, wenn die churfürstlichen Schiffe zu Starnberg aus den Schiffhütten auslaufen sollen. (Hierfür ist ein eigener Kanal in Starnberg vom Maisinger Bach gegen diese Schiffhütten geführt.) Nie sind wir auf der Wirtshausterrasse vor dem Damm gesessen. Anderntags war zu lernen, wie gut Bier zu Kuchen paßt. In der Schule war nichts Vergleichbares zu lernen. Haben wir dort jemals die Formel von Bier, oder diejenige von Apfelstreuselkuchen erfahren? Nein, Herr Wachsmann, ich kann mich nicht erinnern. Haben wir dort jemals gelernt, unsere Mofas zu reparieren? Nein, Herr Gukkelsberger, so weit sind wir in Physik nicht gekommen. Und nicht mal Herr Stolle, der uns als einziger die Zusammenhänge zwischen Sex und Politik nicht verheimlichte, verlor auch nur ein einziges Wort über die Herkunft der Hakenkreuzfahne. Vor kurzem erst in die untersten Lagen des Wäscheschrankes gestopft, behauptet niemand mehr zu wissen, allein wie viele Mottenkugeln an einen zerplatzten Allmachtswahn verschwendet worden sind. Hat uns je einer davon erzählt, daß am Ludwig-Thoma-Weg, bei der Schule gleich um die Ecke, eine wahre Alexanderschlacht ausgetragen wurde? Herbert von Breitenbach, der Ritter mit dem Spielgewehr, schrieb um sein Leben, während wir Besinnungsaufsätze dichteten. Nein!, kein einziges Wort davon. Thoma war dort ein Begriff, bis hierher führten die markierten Wege des Lehrerwissens. Nebenan, in der Lüftn, dem ehemaligen Glasscheibenviertel, tobten Stürme, und nicht einmal die Deutschlehrer wollten etwas davon bemerkt haben. Unser Gastschüler wird sich schon seinen Teil dazu denken. Hett hat den Oberkörper eines jungen Gottes. Sein Gewand ist um Hals und Schulter geführt. Vor und hinter seinem Kopf ist je eine Windung eines nicht benennbaren Gegenstandes zu sehen. Auf dem Kopf stark lockiges, tief gebohrtes Haar. Augen mit Angabe der Pupillen. Das Relief mit seiner Abbildung wurde um die Jahrhundertwende zwischen Gauting und Mühlthal gefunden. (Nach der vagen Herkunftsangabe kann es sich bei dem Fundort auch um das römische Gauting handeln.) Wenn ich nicht so langsame Fingernägel hätte, könnte ich sehr wohl die Preisschilder zu Hetts und meinen Gunsten austauschen. Haarspray auf das Nummernschild, und dann immer bei Rot über die Ampel. Hin und her, bis wir in die Zeitung kommen, bis unsere absolute Unverwundbarkeit bewiesen ist. I see the hat on the man, the man in the van, the fat in the pan, the stamp in Pat's hand, the flag in the sand, the man on the land. Dann meldet sich Thomas und behauptet, er wüßte einen Satz, in dem dreimal ein englisches Wort vorkommt, also drei verschiedene Wörter, die gleich klingen, aber ganz unterschiedliche Bedeutungen haben: I had a hat on my head. – Immerhin wurde im Englischunterricht langsam die technische Voraussetzung geschaffen, Billie Holiday zu verstehen, die da singt: You took the best, so why not take the rest, why not take all of me? – Gerda bemalte mit ihren Klassen den ganzen Schulhof. Der Mann der Zeichenlehrerin war ein Dichter. Es hieß, er sei ein Dichter, aber niemand wußte Genaues.

Drei Wege führen nach Maising: über Neusöcking vorbei an der Maxhof-Kaserne, durch die Schlucht, oder über Söcking, die Wiesen hinunter. Sobald sich das Wetter wieder bessert, wird der Ministerpräsident mit einer alten Junkers von Riem aus nach Zürich starten und über dem Starnberger See in 800 Meter Höhe eines der mitgeführten Bierfässer anzapfen. Was veranlaßt die Fluggäste, ständig in die Tiefe zu glotzen? Hin und wieder ist etwas zu sehen. Seit der Überschwemmung des Maisinger Baches sind in der Schlucht die Ufer befestigt. Einem Naturereignis wird es unmöglich gemacht, auf Dauer sich durchzusetzen. In der Schlucht sah es aus wie in einem Wild-West-Film. Sehr wild und im Westen gelegen. Als wir zu drehen beginnen wollten, waren die schönen Verwüstungen, die das Wasser angerichtet hatte, schon wieder beseitigt. Bei Maising, das noch westlicher liegt als Söcking.
Im Sperrgebiet der Maxhof-Kaserne stand ein rosaroter Panzer. Der schnellste Weg führt hier vorbei. Im Sperrgebiet der

Maxhof-Kaserne war ein tarnfarbener Panzer gestanden. Der wechselte sein Äußeres, als ihn Unbefugte mit rosa Farbe übermalten. Es dauerte eh nicht lang, und er stand wieder da, wie immer und je. Der Kommandoinstinkt, den Röhm und seine Leute in die braune Partei mitgebracht hatten, wird begleitet, verstärkt und verharmlost durch pathetische Symbolik und zahllose Abzeichen völkischer Gesinnung. Das zentrale Kultobjekt, die Hakenkreuzfahne, war dabei keine Schöpfung Hitlers, wie dieser in *Mein Kampf* fälschlich behauptet hatte. Parteimitglied Friedrich Krohn hatte das in völkischen Kreisen schon länger verwendete Symbol in einer Denkschrift bereits als Symbol nationalsozialistischer Parteien empfohlen. Laut Fest war es dieser Krohn, der die Hakenkreuzfahne für die Gründungsversammlung der Starnberger Ortsgruppe Mitte Mai 1920 entworfen hatte. Röhms Starnberger Enkel hatte eine schöne Freundin, die uns gut gefallen hat. Mit dem Moped mit Raoul mit Mut, extra wegen ihr nach Gauting zu fahren war weit! Blond und blauäugig also hatten wir das Kunstlicht des Kreißsaales erblickt, doch diese Grundausstattung war 1959 offiziell nicht mehr gefragt gewesen. Genau eine Woche vor meiner Geburt war das erste Maxhof-Bataillon in die Kreisstadt eingezogen. Blöde winkend standen die Bürger schon wieder am Straßenrand. Vor der Kulisse aus der Seydlitz-Erdkunde: Schwarz-Rot-Gold, die Beflaggung hängt Ganzmast.

Noch zu Zeiten der Vorgängerfahne war meine Mutter am Starnberger See angekommen. Sie, die gelernte Kindergärtnerin, mußte während des Krieges in Niederpöcking auf die Kinder eines reichen Schnapsfabrikanten aufpassen. Nicht ins Wasser sollten sie fallen. Mit seiner Nordspitze zeigt der Starnberger See direkt nach München. Gegen Ende des Zweiten Weltkrieges wurde er den Alliierten so zu einem wichtigen Richtungsweiser. Den amerikanischen Bomberstaffeln, die am Tag von Italien über die Alpen kamen, ebenso wie den englischen, die, um ihre Ziele in Süddeutschland anzusteuern, stets nachts den ungefährlicheren Umweg über Frankreich flogen. Wer es sich leisten konnte, der saß in der Sonne am Seeufer und beobachtete die schweren amerikanischen Maschinen, wie sie tief über den See zogen. Wem es möglich war, der sah vom Stadtrand aus die von den Engländern gesetzten Christbäume, hörte die dumpfen Bombeneinschläge kurz darauf und sah bald den Feuerschein über München. Wer Schnaps zu verkaufen hatte, dem ist es noch in kaum einem Krieg schlecht ergangen. Wer auf die Kinder von Schnapsfabrikanten aufpaßte, auch der hatte Glück gehabt und konnte sich gelegentlich an das Ufer des wasserreichsten der vielen bairischen Seen setzen. Größer mag der Chiemsee ja durchaus sein, aber er ist vergleichsweise flach wie ein Brett. Starnberg hat den Krieg verloren. Hätte es ihn gewonnen, es müßten die ganzen Militaristen am Ort jetzt nicht mit der Christenpartei vorliebnehmen, und im Jahre '59 wäre ihnen allen ein blonder und blauäugiger Sohn geboren. Doch die Geschichte war eine andere. Der schaut sich jetzt mit seinen gar nicht blauen Augen die alten Postkarten an, die noch immer auf seinem Tisch liegen, und staunt, wie kaum bebaut vor gar nicht langer Zeit die zum See abfallenden Hänge dalagen. Mit glänzenden Augen hätten ihm die Alten Herren erzählen können von der Gründungsversammlung der NSDAP-Ortsgruppe, zu der Zahnarzt Krohn, eines der führenden Mitglieder der jungen Partei, auch Anton Drexler nach Starnberg geladen hatte; von dem historischen Augenblick, als Drexler beim Betreten des Saales am Rednerpult die von Krohn entworfene Hakenkreuzfahne zum ersten Mal erblickte und spontan ausrief: Da haben wir ja unsere Parteiflagge! –; vom Parteiausschuß der NSDAP am nächsten Tag, der die Fahne übernommen und auch veranlaßt hatte, daß die Parteiabzeichen nach ihrem Vorbild gefertigt wurden; von der Anekdote, daß Krohn dazu das linksgewendete Hakenkreuz vorgeschlagen hatte. Bei den von ihm gewählten Farben Schwarz-Weiß-Rot aber war es geblieben.

So gegen Mittag schlug die Müdigkeit über mir zusammen. Von dem, was fünfzig Millionen Deutsche trinken, werd ich auch nicht wacher. Wo bleibt der Hut auf dem Mann, der Mann in dem Lieferwagen, das Fett in der Pfanne, die Marke in Pats Hand, die Flagge im Sand, der Mann auf dem Land? Wo bleibt bloß der Otto mit dem Motor? Dicke Krüge gründen tief. Da ist ja der Hut auf dem Großvater. Der Großvater in seinem Lieferwagen, das Essen in Großmutters Pfanne, eine Pat ist hier nicht bekannt. Bei jedem deutschen Sieg im Ersten Weltkrieg wird im Garten vor der Dachdeckerei die Flagge des Deutschen Reiches gehißt. Der Großvater auf den Dächern des Vaterlandes. Starnberg hat keinen der beiden Weltkriege gewonnen. Die Autobahn läuft mit 130 Sachen in die Kreisstadt vorne hinein, aber hinten nicht mehr hinaus. Zur Starnberger Autobahn gehört das Autobahndreieck Starnberg, gleich neben der Milchfabrik gelegen. Dort zweigt die Privatautobahn ab. Doch wer zum Skifahren will, der fährt geradeaus.

Der Zwanzig-Minuten-Takt der S-Bahn bringt die alleinstehenden Münchner Rentner an die Promenaden des Fünfseenlandes. Der Kauf einer Seniorenkarte kann die Fahrtkosten erheblich verringern. Von den Bahnsteigen bis zur ersten Bank auf der Starnberger Seepromenade sind es knapp zwanzig Meter. Zum Dampfersteg, an dem die Seerundfahrten beginnen, sind es dreißig Meter. Auf dem Weg dorthin stehen beidseitig die Andenkenkioske. Der See selbst ist angeblich melancholisch. Die Münchner Rentner geben den zahlreichen Wasservögeln Namen. Nur die Möwen bleiben anonym. Viel zu schnell fliegen sie, als daß man sie einzeln registrieren könnte. Außerdem gelten sie als frech und hinterlistig. Auch auf die hinter der Promenade gelegene Kleinstadt waren Bomben gefallen, Notabwürfe von Bombern, die es mit kompletter Ladung bis München nicht mehr geschafft hätten. Im Wald nach Mühlthal hinter gibt es noch mehrere Bombenkrater. Die in der Zeit nach dem Krieg entstandenen Häßlichkeiten, die inzwischen die Hänge hinaufwachsen, wissen genau, warum sie sich meist hinter meterhohen Hecken verschanzen: Nach dem Hakenkreuz-Faschismus hat der Bau-Faschismus erst richtig angefangen.
Mutters Schulfreundin gehört zu den alleinstehenden Münchner Rentnern, die regelmäßig an die Starnberger Seepromenade fahren. Von den Wasservögeln hat sie Fotos gemacht. Ein Schwan heißt *General,* er sei nämlich besonders groß. Ein anderer *Graf Blücher,* der ist besonders schnell. Eine Gans heißt Susi. Die alleinstehenden Rentner aus München können sich merken, welche Namen zu welchen Vögeln gehören. Beim Vorzeigen auf dem Schulfreundinnen-Treffen hat die Schul-

freundin aus München ganz zerbissene Finger. Das sei vom Schwänefüttern. Heuer hat sie für das Frühjahr überhaupt kein Gefühl mehr.
Wir aber begeben uns jetzt von der Promenade auf den Schloßberg, wo wir leider auch nicht ganz glücklich werden. Gleich als ich die Tracht-Trägerin sah, wußte ich, das ist ihr Platz. Ein gefederter Hut war auf ihrem Kopf. Ich saß auf diesem Platz, von dort oben ist es ein viel umfassenderer Ausblick über die Kreisstadt, den See. Der Hut ließ keinen Zweifel aufkommen. Die Blicke der Tracht-Trägerin stoben ihr weit voraus auf die Steinbank zu. Die war besetzt. Ein Friedhof ist kein Plastik-Friedhof. Hier nebenan möcht ich nicht begraben sein. Die Steinbank schiebt von unten kalt. Ich leg mir eine Zeitung drauf. Hier möcht ich nicht begraben sein, weil es egal ist. Das heißt, hier möcht ich eher begraben sein als auf den anderen Friedhöfen der Stadt. Hier möchte ich am liebsten begraben sein. In ewiger Nachbarschaft der Ahnen unseres Briefträgers. Nicht aber im gelben Licht der Kirchen-Bestrahlung. Wenn schon Friedhof, dann dieser. Die Gefederte soll sich nicht so aufregen, der junge Mann ist einen weiten Weg hergelaufen und hat Löcher in den Schuhen. Die soll sich an ihrem Selbstmitleid ruhig verschlucken. Die sollte sich besser an seine Großmutter halten, die, wenn es ihr schlecht ging, stets sagte, man müsse immer an die denken, denen es schlechter geht. Insofern hat es nur einer wirklich schlecht, das arme Schwein, dem es am allerschlechtesten geht. Ohne weiteres könnte sich die Geteerte neben ihn hinsetzen, die ist sich aber zu gut dazu. Was sein Vorteil ist. Soll er ihr einen roten Teppich ausrollen und sich dann unauffällig aus dem Staub machen? Auf dieser Zeitung auf der Steinbank auf dem Schloßberg sitzt es sich gut, der Ausblick setzt den Gedanken Flügel auf. Hier bleib ich sitzen, bis ich versteinere. Mein Relief wird man für römisch halten. Von hier aus ist sehr wohl zu erkennen, daß alles funktioniert. Die Autos fahren alle auf der richtigen Straßenseite. Die Waren werden rechtzeitig ausgeliefert. Das Abwasser fließt ab. Die S-Bahn läuft pünktlich ein. Dreck wird zur Seite geräumt und Unrat wird weggeschafft. Abzuholende Waren werden rechtzeitig abgeholt. Die Linienschiffe halten sich ohne Schwierigkeiten über Wasser. Die Wasservögel sind

versorgt. Genügend Strom fließt durch die Leitungen. Die Drähte haben einen Durchmesser, der verhindert, daß sich die Drähte beim Durchfließen erhitzen. Genügend Wasser ergießt sich aus den Hähnen. Die Wasserleitungen sind tief genug verlegt, um im Winter nicht einzufrieren. Neue Blumenstöcke werden in die Pflanztröge gesetzt, und der Kot der Wasservögel wird von der Promenade gekehrt. Neben dem Friedhof die Schloßberg-Schule, die alte Schule. Nicht hier hatte ich mein Pausebrot gegessen. Nur die aus dem Südwesten der Kreisstadt sind in die alte Schule gegangen, in die neue Schule die aus dem Nordosten. Kinder aus dem reicheren Südwesten mit Eltern von Einfluß konnten auch im Nordosten in die neue Schule gehen. Von den Müttern hin und her gefahren. Die Schloßbergschule galt als schäbig innen. Die Schüler lernen neue Wörter. Die Lehrer lehren die Steigerungsformen. Die Mütter fahren Autos. Auch die Fußgänger stoßen nicht zusammen, sie weichen sich aus. Wer tot ist, wird begraben. Wer lebt, der ist beschäftigt.

Am 14. Mai 1968 lernten wir die Steigerungsformen, sie stehen im Heft. Wie die Mutter ist: lieb, lieber, am liebsten; schön, schöner, am schönsten; fleißig, fleißiger, am fleißigsten; gut, besser, am besten; freundlich, freundlicher, am freundlichsten; nett, netter, am nettesten; hilfsbereit, hilfsbereiter, am hilfsbereitesten; geschickt, geschickter, am geschicktesten; gewandt, gewandter, am gewandtesten; nervös, nervöser, am nervösesten; tüchtig, tüchtiger, am tüchtigsten; gescheit, gescheiter, am gescheitesten.

Wer lebt, der sitzt und schaut. Wer im Sitzen versteinert, der wird sich seiner Unverwundbarkeit immer mehr bewußt. Hett, hetter, am hettesten. Der Zustand meiner Umgebung berührt mich nicht mehr. Die wenig originelle Behauptung, der Niedergang des einstigen Fischerdorfes hätte sich um ein paar Jahre noch verzögert, wäre die Bahn nicht schon 1854 bis zur jetzigen Kreisstadt vorgedrungen, läßt mich kalt. Daß es so aber schon kurz darauf in einem Reiseführer ein Vorort Münchens genannt wird, kann mir erst recht egal sein. Es gibt auch Anzeichen dafür, daß der Niedergang von einer Mehrheit als

Aufstieg empfunden wird. Scheinbar aber hat der äußere und endgültige Niedergang erst in den Jahren nach der unmittelbaren Nachkriegszeit voll eingesetzt. Oder es gibt überhaupt keine Aufstiege und keine Niedergänge, sondern nur zwangsläufige Entwicklungen. So wird es sein, und so könnte ich mich fein heraushalten. Wenn ich jetzt aus München in die Kreisstadt zurückkomme, rede ich mir doch bloß ein, ich könnt es nur ertragen, wenn ich schon in Mühlthal aussteige. Ging hinten durch den Wald. Wollte den aktuellen Zustand des Kreisstadt-Zentrums, dieses Nicht-Zentrums, gar nicht erst aus der Nähe mitansehn müssen. Auch auf dem Rückweg durch den Mühlthaler Wald, der immer wieder mal eine Rolle spielt. Der schon einmal eine Rolle spielte, als ein gerade aus dem Gefängnis ausgebrochener Ganove hierher geflüchtet war. Und es stand da ein Schild, das uns vor Kreuzottern warnte. Der Ganove hatte nichts mit den Toten zu tun, die hier immer wieder mal gefunden werden. Mit Toten zu tun hatten allein die Gedanken in unseren Köpfen. Oder, wie war es anders? Die Bäume wachsen in die Höhe, weil von dort aus am meisten zu sehen ist.

Normalreihe des Aufstands

Gesetz kommt von Sitzen. Und Gesetzlosigkeit kommt von wundem Sitzfleisch. So ist es mir unbegreiflich, warum sich außer Jägern niemand auf die so zahlreichen Jägerstände setzt. Die besten Sitzplätze werden gemieden, als seien sie von der Pest behaftet. Mir soll es recht sein, und mir ist es recht. Draußen will mir auch nicht einleuchten, warum sich ein Großteil der Menschheit drinnen aufhält. Da jegliche Beschäftigung unbedingt mit einem tieferen Sinn behaftet sein muß, darf ich mir jetzt den Kopf zerbrechen. Ein Spaziergang ist eine Zierde und läßt sich erst dann rechtfertigen, wenn ihn der Arzt verordnet hat, wenn der Hund ausgeführt werden muß. Die Haltung eines Hundes wiederum läßt sich nur dann vertreten, wenn das Tier ein Haus bewacht, das Kind ersetzt. Ein Haus zu besitzen ist dagegen keine Betätigung, es kann deshalb auch keine Begründung dafür geben.
Es bricht der Kopf.
Trotz feiner Haarrisse, die Scherben halten zusammen. Ich bilde mir doch nicht bloß ein, schon wochenlang hier oben zu sitzen, allein um zu beobachten, wann die sogenannte Würmtal-Parallele am Schmalzhof ankommt und die Baufahrzeuge für den geplanten und sogenannten Seeabstieg anrücken. Wir waren gerade erst belehrt worden, daß niemand, der je nach Rom will, mit gutem Gewissen gegen so eine großzügige Verkehrsplanung sein könne, da ja schließlich und letztendlich alle Straßen nach Rom führen. Ja natürlich, ich wollte nach Rom, aber doch nicht mit der ganzen Klasse und schon gar nicht mit der angedrohten Sorte von Begleitpersonen. Jetzt aber, da mir die Verpflegung ausgeht, und sämtliche Verzögerungen des Baubeginns haben einzig den Zweck, mich verhungern zu lassen, beginne ich endlich, Roman einen Brief zu schreiben. Aus dem vollen, dem zerbrochenen Kopf heraus, direkt hinein in ein leeres Heft. Wenn mich Leonora tatsächlich mit einem Wildpferd vergleicht, dann weiß ich wirklich nicht, warum sie sich nicht schon längst in mich verliebt hat. Angeblich ist es längst physikalisch erwiesen, daß junge Mädchen Pferde

lieben. Die Liebe aber, sie schlägt blindwütig zu, und ich darf nachzählen, wie oft ich dabei den kürzeren ziehe.
Mmmm, . . . ein Fingernagel gräbt sich zwischen Ast und Rinde, da schreckt mich ein plötzlicher Pfiff auf. Und wirklich, wie vor langer Zeit schon vereinbart, werde ich hinten in den Wald gewunken. Es ist der gleiche Moment, als von der Olympiastraße die offizielle Besichtigungs-Kommission vorfährt. Dunkelblaue Limousinen der gehobenen Mittelklasse, gefolgt von zwei schweren Vierhundertfünfzigern. Die Herren steigen aus. Einer der Herren tritt vor und sagt: Selbstverständlich werden wir die Trassenführung den natürlichen Gegebenheiten anpassen. – Seinen Satz kann er gerade noch zu Ende sprechen, da sackt er auch schon im inoffiziellen Kugelhagel zusammen. Jetzt verlassen die Desperados den Schutz des Niederpöckinger Unterholzes und betreten auf schnellem Fuß die Szenerie. Eine Chauffeurshand fingert mit versteckten Bewegungen am Autotelefon. Aus dem Off sind bereits die ersten Distanzierungen zu hören. Schon jetzt sind die vorher maigrünen Hügel stellenweise blutgetränkt. – Viele, viele farbige Blumen werden heuer sprießen. Rote, schwarze, grüne, gelbe und die blauen. Lasset uns sehen, was sie uns wert wohl sind!, sag ich zu Stefano, der gerade noch seine Pistolen rotieren läßt, als dann, wehret den Staatsdeppen! – Ein zweiter Mann tritt mutig hervor: Wir bemühen uns doch sehr ernsthaft, die Ideen unserer skeptischen Motzerjugend in unsere weitsichtige Planung miteinzubeziehen. – Fast noch sein: Sprich nicht vorlaut!, auf den Lippen, läßt Arturo die Sehne los, und schon ist auch dieser Saubermann mitten in die Brust getroffen. Der taumelt. Eine Blondine, sie wird seine Sekretärin sein, will sich gerade mit einem der Autos davonmachen, da ergreift sie von hinten eine rauhe, doch nicht nur übelmeinende Hand. Noch bevor sich herausstellt, welcher der drei Desperados sich um sie bemüht, biegen Polizeifahrzeuge mit quietschendem Eifer von der Olympiastraße in den Feldweg ein. Rauchgranaten explodieren und dicke Schwaden verschlucken den Drehort. Wie ausgemacht, flüchten wir im Schutz der dicken Luft jeder in eine andere Richtung. In einem günstigen Augenblick überquere ich die vielbefahrene Olympiastraße, stoße endlich in dem Mischwald Richtung Maising auf mein dort abgestelltes Mofa. Schiebe es an und fahre eine

unwegsame Abkürzung hinunter zur Wirtschaft. Da hocken sie alle, wie ich sie alle kannte, wie sie immer dahocken und wie ich mich oft dazuhockte, so auch jetzt. Rutsche da nur so herum, erst später komme ich an einem festen Platz zu sitzen. Schließlich ist das Bier aus, und wir haben Hunger, aber jetzt ist das Geld aus. Sagt der Werner, wir könnten ja zu ihm nach Andechs fahren. Wir könnten vorher noch in Erling unten halten und uns vom Muhagg was pumpen. So steigen wir ein in Werners Ente und schauen, daß wir davonkommen. Thomas sitzt auch vorne. Er schiebt die Kassette in den Schlitz. Patti Smith drinnen, während draußen das pflanzliche Grün nur so vorbeihuscht. Wer nach Andechs fährt, der ist schon auf dem besten Weg nach Rom. Sehr schwankt das Auto. Ich hoffe sehr, daß uns jetzt kein Radfahrer entgegenkommt. Eigentlich fahre ich selbst Rad und fluche auf die entgegenkommende Ente. In der Linkskurve im Wald vor Jägersbrunn ist es ein Baum, der uns entgegenkommt. Endlos lange dauert es, hinten ist auch keine Bremse, also habe ich lange nichts zu tun. *Ask the Angels* bricht ab, und Bleche schieben sich zusammen. Aus diesem Gewirr raucht es heraus und ich denk, es brennt. Thomas und Werner rinnt das dicke Blut übers kreideblasse Gesicht. Hinten ist mir nichts passiert. Hinten denk ich, die mußt du schleunigst rausziehen, weil es gleich explodiert, aber es ist nur das verdampfende Kühlerwasser. Flach liegt da der Werner, hinter dem Ellenbogen sticht ihm ein roter Knochen aus dem Fleisch. Beim ersten Haus, beim zweiten Haus, wo ich den Notarzt rufen will, macht niemand auf, die stehen erst nachher glotzend am Fenster, als sie ein Blaulicht sehen. Damit es sportlich zugeht, ärgert sich die Polizei, daß der Notarzt schneller war als sie. Die Uniformierten sind nicht die gleichen wie am Schmalzhof. Weil zwei Bierflaschen neben dem Auto herumkugeln, meinen sie gescheit, die hätten etwas mit dem Unfall zu tun gehabt. Hätt ich sie aufklären sollen? Hätt ich ihnen klarmachen können, daß wir alle tot gewesen wären, hätte die Kassette schon unserem Musikgeschmack auch nur des folgenden Jahres entsprochen? Sie fragten auch mich nach Verletzungen, aber ich wollte nichts haben, so schnell wollte ich weg. Ask the angels, wohin.

Tage, Stunden, Sekunden, Wochen und Nächte. Mir tut nichts weh. Wer die Todesstrecke nach Andechs überlebt hat, der ist auch schon in der siebenhügligen Stadt angekommen. Selbst Direktor Bender traf ein. Der Große Vorsitzende unserer Schule kam erst an, da wir schon zwei Tage unten waren, als seine Vorhut quasi. Direktor Bender reist grundsätzlich nicht direkt mit den ihm Unterstellten. An Wandertagen organisiert er komplette Bundesbahnzüge, mit denen die komplette Schule an Orte verschickt wird, die er für besichtigenswert hält. Erstens Kufstein, zweitens Salzburg. Als wir nach Regensburg fuhren, mußte der komplette Zug ihn, Frau und Hund am Münchner Südbahnhof abholen und konnte dann erst wieder rückwärts aus der Stadt herausrangieren, um nach Regensburg weiterzufahren. Direktor Bender hatte seinen Rom-Ausflug als Dienstreise ausgegeben, so mußte er sich zeitweilig auch uns anschließen. Direktor Bender beteiligte sich an unserem Stadtrundgang. Wir sahen das Monument, das sehr zu Recht die Schreibmaschine genannt wird. Italienischer Nationalstolz stellt sich dar, von Garibaldi wird noch die Rede sein. Das ewige Feuer, die ewige Wachablösung davor, hier liegt der Unbekannte Soldat begraben. Direktor Bender erzählte uns, wie oft er schon in Rom gewesen sei, für ihn als Humanisten sei dies die Stadt der Städte, sowieso. Wir sahen ein altes, rundliches Gemäuer, und Direktor Bender stellte sich davor auf, als unser Reiseleiter. Dies sei das Kolosseum, bekamen wir erklärt und was es damit auf sich hätte. Wer Augen im Kopf hatte, der konnte im Hintergrund längst schon das richtige Kolosseum erkennen. Wer etwas um die Ecke ging, dem wurde klar, daß wir hier bloß vor einem Halbrund standen. Wer Ohren im Kopf hatte, der hörte zumindest, daß sich der grobe Irrtum langsam herumsprach. Klassleiter Feldhütter sah sich gezwungen, einige ablenkende Worte zu stammeln. In den Anlagen darbten Tausende von hungernden Katzen. Fetter sind die Ratten, aber die sind weniger öffentlich. Wir sahen an der Piazza Navona eine abweisende Hand einem Brunnen entsteigen. Am Forum Romanum standen fette lateinische Inschriften an bedeutenden Mauern. Wir, die wir Französisch statt Latein hatten, wollten vom lateinischen Teil der Klasse eine dieser lateinischen Zeilen übersetzt haben. Daß man diese Sprache nicht mehr sprechen kann, ist bekannt, aber sie, die sie bücherweise in sich hineingelernt hatten, waren nicht einmal in der Lage, uns diese paar Worte zu übersetzen. Das sei ein anderes Latein. Hier in dieser Stadt, an dieser Stelle, hätten sie endlich eine der Glanzstunden ihres Lebens haben können, doch es kam nichts. Zwischen umgestürzten Säulen mußten wir unwissend weiterlaufen. Das machte uns müde für die Nacht. Bis nach Rom also waren wir gekommen. Die Kelten waren ja auch schon bis nach Rom gekommen, und die Kelten sollen dort viel kaputtgemacht haben. Die Kelten. Immerhin ist die Stadt sehr erfinderisch auf einen Akupunkturpunkt Italiens draufgebaut, der sich von vielen anderen Akupunkturpunkten Italiens vor allem dadurch unterscheidet, daß er ziemlich erdbebensicher ist. Wegen der Kollegstufe fand die Abiturfahrt schon in der elften Klasse statt. Von München aus hatten wir den Nachtzug genommen, bei Arezzo begann die Dämmerung. Fachmännisch blickte ich aus dem Fenster, da war ich schon! Noch an Roms Busbahnhof erklärte uns Klassleiter Feldhütter, wir müßten in dieser kriminellen Stadt sehr gut auf unsere Wertsachen aufpassen. Feldhütter, einer der Hauptscharfmacher an der Schule, hatte eine miserable Englisch-Aussprache. Vielleicht ahnte er es selbst und ließ uns deshalb ständig AFN-Nachrichten übersetzen und nacherzählen. Zwei Jahre nach Ende des Vietnamkrieges waren wir über den Gefangenenaustausch im Fernen Osten gut informiert. Zwei Jahre nach Ende des Vietnamkrieges war es Mai, da sollten wir in einem von Nonnen geführten Wohnheim übernachten. Alles begann sehr gut ausgeheckt, ab neun oder zehn war der Eingang dort verriegelt. Es war eines dieser Häuser, die an Ostern von Papst-Pilgern überfüllt sind, doch dieser Kelch war glücklicherweise gerade erst wieder ausgetrunken. Unter geweihten Kruzifixen nahmen wir unser Essen ein. Eis am Eis Piazza, Eis Navona. Ratten beseitigen die toten Katzen. Der berühmte Tiber ist ja auch so eine Kloake. Wenn man die anderen Flüssigkeiten alle abzieht, dann fließt in der Würm sicher nicht weniger Wasser. Der Petersdom auf der anderen Seite. In dessen Kuppel herrscht eine wunderbare Akustik, auf dessen Kuppel herrscht ein wunderbarer Rundblick. Wenig übersichtlich ist das Vatikanische Museum. In der Sixtinischen Kapelle ist besonders die Deckenbemalung zu beachten. Wegen der katholischen Kirche hatte ich den Brand vom Söckinger Moserhof versäumt, und jetzt stand ich mittendrin. Wie vorausgesagt, wurde dem Feldhütter auf der Straße sämtliches Geld gestohlen. Alle anderen warfen ihr restliches Geld in den Trevi-Brunnen. Alle werden sie deshalb nach Rom zurückkehren, nur ich habe es vergessen. Doch ich sah den Wald vor lauter Nutten nicht. Man hatte uns angewiesen, unbedingt gut auf die Mädchen unserer Klasse aufzupassen. Was nicht einfach war. So deutsch wie sie aussahen, und so blond. Doch auch für die Buben bestand Gefahr. Sie drohte aus dem Park neben dem Busbahnhof. Männer mit Herrentäschchen streiften dort auf und ab.

Jetzt plötzlich, da sich die Dinge zuspitzten, drängte unser Aufsichtspersonal auf baldige Abreise. Bereits in der nächsten Nacht wurden wir zwar noch ins Bett geschickt, kurz darauf aber wieder geweckt und mit zwei geschlossenen Fahrzeugen eilig zum Bahnhof transportiert. Dort stand schon eine Diesellok mit zwei Waggons bereit, mit denen wir auch kurz nach unserer Ankunft tatsächlich abfuhren. Ab Umbrien aber geriet die so eilig ins Rollen gebrachte Fahrt immer wieder arg ins Stocken, ohne daß wir ahnten warum. Hinter dem Brenner, in der Nähe der imaginären Alpenfestung, kam der Zug endgültig zum Stehen. Niemand klärte uns über unser Schicksal auf. Wir wurden über die Landstraßen getrieben, dann in die Wälder, auf einem Weg, der uns von den werbenden Italienern wegführen sollte. Wer nicht mehr weitergehen konnte, der wurde erschossen. Namen wie Luther und Zwingli waren in aller Munde, auch im kleinsten Dorf. Es brauchte keine gelehrten Disputationen, die Gemüter zu erhitzen. Alte Loyalitäten waren fraglich geworden. Autoritäten waren nicht mehr immun. Im Westen, im Süden und im Norden hatten sich die Bauern gegen die Macht der Fürsten erhoben. Gewagte Ideen sprangen wie Waldbrände über die Grenzen, von Gebiet zu Gebiet. Schon gab es Bauernaufstände in Franken. Alles war in Bewegung. Eine Revolution flammte auf und griff im ganzen Land um sich. Bald darauf brach der große Bauernkrieg aus. Als aber, trotz endloser Wanderung nordwärts, die italienischen Bauern immer näher rückten, ließen unsere Bewacher unvermittelt von uns ab. Lagen wir auf der kalten Erde? Klammerten wir uns an

einen Busch und warteten, ohne uns zu rühren? Etwas oberhalb waren Schienen und weiter unten standen lange braune Gebäude, die wie ein Hospital oder eine Kaserne aussahen. Links von uns einige Villen, und ein wenig weiter entfernt konnten wir die Umrisse von Häusern und einer Kirchturmspitze erkennen. Wir ahnten, daß dort eine Ortschaft liegen müsse. Am Horizont erstreckte sich eine große Wasserfläche, und jenseits von ihr lagen verschneit die Gipfel der Alpen. Erst als wir uns endgültig sicher waren, daß die Gebäude verlassen seien, drangen wir ungeduldig in sie ein, stürzten uns wie hungrige Wölfe auf die darin gelagerten Säcke, griffen hinein und stopften uns Zucker und Hafermehl in den Mund. Wir stopften uns voll, bis wir nicht mehr atmen konnten. Unsere Bäuche, aufgequollen von Hafermehl und heißem Wasser, drohten endlich zu platzen, und die Schmerzen wurden unerträglich. Niemand konnte die darauffolgende Nacht schlafen, obwohl wir alle unsäglich müde waren. Wie wir inzwischen erfahren hatten, waren wir bei einer Ortschaft mit Namen Feldafing gelandet. Bei dem Gebäude, in das wir vorgedrungen waren, mußte es sich um eine Art politischer Schule handeln, die vor kurzem erst fluchtartig aufgegeben worden war. Am nächsten Morgen hörten wir schon früh fremdartige Geräusche näherkommen. Wir gingen hinunter auf die Straße, um an diesem kühlen Maimorgen unsere italienischen Genossen zu treffen. Was wir schon lange ahnten, sie kamen als Befreier und Freier in einem.
Kurz danach, am 29. Mai, trafen in dem nicht weit entfernten Schloß Starnberg die Herzöge von Baiern zusammen, zu beraten, was angesichts des um sich greifenden Bauernaufstandes zu tun sei. Dort in Starnberg, das vorübergehend wieder in ihren Händen war, entschlossen sie sich zu strengsten Vorkehrungen: Ketzerprozessen, Einkerkerungen, Todesstrafen. Die schärfsten Maßnahmen wurden eingesetzt, und das weitere Übergreifen des Bauernaufstandes auf Baiern wurde in der Tat verhindert. Zwei Tage nachdem wir Starnberg zurückerobert hatten, sammelten sich unsere Gegner zur entscheidenden Offensive. Ein Großteil der reaktionären Truppen rückte von Westen her an. Kein Zweifel mehr, der Zusammenbruch war da. Schon in der Früh um sechs wurde Referendar Schleusinger von dumpfem Kanonenschlag geweckt, bald konnte er Maschi-

nengewehre und Infanteriefeuer vernehmen. Um acht klingelte das Telefon. Ernst Toller am Apparat: Die Truppen des General Epp stehen vor Starnberg, sie erschießen rücksichtslos jeden Revolutionär. – Um neun begann die letzte Sitzung des Arbeiterrats. Ein letzter Beschluß: Kein Mitglied des Arbeiterrats verläßt seinen Posten. Eben wollten die Arbeiterräte auseinandergehen, als der Oberbefehlshaber der roten Truppe mit seinem Adjutanten erscheint. Er könne Starnberg nicht mehr halten und müsse sich zurückziehen. Der Zusammenbruch riß auch die Sozialdemokraten in seinen Strudel. Starnberg ist jetzt der Schlüssel zur Hauptstadt. Fällt Starnberg, so ist München von Norden her schutzlos den Angriffen der Weißgardisten preisgegeben. Wir rechneten: um ein Uhr würden die Truppen des General Epp in Starnberg sein, um ein Uhr hat sich daher der Arbeiterrat im Rathaus einzufinden.

Die weißen Truppen kommen schon um zwölf, so werde ich beim Mittagessen überrascht. (Hat es mir denn wenigstens geschmeckt?)

Ich höre schwere Schritte die Treppen heraufkommen, zwei junge Mitglieder der Bürgerwehr, die beim Einrücken der Truppen auf einmal da sind und den Weißen bei Verhaftungen helfen. (Wenn selbst die Bürger mal aktiv werden, dann muß etwas faul daran sein.)

Ich bin festgenommen! (Die bessere Bewaffnung war ihr Argument.)

Ich bin nicht der einzige Verhaftete. Rotgardisten, fast alle mehr oder minder schwer verwundet, auch einige Arbeiter, sind schon verhaftet worden. (Die Rothäute hatten die ewig gleichförmigen Rauchzeichen der Weißen mißverstanden.)

Nach den üblichen Formalitäten komme ich in die Zelle im ersten Stock. Es dauert kaum zehn Minuten. Die Tür wird geöffnet und mein Freund Maier, Mitglied des Arbeiterrats, tritt herein, den Kopf verbunden, unter dem Tuch sickert Blut hervor. Von Maier erfahre ich, daß fast der ganze Arbeiterrat verhaftet und in das Gefängnis eingeliefert wurde. Beim Verlassen des Rathauses habe sie die Menge beschimpft, bespuckt und geschlagen. (In den versumpften Uferhöhlen des Sees lauern die Aale. Sie lieben besonders die Leber der Renken.)

Ein formloses Verhör. Nachher erfahre ich, daß dies ein Feldgericht war. (Die Felder stehen heuer gut, es fragt sich bloß, wer soll sie ernten.)
Ich soll erschossen werden. (Hab ich überhaupt Briefmarken, hab ich mir denn noch Briefmarken eingesteckt?)
Ich behalte automatisch meine Haltung, wie eine Puppe, die man in eine bestimmte Stellung gebracht hat, der Zug bewegt sich über den Tutzingerhofplatz, hunderte von Zuschauern umsäumen die Straßen. (Gut spucken sie, die Starnberger!)
Der Zug nähert sich der Bleichwiese, der Exekutionsstätte. (Und doch wird die Geschichtsschreibung zur Kenntnis nehmen müssen, daß im Münchner Nationaltheater zur Feier der Revolution die Leonoren-Ouvertüre zu Beethovens Fidelio aufgeführt worden war. Steht denn hier niemand, dem ich heimlich meinen Brief zustecken könnte?)

Die Normalreihe des Leonoren-Motivs aber wird folgendermaßen zusammengefaßt: Ein Mädchen und ein junger Mann lieben sich und versprechen einander die Heirat; der Bräutigam muß überraschend in den Krieg ziehen und fällt; das Mädchen weiß nichts von seinem Tod und ruft den Geliebten durch Trauern und Weinen schließlich aus dem Grab hervor; der Tote kommt um Mitternacht bei Mondschein auf einem Schimmel geritten und fordert seine Braut auf, mit ihm zur Hochzeit zu kommen; sie reiten rasend schnell durch die Nacht; dreimalige Frage des Reiters, ob sich die Braut nicht fürchte; dreimalige Verneinung ihrerseits; der Ritt endet im Friedhof am Grab des Toten, dem Haus des Bräutigams; Tod des Mädchens am, oder im Grab, beziehungsweise Rettung durch Hahnenschrei, Morgenläuten oder ähnliches.

Lieber Roman!
Inzwischen ist alles hingeschmissen, und die Scherben liegen kreuz und quer. Starnberg ist zwar mit Müh und Not zurückerobert, aber ringsum gibt es nur schlechte Nachricht. Es sieht nicht so aus, als ob wir die Stadt halten könnten. Mein Hochsitz bietet mir den Ausblick, von dem ich nicht behaupten kann, er sei ein Überblick. Eigentlich wollte ich versuchen, dir ein vorübergehendes Glück mit den Frauen zu schildern. Lange

schon war mein Blick in eine ganz bestimmte Richtung gegangen. Leonora, eine italienische Jüdin, beobachtete ich oft, wie sie die verwundeten und abgekämpften Bauern und Arbeiter zärtlich pflegte. Endlich versuchte ich mich verzweifelt selbst in eine Krankheit hineinzusteigern. Doch als ich flach auf dem Boden lag, da lachte sie mich nur aus. Als Patienten also nahm sie mich nicht ernst, so wollte ich es jetzt mit meiner wiedererlangten Gesundheit probieren. Oh, wie sehr ich mich für alles interessierte, was sie betraf! Auch nach seiner Räumung waren wir noch einmal zusammen in das Feldafinger Judenlager, in die ehemalige Reichsschule der NSDAP, zurückgekehrt. Die Ehrenbürger Feldafings, Ludendorff und Tirpitz, stehen dort schon wieder am Zaun und lassen ihre Hosen runter. – Warts ab und du wirst sehn, wie schnell hier wieder so etwas wie eine Kaserne steht!, sagte Leonora. Wir waren auch sonst nicht allein. Simon Schochet, ein Jude aus Polen, sprach ihr wie aus dem Mund, als er auf die Einheimischen schimpfte, die sich alle bewußt als Bayern herausputzen und ihren Dialekt wieder ausgraben, um sich gegen die Norddeutschen abzugrenzen und den Eindruck zu erwecken, die Bayern seien nicht die brutalen, inhumanen Wesen, als die, besonders seit dem Zweiten Weltkrieg, die Deutschen von der Welt betrachtet würden, sondern vielmehr ein friedlich und fidel biersaufender Stamm, der mit alldem nichts zu tun hat. Die ganze Katastrophe hätten sie gerne allein Preußen und seiner militärischen Elite in die Schuhe geschoben, ohne auch nur einen Augenblick anzudeuten, daß die deutsch-faschistische Bewegung ja in Bayern, in München, entstanden war. Allein, da ihm dies noch immer bewußt sei, könne er die ganze zur Schau getragene Urwüchsigkeit nur als eine unheimliche Maskerade ansehen.

Morgen wird Vollmond sein, dachte ich, da mußt du die Rolläden herunterlassen. Kein Strahl wird meine Braut treffen dürfen. Leonora würde sich auf der Stelle verflüchtigen, träfe sie auch nur ein einziger Schimmer vom milchigen Licht. Morgen ist Mondtag, der zweite im Monat, *Montag der Achte*. Bis dahin werde ich kein Auge mehr zudrücken. Nach Mitternacht darf ich sie auf ihre Weiblichkeit ansprechen. Der Mond gibt sich männlich. Ich werde ihr Mond sein und immer engere Bahnen um sie ziehen.

Erst sah es so aus, als könne ich der Prophezeiung aus dem Horoskop-Automaten Glauben schenken. Kurz sah es aus, als sollte ich mich wenigstens auf das Private freuen können. Doch schon dieser Sonntag, der Siebte, sollte einer von jenen Tagen werden, an denen man froh sein muß, wenigstens mit dem nackten Leben davonzukommen. (Was hatte ich denn anderes im Sinn, als der staunenden Welt meine Braut vorzustellen?) Und ich könnte auch von der geschichtlichen Geschichte sprechen, die beißt sich erst recht in den Schwanz. Vom Schmalzhofer Jägerstand aus könnte ich selbst die gegenwärtige Gegenwart beschreiben. Ich fühle mich wie eine Eintagsfliege, die in der siebten Sekunde schwanger ist. Wo ist die Schüssel mit dem heißen Wasser? Ist sie schon aufgesetzt? Es wird eine Hausgeburt. Wahrscheinlich wird es ein Abgang. Das glückliche Paar ist nicht mehr. Roman, da du nicht dabei warst, muß ich es nacherzählen. Meine Verlobung, oder war es meine Hochzeit?, sie ist in letzter Minute geplatzt. Mit meinen vermeintlichen Schwiegereltern war ich noch gar nicht richtig angekommen, da standen die ganzen Gäste längst mit Leonora vor dem Wirtshaus, plötzlich rennt sie wie vom angeblichen Affen gebissen davon, sieht in der Nähe einen stattlichen Schimmel, schnappt sich den und reitet nicht mehr gesehen davon. Auf ihrem Hof hatten die immer einen Ackergaul gehabt, aber sowas? So sieht es aus, das ist meine Lage, kannst du sie dir vorstellen? Die Italiener waren alle in Tränen ausgebrochen, aber die andern, mit ihrem betretenen Lächeln, sie alle waren mir unendlich fremd. Jetzt frage ich mich, warum die alle gekommen waren? Auch Bürgermeister, Lehrer und die Besitzer all der Läden, die ich früher manchmal aufgesucht hatte. Sicher, wir wären zufälligerweise das fünfhundertste Nachkriegspaar der Gemeinde geworden, aber im Grunde, denk ich, ging es ihnen um etwas anderes. Vom ersten Tag an wollten sie die Entwicklung einer Ehe verfolgen, die für sie allein schon scheitern mußte, weil ihnen die Alpen als eine unüberwindliche Kulturgrenze galten. Ach, was muß es für eine Enttäuschung gewesen sein, daß es schon so früh zum Bruch gekommen war. Einfach davon ritt sie uns allen, und nach einer Minute schon war alles vorbei. Gerade noch werden sie gedacht haben, so, jetzt muß er erst recht jahrelange Ehequalen durchmachen und wir, wir haben ihn in unserer Nähe, da kommt er uns nicht aus. Sie dachten wohl, wir wären ewig hier klebengeblieben. Einen, der ihnen Ärger bereitete, wähnten sie gefangen. Der hat auch einmal sein Maul aufgerissen, so etwas muß nicht sein! Als hätt ich wesentlich mehr als nichts gesagt. Andererseits, Roman, vielleicht muß man ja Verständnis aufbringen für diese Leute, die jegliche Kritik an irgendwelchen gerade herrschenden Zuständen grundsätzlich immer als eine Zumutung betrachten. Stets waren sie wie aus allen Wolken gefallen. Die werden sich ihr Leben wohl von Anfang an so eingerichtet haben, daß sie niemals irgendwo anecken konnten. So müßten sie sich tatsächlich jegliche Kritik vollkommen aus den Fingern saugen. Komm, Roman, laß uns einmal mehr unsere Fingerkappen köpfen, daß es nur so spritzt, und laß uns anstoßen auf die treulose Braut und alle unsere Artgenossen: *Wir* sind die erste Generation, der von Geburt an die Ehre der Gewißheit zukam, daß sie jederzeit von einer Sekunde auf die nächste komplett ausgelöscht werden kann. Das ist doch neu in dieser Konsequenz. Keine religiöse Wahnvorstellung diesmal, sondern allgemein in Kauf genommene Selbstverständlichkeit. Prost, Prost Kamerad! Viel Milch müssen wir trinken, rote Backen sind gesund. Ein Prost auch auf die Milchfrau. Sag jetzt nicht, ich hätte immer einen guten Blick für die großen Fragen, wenn mich anderswo der Schuh drückt. Ich denke kaum, daß mir damit geholfen wäre, zum Schuster zu gehen. Fällt dem geprellten Bräutigam denn ein Zacken aus der Krone, wenn er sich plötzlich auch für das Allgemeine interessiert? Helm ab, Kamerad! Wo soll Hänsel denn mit den Gretchenfragen anfangen, zu denen er sich hiermit selbst aufgerufen hat? Welcher meiner Eiterzähne plärrt da so hysterisch zum Gebet? Seinem Besitzer sind die Füße zu kalt und die Jahrestage zu eng. Sapperlot, wo ist der Lichtblick? Sind wir denn von Haus aus die Blöden, oder haben wir tatsächlich beim Morgenappell einen fahrenlassen? Bei all denen, die auf Grund irgendeiner Vormachtstellung je versucht haben mit uns umzuspringen, habe ich immer gleich überlegt, wie würden die jetzt erst zulangen, hätten sie noch das zwölfjährige Reich im Rücken. Roman, ich sah mir ihre Gesichter genau an und überlegte, was sie dann wahrscheinlich abgegeben hätten. Diese ewigen Nazischwäne! Ach was, Nazis, wirklich ein netter Kosename, klingt wie Bazis. Es blieben denen schon noch genug Reviere, aber es ist doch nicht mehr ganz so wie früher. Es blieben ihnen durchaus noch genügend Möglichkeiten, aber es gibt keine Standgerichte mehr. Wie aber steht es denn inzwischen? Hitler müßte heute schöner sein. Ein V.o.l.k. hat seinen Geschmack geändert und legt jetzt mehr Wert aufs Äußere. Grellfarbiger Dauerregen aus allen Kanälen, die beliebtesten Geschmacksrichtungen zu jeder Tageszeit. Ihr Puppen, ihr seid mir alle viel zu gut angezogen, zu freundlich und zu gutaussehend. Unter eurem Regiment besteht noch die Wahl zwischen absoluter Volldrögheit und etwas abgeschwächter Drögheit, das sind so die Möglichkeiten. Eine Provokation ist nicht mehr möglich. H. A. Schult hat tatsächlich einen Kaufhausdirektor gefunden, der ihm tatsächlich ein Kaufhausschaufenster zur Verfügung stellte, in dem der Künstler die ausgestellte Wohnzimmereinrichtung tatsächlich öffentlich mit einer Axt in Trümmer hauen durfte. Eine genügend häufige Wiederholung einer Information läßt jeden Zweifel an ihrem Inhalt erlahmen. Selbst der sperrigste Widerspruch läßt sich zu zwingender Logik hinbiegen, mit viel Ausdauer. Auch wenn kein Satz zum andern paßt. Nach den Schönen Lügen kann eine wahre Sucht entstehen. Alles wird restlos gleich aussehen müssen. Niemand soll wegen einer Abweichung einen Schock erleiden. Niemand soll von unhygienischen Gerüchen verunsichert werden. Auch die Worte werden endgültig und überregional die gleichen sein müssen. Es braucht sich kein Übriggebliebener einzubilden, daß für ihn eine andere Zeit noch gilt. Er kann sich allerdings in ein witziges Gewand stecken und ausstellen lassen. Das steht ihm frei. *Dafür* wird er bezahlt. Wer sich nicht einzustellen vermag auf die weltumfassenden Standard-Tänze, der sitzt auf dem falschen Dampfer, auf dem falschen Voralpensee. Roman, einen Tisch hab ich uns reserviert, direkt am Busen des Zeitgeistes. Dort laß uns staunen und Ausschau halten. In den Schaufenstern wüten verstümmelte Außenseiter. Der Ausgang ist ab heute leider geschlossen. Die Kasse steht gleich am Eingang. So steh auch ich in Verhandlung mit der Firma Rieger-Pelze, wegen einer Performance, bei der als Werbegag das gesamte Pelzhaus in Flammen aufgehen soll. Blühende Weltwirtschaft. Kühne Weltwirtschaftsgipfel. Wirtschaftliche Weltblume, laß uns deine feinstverzweigten Wurzeln gießen. Kauf uns, was unser Gewissen so beruhigt. Heillos ist die Freude bei voller Fahrt, aufspritzen die Wellen. Nicht aber, daß die Auszeichnungsträger an der Macht sind, ist das schlimmste, das ist nichts Neues. Sondern, daß es ein trauriges V.o.l.k. gibt, das sie da hinaufgewählt hat. Freiwillig, wenn von einer Demokratie die Rede ist. Und wir können nicht zu Märtyrern wachsen unter einer blutrünstigen Diktatur. (Trotzdem: Wären die ersten Rotarmee-Fraktionäre wie anständige Kriminelle auf ihren finanziellen Vorteil ausgewesen, dieser Staat hätte sie auszuschalten nicht ein Tausendstel der Finger krumm gemacht, mit denen er letztendlich zugegriffen hat.) Wo ist hier eine unterdrückte Mehrheit, die gegen die Regierung ist? Es ist ein Zustand erreicht, der gehandelt wird, als sei er der bestmögliche. Ein Diktator kann niemals ein wahrhaft absoluter Herrscher sein. Nur ein erwähltes Oberhaupt kann sich in der Genugtuung suhlen, zu wissen, er hat auch noch die Zuneigung seiner Wähler in der Hand, als Spielball. Gesten werden honoriert. Rede ich schlecht, ausgerechnet von einer Demokratie? Ich rede von dem, was um uns herum ist, und wenn ich etwas faul daran finde, dann können auch die Worte darüber unfreundlich vom Baum fallen, wie überreifes Obst. Wo hakt der Mechanismus ein, der selbst ein achtzehnjähriges, schwules Proletarier-Mädchen dazu bringt, die Viehtreiber zu wählen? Wie funktioniert so eine Interessenverdrehung, wo setzt sie wirklich an? Ein Stechapfel wird zu einem Apfel erklärt und als eine Delikatesse verzehrt. Es muß ein äußerst fauler Zirkus doch sein, in dem die Akrobaten um so besser tanzen, um so schlechter sie behandelt werden; und das ist das Normale. Da heißt es sich zusammenreißen, es gilt der dreckigen Wirklichkeit in das abgeputzte Arschloch zu blicken. Schlauer Roman, was nun? Du hast immer gesagt, es hätte für dich auch alles mit deinem Vater zu tun und du könntest es nicht auseinanderhalten. Du hast auch gesagt, du würdest lieber vollkommen ziellos herumhängen, als zynisch auf den Schreibtisch vom Papi zu spucken und den Schandfleck gleich danach unaufgefordert wieder wegzuwischen. Wie ist euer letzter Generalstreit ausgefallen? Hast du ihn wenigstens körperlich überstanden? Deinen feinen Herrn könnt ich mir auch noch gut vorstellen, wie er in geheimer Mission während des Zweiten Weltkriegs erster Klasse durch das Dritte Reich fährt. So, wie der mich schon über den Haufen gebrüllt hat, bloß weil ich es wagte, auch mal nach halb zehn deine Schwester oder dich anzurufen, so grüßt ihn auf der Straße sicher manch einer vor Schreck mit dem Kopf statt mit dem Hut. An mein neunzehnjähriges toskanisches Bauernmädchen hätte der aber nicht kommen dürfen. Leonora? Roman, wo ist mein Trauschein? Ständig auch Scherereien mit den ganzen Dokumenten. Für alles gilt Anwesenheitspflicht. Wen kümmert es, ob das alles überhaupt in die Hose paßt? Geld, Schlüssel und Geschlecht beanspruchen schließlich auch noch ein wenig Platz. Es gibt auch noch eine Kleiderregel, nach der eine Hose eher zu eng sein sollte als zu weit. Vorgestern war ich wieder an dieser Stelle hinten, wo du einmal dein ganzes Taschengeld verloren hattest, wo der Judenstrick wächst, den wir kleingeschnitten geraucht haben. Unter der Auer-Fichte, die den Mutprobenplatz überragt. Die wir, als du noch hier gewohnt hast, als unser Maß genommen haben. Streng hielten wir uns daran, nach Süden zu schauen, und so fanden wir heraus, daß die Sonne von links nach rechts zieht. Von links nach rechts, wie auch die Schrift, die wir vorschriftsmäßig zu benutzen lernen sollten. Auch Linkshänder halten sich dran. Nur die Juden halten sich nicht dran. Hier ist nicht die Rede von Menschen, die auf der Südhalbkugel leben. Die Schrift ist auf der Nordhalbkugel entstanden. Wie schaut so ein Judengesicht eigentlich aus, das Judengesicht? Ist uns ja nicht mehr eingetrichtert worden. Wir haben gehört von dem Rattentest, bei dem erst eine Ratte in einer geschlossenen Box Elektroschocks ausgesetzt wird. Nach dem Test hat sie erhebliche psychosomatische Störungen. In einer anderen Box sind zwei Ratten der gleichen Stromstärke ausgeliefert. Sie werden immer aggressiver und greifen sich schließlich gegenseitig an. Den Versuch aber überstehen sie heil, keine bleibenden Schäden. Deutschland und Japan haben den Krieg verloren, und so besteht eine gewisse Unklarheit, inwieweit sich zum Beispiel diese Versuchsanordnung auch auf Menschen übertragen läßt. Der Wissensdurst war noch so groß, erst ein Bruchteil möglicher Versuchsanordnungen durchgespielt, und dann plötzlich sollte Schluß sein damit. Gerade erst war in Dresden das erste

Hygiene-Museum der Welt eröffnet worden. Der Bedarf an Seife war schon so groß gewesen, daß leider auch Menschenmaterial als Rohstoff mit herangezogen werden mußte; und plötzlich sollte Schluß sein mit all der Reinlichkeit. Wir haben die Matratzen aufgeschlitzt, und vielleicht quoll uns langes Frauenhaar entgegen. Wir sind auf die Auer-Fichte hinaufgeklettert und von ihren ausladenden Ästen auf die Matratzen hinuntergesprungen. Bloß froh wollten wir sein, wie ein Obstbaum an seinem Geburtstag. Dem ist ein Geburtstag egal, der Fichte auch, der Buche genauso. Die Geburt eines Baumes, ist die denn an dem Tag anzusetzen, an dem sich der Keim durch die Erdkruste drückt, oder wann? Wir müssen es ja wissen, wir sind Mitglieder jener feinen Volksgemeinschaft, der ein innigeres Verhältnis zu ihrem Wald nachgesagt wird als jeder anderen. Freilich ist Gott mal wieder zu spät dran, wenn er dieser jetzigen Generation wegen der Gebotsverstöße während des Zwölfjährigen Reiches (Du sollst keinen anderen Gott neben mir haben!) den Deutschen Wald wegnimmt. Er wird sich gedacht haben, er käme um eine zeichensetzende Rüge in diesem Fall nicht herum, aber trotzdem wird er nach einem Zeitpunkt gesucht haben, wo sie diejenigen nicht mehr trifft, die ihm seine Christenkirche durch diplomatischen Handel mit dem Regime geschickt über die Machtergreifung hinübergerettet haben. Das war nicht ganz sauber, aber der Zweck heiligt die Mittel. Dennoch läßt sich rückblickend sagen, daß auch ohne die Nazis etwas aus uns geworden ist. Auch ohne sie herrscht professionelle Sauberkeit in allen Ritzen. Kindern und Jugendlichen bleibt, um sich über den mittelmäßigen Wohlgeruch der Erwachsenenwelt zu erheben, nichts anderes übrig, als freistehende Bäume zu erklimmen und die Vogelschau zu nutzen. Fest steht, daß es vollkommen widernatürlich ist, das eigene Nest nicht zu beschmutzen. Wenn schon andauernd solche Metaphern bemüht werden, dann sollten deren Abonnenten sie doch wenigstens auf ihren Hintergrund hin untersuchen. Hier fehlt es wohl am banalsten zoologischen Verständnis. Und erst wenn der letzte Brunnen vergiftet, das allerletzte Nest beschmutzt ist, werdet ihr einsehen, daß ihr auch von eurem neuen Deutschland nichts werdet abbeißen können. Nicht von der linken und auch nicht von seiner rechten Hälfte. Ich spreche in Briefen wohl nicht immer nur zu meinem jeweiligen Adressaten, naja. Immer höher also, trauten wir uns im Lauf der Zeit auf die Auer-Fichte hinauf, und immer mehr war von da zu sehen. Aber abgesehen von jeder billigen Symbolik: ein zehrender Zweifel an allem ist doch durchaus angebracht. Die germanischen Heldenlieder, die Karl der Großgenannte noch hatte sammeln lassen, ließ sein Sohn, Ludwig der Fromme, aus religiösen Bedenken verbrennen. Hier also riß die Tradition der vorchristlichen Dichtung ab, nur althochdeutsche Schriften, die im Dienst christlicher Bekehrung standen, wurden überliefert: wörtliche Übersetzungen lateinischer Texte, Abschwörungsformeln und Taufgelöbnisse, Gebete, Beichtformeln und andere religiöse Gebrauchsliteratur. Es ist eine einfache Rechnung, was dabei herausschaut, wenn sich eine Diktatur des zwanzigsten Jahrhunderts plötzlich wieder auf diese abgeschnittene Tradition besinnt. Oh, Germanistan! Die kleben letzte Fragmente beliebig zusammen und verbrennen wiederum alles andere. Soll ich hinschauen, soll ich wegschauen, wo ist der Notschalter, der mir jede Entscheidung abnimmt. Nein, der geringste Widerstand ist immer noch keine Möglichkeit, die sich trägt. Gesund, wie ich bin, werd ich mit Fleurop Blumen senden, an jeden, der welche haben will. Bei der Verbrennung von Nahrungsmitteln im Körper entsteht Energie, aber die reicht doch längst nicht, um auch nur den widrigsten Widrigkeiten zu widerstehn. Welches Gericht soll ich brauen, das mir hilft, auch nur über das dümmlichste Siechtum hinauszukommen? Es steht keines drin im Köchel-Verzeichnis. Soll ich erwartungsvoll in die städtischen Blumenrabatten glotzen und den Saft der Erbauung in meine Blattspitzen steigen lassen? Was nützt die für zehn Minuten gelungene Störung von einem *Tag der offenen Tür* in der Maxhof-Kaserne, außer daß es Spaß gemacht hat? Na, immerhin! Und so also weiter. Ich will mich auf das Aufzählen hier nicht einlassen. Es scheint jedenfalls eine Verdrängungsfähigkeit zu geben, die schier unendlich ist. Roman, wenn wir uns auch nur ein Zehntel dessen, wovon wir wissen, daß es eine akute und existentielle Bedrohung ist, ständig bewußt hielten, so zöge es uns doch sofort hinein in die wissende Ohnmacht. Auf der Stelle, und wir müßten uns fortan des leisesten Lächelns, das uns trotzdem noch über die Lippen kommt, schä-

men. Ich kann doch nicht den ganzen Tag Trauer tragen. Bin ich blöd und laß mich überfahren bei Nacht?
Gestern, als ich soweit alles aufschrieb, hab ich endlich so schwarz gesehen, wie es der Wirklichkeit entspricht. Jetzt will ich schnell noch einen Schluck aus der trüben Flasche nehmen, hab ja sonst nix dabei. Noch bevor die Weißen anrücken, muß ich deinen Brief fertig haben. Roman, bitte entschuldige meine Schrift, aber ich hatte eben keine rechte Unterlage. Es war vielleicht doch besser so, daß du jetzt nicht hergekommen bist. Habe sogar schon in Perchting bei deiner Mutter angerufen, um sie zu fragen, was du vorhast. Dann aber ist dein gelber Brief angekommen, und so bleibt mir nichts, als dir schriftlich zu antworten.
Leonora ist jetzt wohl am anderen Ende einer anderen Welt. Jetzt, da die Entscheidung so unmittelbar bevorsteht, bleibt mir keine Zeit zu staunen, wie selbstverständlich ich in das letzte Gefecht am Wounded Knee ziehen werde. Wir werden die Weißen schon beim Schmalzhof abpassen. Immer hatte ich mir vorgestellt, ich würde am liebsten auf irgendeiner Guten Seite gegen die vereinigten Staaten kämpfen. Jetzt ist es soweit, das wird kein leichter Weg. In den sauren Apfel zu beißen ist etwas anderes. Wenn Leonora dann von meinem plötzlichen Tod erfährt, wird sie mir wohl doch nachweinen. Und ich entsteige meinem Grab und nehme mir einfach eines der wenigen Pferde, die die Schlacht an der Biegung der Würm überstanden haben, um zu ihr zu reiten. Werd sie auffordern, jetzt doch endlich mit zu unserer Hochzeit zu kommen. Rasend schnell, das sag ich dir, werden wir durch die Nacht reiten, und ich werde sie dreimal fragen, ob sie sich denn nicht fürchtet. Was soll man schon sagen in so einer Situation als: Fürchtest du dich? – Jetzt muß ich irgendeine Möglichkeit finden, diesen Brief loszuwerden. Auf daß du ihn bekommst. Bis wann?
Grüße, dein Andreas

Aztekische Fotos, affektierte Nazi-Schwäne

Die Schlacht ist verloren.
Der Milchmann hat die Milch verschüttet;
die Eingemeindung ist vollzogen.
Ich war t.o.t. (traurig ohne Trauer).
Und
bin noch einmal auferstanden,
hab noch einen Brief loszuwerden,
ein paar Fotos zu schießen.
Der Tod ist auch nicht viel sinnvoller als die ihm vorausgehende Plagerei. Unseren Nazi-Kreisleiter will ich vor das Fadenkreuz bekommen, der hat im Starnberger See 1935 die ersten Schwäne eingesetzt. Ihn trifft die Schuld, daß der gebildete See jetzt von diesen eingebildeten Viechern verdorben ist.
Noch bin ich auf der Suche nach einer brauchbaren Kamera, von Söcking aus, mit dem Bus unterwegs, so naß ist es draußen. Man muß die letzten Frühjahrstage feiern, wie sie kommen. Meine Anwesenheit in einem öffentlichen Verkehrsmittel ist rechtens. Mir droht keine Entblößung vor den Mitbürgern. Mein Beförderungsendziel ist Perchting. Von dort kommt die Tochter der Mohrin, Dagmar. Die kam als Braut schon auch in Frage. Von mir aus. Aber reiten kann sie nicht. (War es Leonora, der der MVV vor einem halben Jahr die Polizei ins Haus geschickt hatte, bloß weil sie dreimal schwarz gefahren war?) *Dagmar,* wie streng das klingt, bloß wegen dem r am Schluß. Heute ist einer von diesen Tagen, an denen ich mich selbst zum Seichen hinsetzen muß. Rede ich denn an eine Wand? Was nützt mir die Kugel im Hinterkopf, wenn ich die Pistole nicht finde, sie abzufeuern? Die Wolken sind Eimer, sind undicht. Eingemeindete Heuschober taugen nicht als Unterstand. Die vollgesogene Humusschicht rutscht in die Tiefe. Auch mit Perchting, das gerade eingemeindet worden ist. Ein Aufsichtsrat hatte beschlossen, daß es, genauso wie auch Leutstetten, Percha, Söcking, Wangen, Landstetten, Hanfeld und Hadorf, nicht seine eigene Gemeinde bleiben darf. Das alles muß jetzt Starnberg heißen, weil es so handlicher

scheint. Das Gegenteil ist der Fall, wahr ist nur, daß es die neuentstandene Großgemeinde in Schach zu halten jetzt weniger Hände bedarf. Gleich ist es soweit, und ich finde eine aztekische Kamera. Alles was wahr ist, was ich nicht wahrhaben will, ich brauche es bloß mit ihr zu fotografieren, und schon ist es vom Erdboden verschwunden. (Wie fotografiert man eine Eingemeindung?) Auf der Suche nach dem Sinn des Todes will ich meine Aztekische Kamera finden. Jedes Bauerndorf bekommt einen Prügel übergezogen. Als Städter dürfen sie sich plötzlich fühlen, Kreisstädter sogar. Plötzlich hat Hanfeld eine Seepromenade, die andern auch. Und schon sind auch die Landstettner nicht mehr von den Starnbergern zu unterscheiden, so innig ist diese Umarmung. Neues Bauland wird ausgewiesen, in jede Himmelsrichtung. Neue Freundschaften werden geschlossen. Bis in die Bretagne dürfen einige der ehemaligen Gemeinderatsmitglieder reisen, wo sie jetzt plötzlich eine Partnerstadt haben. Alles soll gleich ausschauen. Niemand soll mehr einen Schock erleiden müssen wegen Jauche, die über Dorfstraßen fließt, die eh keine Dorfstraßen mehr sind. Niemand soll mehr von herumlaufenden Hühnern verunsichert werden, denen auch die Koniferen im Vorgarten nicht standhielten. Der ADAC verwahrt sich gegen verkehrsgefährdende Kuhfladen auf öffentlichen Wegen. Die Burschenvereine distanzieren sich von in der Freinacht randalierenden Jugendlichen. Die Bänke stehen noch im Wasser. Traktoren, die wie Mondfahrzeuge aussehen, passen gut zu Feldern, die zu Mondlandschaften geworden sind. Während die Leutstettner für ihre gepfändete Gemeinde immerhin noch einen Gedenkstein aufgestellt haben, ließen sich die Hadorfer mit einer Loipenspurmaschine bestechen. Es soll keiner sagen, den Betroffenen ginge es schlechter als zuvor. Niemand will euch euren BMW wegnehmen, der den Kadett zum Zweitwagen degradiert hat. Den Dorfbewohnern muß nur klarwerden, daß ihre Interessen jetzt keine Dorfbewohner-Interessen mehr sein können.

Perchting, wie es singt und lacht. Perchting, Heimat einer Kiesgrube mit einer Renault-Werkstatt darin. Perchting, an einer Römerstraße gelegen, jetzt aber eher durch die gut ausgebaute Landstraße nach Andechs bekannt. (Alle Wege führen nach dem Rom des Landkreises.) Die Mohrin war mit

einem Transportunternehmer aus Perchting verheiratet, nur kurz, aber lange genug, um ein legalisiertes Kind mit ihm zu haben. Die gar nicht blasse Dagmar, Halbschwester des hellhaarigen Roman. Das sind Namen, untypisch für diese Gegend. Xaverheißer als Dagmars Bus-Freund, zwecks gleichem Schulweg jeden Tag. Dagmar, so eine gute Freundin, die ich mir aber nie getraute anzulangen. Sie ist nicht daheim, und ich geh hinter zum Molchweiher, wo ich nicht weit davon in kurzer Zeit tatsächlich einen verbeulten, südamerikanischen Fotoapparat finde. Daneben liegt ein buntes, zerlesenes Heft, vom andauernden Regen ganz aufgeweicht. Eine elfjährige Bravo-Leserin muß sich doch wie ein Krüppel vorkommen, wenn sie noch nie gevögelt hat. Heute hab ich endlich mal so wenig gegessen, wie es meinem Appetit entspricht. Seit heut früh bin ich immerhin von Feldafing bis nach Perchting gekommen. Hab also doch keine italienischen Schwiegereltern, dafür aber einen langen Brief in der Brusttasche, von dem ich nicht weiß, ob er überhaupt in einen Briefkasten paßt. Der paßt in keinen Briefkasten, selbst für ein Paket ist mir sein Inhalt zu gewichtig. Xaverheißer fährt in den Ferien die Post oft nach Starnberg, von ihm weiß ich, daß hier die Transportmittel für meine Zwecke nicht reichen würden.
Morgen wird es vielleicht günstiger stehn, da rechne ich schon mit dem Montag, diesem Achten, mit der Verheißung aus dem Horoskop-Automaten. Der Xaverheißer heißt Xaver, wir nannten ihn den Xaverheißer. Ich selbst nenne mich Nachleger, Andreas Nachleger, weil ich während des Heranreifens meiner wichtigsten Gedanken ständig nachlegen mußte. Holz oder Kohle, oder ich verbrannte gerade zerknülltes Papier. Ich mußte praktisch einheizen, damit mir der Gedankenfluß nicht einfriert.
In der Erinnerung stand es günstig. Am günstigsten steht es immer auf Abbildungen einer Wirklichkeit. Um so länger etwas her ist, um so besser kommt es weg. Wahrscheinlich war es wirklich nicht so schlecht. Ich schlief, Vater und Mutter aber beugten sich über mich (Taufe am 1. Oktober 1959). Ich schlief, Peter, Vater, Mutter und Tante Annemarie aber standen neben mir. Ich hockte auf Mutters Arm und sah geradeaus. Ich lag auf der Decke vor dem Kachelofen. Ich hockte vor dem Haus auf

Mutters Arm und zog an ihrer Kette. Ich lag auf Mutters Schoß und trank aus einer Milchflasche. Ich lag auf der Couch und sah aus wie ein Hamster. Ich saß auf der Kies-Terrasse auf dem Schoß meiner Großmutter. Ich saß auf dem Bett und hatte Mumps. Ich war schon 1960 zum ersten Mal in München, bei Polborns im Lehel saß ich auf dem Sofa. Ich saß in Traunstein, auf Tante Gustis Schoß, und hatte eine Mütze auf. Ich stand im Laufstall, und Peter hielt mir einen Brocken Brot hin. Ich saß im Garten auf dem Schaukelpferd. Ich saß im Laufstall und griff nach der Muschi, die vor dem Stall hockte. Ich saß im Stall und griff nach der Milchflasche. Ich saß auf Mutters Schoß, es gab zu essen, aber der Brei war mir zu heiß. Ich saß auf dem Stuhl und wollte herunter. Ich saß auf dem Schaukelpferd und griff nach einer hingehaltenen Zigarre. Ich saß auf dem Schaukelpferd, hatte einen Russenkittel an und wurde zum ersten Mal in Farbe fotografiert. Ich saß auf dem Liegestuhl und spielte mit Vaters Tabaksbeutel. Ich saß auf dem Liegestuhl und blätterte in einer Zeitschrift. Vor dem Christbaum hockte ich auf Mutters Arm. Ich war bei Moesens und deutete auf den Kasperl. Ich saß bei Moesens auf Vaters Schoß. Ich lief auf dem Kiesweg, hatte eine Banane in der Hand und einen blauen Kittel an. Ich lief auf dem Kiesweg und hatte einen roten Kittel an. Ich lief auch über den Kiesweg und hatte gar nichts an. Ich stand auf dem Kinderstuhl und machte verschiedene Armbewegungen (Verkehrsschutzmann). Ich saß mit Peter und Mutter im Kinderstuhl auf der Terrasse. Ich spielte an Ostern mit dem neuen Stoffhasen, der zwischen Moospolstern und einem Zaun aus Zweigen lag. Ich zog einen Blechleiterwagen durch den Garten und hatte ein Blechauto in der Hand. Ich war 1962 zum ersten Mal auf dem Hörndl. Ich hatte einen Filzhut auf und spielte in einem Brunnen. Ich lief um eine Almhütte. Ich saß neben Mutter unter einem Signal. Ich stand auf dem Hinteren Hörndl und sah durch ein Fernglas. Ich ging vom Großen Hörndl zurück an Vaters Hand. Ich spielte im Garten mit der Plastikwanne, dem Blechleiterwagen und dem aufgedrehten Gartenschlauch. 1962 stand ich am See und ein Boot fuhr vorbei. Ein Plastikboot in der Hand, flüchtete ich vor den Wellen. Ich knetete Teig bei Moesens. Ich stach Plätzchen aus dem Teig. Ich probierte den Teig. Ich stand mit Madeleine vor dem Ofen mit

einem Blech fertiger Plätzchen drauf. Ich stand in der Tür und sah heraus. Januar 63, bei Benediktbeuern, rodelte ich zum ersten Mal. Ich vorne auf dem Schlitten, dahinter die Mutter und, hinter ihr, der Vater. Ich ging mit den Eltern den Pähler Höhenweg. Ich hatte auf dem Kreuzeck eine Lederhose an. Ich stand auf dem Kreuzeck und schaute in verschiedene Richtungen. An meinem vierten Geburtstag spiegelte ich mich im Glasschrank. Auf dem Tisch standen der neue Unimog, Kerzen und Blumen, das war schon im neuen Haus. Mit verschränkten Armen saß ich neben dem Westenrieder, als der Nikolaus in den Kindergarten kam. Ich saß auf der Eßbank und schob einen Bulldog mit Anhänger über den Tisch. Ich saß auf der Eßbank neben Madeleine. Ich hockte auf dem Felsen vor der Kampenwand. Ich saß auch auf dem Samerberg neben Vater an einem Wiesenhang. Ich lief vor der Mutter den Almweg hinunter. Ich saß neben Mutter und packte das Fernglas aus. Ich seichte am Samerberg an eine Fichte. Ich feierte zusammen mit anderen Kindern im Kindergarten meinen fünften Geburtstag und hatte eine Papierkrone auf. Dann ist Schluß.
Direkt neben dem Kindergarten, den ich schon lange, bevor ich überhaupt in diesen Kindergarten ging, immer schon *meinen* Kindergarten genannt hatte, steht die Volksschule. Neben dem Kindergarten also, um den ich doch so sehr gekämpft hatte und der nicht der Kindergarten von Feldafing war und niemals der Kindergarten von Feldafing hätte sein können, den ich doch so sehr haßte. Der Feldafinger Kindergarten war immer nur eine Notlösung gewesen, dort bin ich nur hingeschickt worden, weil wir von der Bozenerstraße an den Hang umgezogen sind, weil ich beim Umzug doch nur im Weg umgegangen wäre. So holte mich Onkel Moritz morgens mit seinem DKW ab, und in Feldafing mußte ich mich dann von der entschlossenen Madeleine durch die Parklandschaft zerren lassen, und mittags schob sie mir den Löffel bis zum Gaumen. Von vornherein war mir der riesige Saal des Feldafinger Kindergartens zuwider gewesen, doch ich konnte den Besuch dieser verhaßten Einrichtung vorerst auch nicht durch das Verstecken meiner Brotzeittasche verhindern. Endlich aber der Starnberger Kindergarten: Verschmitzt waren schon lange die Klettergerüste in dessen Garten herumgestanden. Durch die direkte Nachbarschaft zur Volks-

schule sollten wir ständig den Schritt vor Augen haben, der zur angeblichen Heranbildung allgemeiner Gescheitheit führt. Im Weg stand nur der Gartenzaun. Diejenigen, die jeweils am Ende eines Kindergartenjahres über den Zaun geschickt wurden, sind von da an als etwas Besseres angesehen worden.

Harte Milchzähne werden weich, in der Sommersonne sauer. Von den zwölf bekannten Jahreszeiten haben wir jetzt schon den Früh-Sommer erreicht. Die Zahnlücken werden mit lehrreichen Ausflügen gestopft. In München bin ich mit dem Onkel Fritz auf eine Feuerwehrübung. Im Hof der Hauptfeuerwache wurden die Geräte in allen ihren Funktionen vorgeführt. Ich lernte, die Feuerwehrmänner würden die Rutschstangen benützen, wenn sie es zu eilig haben, die Treppe zu gehen. Und schon gab es Alarm und es hieß, die Vorführung müsse wegen eines Großeinsatzes leider vorzeitig abgebrochen werden. Sogleich setzten sich die meisten Löschfahrzeuge in Bewegung und verschwanden mit Blaulicht in einer Seitenstraße. Alle sind hinterher. Mit Onkel Fritz war auch ich dabei, in echt ist es doch besser, werden wir gedacht haben. Zum Jakobsplatz hinüber, und dort drückt aus einem alten Haus bereits dick der Rauch. Aus dem dritten Stock wurde über Leitern eine große Puppe gerettet, und auf dem Nachbargrundstück kam anschließend die Schaumkanone zum Einsatz. Alles wurde gezeigt. Zu den Greiners nach München bin ich gern, die sind mit mir immer irgendwo hingegangen. Meistens in den Tierpark, oder aber: Deutsches Museum.

Wie ich an Adenauers Fuchzigerjahren absichtlich nur mehr dreieinhalb Monate teilgenommen hatte, so wollte ich auch von Erhards Wirtschaftswunder nichts wissen. Nach ereignisreichen Tagen schlief ich fest. Wenn ich gegen die Wand gedreht war, träumte ich nicht gut. Manchmal träumte ich von einem Mädchen, das seinen Bräutigam verloren hatte und das darüber so viele Tränen vergoß, daß dieser ihr im Traum (Traum im Traum!) erscheint und sie auffordert, mit ihm zu kommen, wenn sie bloß endlich vom Weinen abließe. Wenn er sie holt, soll sie sich eine Schürze anziehen, die hinten nur ganz lose zugebunden ist. Wie verabredet, kommt er um Mitternacht

tatsächlich, und sie reiten auf einem weißen Pferd Richtung Friedhof. Da sagt er: Der Mond scheint hell, der Tote reitet schnell, graut dir nicht, mein Liebchen? – Aber das Mädchen hat keine Angst. Er steigt ins Grab und sagt, daß er sie jetzt mithineinzieht. Als sie daraufhin immer noch nicht das Weite sucht, zieht er an der Schürze, die sich auch sofort von ihr löst, ohne daß sie dabei auch nur ins Wanken käme. Das Grab schließt sich darauf ohne sie. Am nächsten Morgen findet das Mädchen die Schürze in kleinen Fetzen auf dem Friedhof. In der folgenden Nacht erscheint ihr Bräutigam zum zweiten Mal im Traum (zweiter Traum im Traum!) und sagt ihr, daß ihre Knochen in kleine Splitter zerbrochen wären, hätte er sie zu sich ins Grab gezogen. Sie solle ihm deshalb nicht mehr nachweinen.
Mutter hatte während des Kochens gern den Bayern 3 laufen. Trachtenmusik mit Wetterbericht. Das Radio im Wohnzimmer ist kaputt, und als es noch nicht kaputt war, ist es nie benützt worden. Mitten in Erhards Wirtschaftswunder war mein Vater noch nicht mit der simplen Radiotechnik vertraut. Plattenspieler und Tonbandgerät wurden nie angeschafft. Mutter hatte als Kind Klavier, Vater Geige lernen müssen. So aber hätte es nicht zu enden brauchen. Was vor Einrichtung des Bayern 3 lief, weiß ich nicht mehr. Was vor dem Brand beim Grenzebach war, weiß ich nicht mehr. Erst viel später kaufte ich mir selbst einen Kassettenrecorder. Im Feuer ist die Hitze, und auch für das Auge wird etwas geboten. Es hatte anders geklungen, nicht wie ein normaler Donner, als der Blitz in das Grenzebachanwesen einschlug. Still war es danach, bis die Feuersirenen losplärrten. Auf dem Balkon sind wir gestanden. Vatter, Mutter, Kind standen auf dem Betonbalkon, und vor ihnen kippte der ganze Himmel ins wütende Rot. In die Fernsehantenne sei der Blitz eingeschlagen und aus dem Fernseher sei er wieder herausgekommen. Nicht gut konnte ich einschlafen. Noch lange stand eine Ruine an dieser Stelle Söckings.

Als Tochter deutscher Eltern geboren, erfuhr ich erst Jahre später in Rom, daß *Andrea* in Italien ein reiner Männername ist. Fast der einzig geläufige mit einem a am Schluß.
Im Kindergarten sollten wir das Schleifemachen lernen, was sie mir seitenverkehrt beibringen mußten. An einem Brett mit

Löchern drin. Solange uns die Buben nicht mit Bauklötzen bewarfen, spielte ich sehr schön mit den anderen Mädchen. Im Kindergarten durften wir nicht am Rotstift lutschen. Im Kindergarten sollte ich beim Theaterstück den Schwammerl darstellen. In dieser Rolle mußte ich kein einziges Wort an die anwesenden Erwachsenen verschwenden. Was nicht heißt, daß wir nicht eines Tages zu einem Haus am Rand der Hailerwiese hinaufgegangen wären. Dort wohnt eine Hexe, sagte Tante Erna. Prompt sah auch eine Frau aus dem Fenster, schlecht versteckt ihr Mann im Hintergrund. Besonders wir Mädchen sind nicht ausreichend erschrocken. Wer seinen Apfelbutzen nicht richtig abgekieft hatte, der mußte in der Ecke stehen, was auch mir mal passiert ist. Bei der Gelegenheit fragte mich Tante Erna, was denn mein Vater so macht, und da behauptete ich, daß er Bestimmer ist. Daheim hat eher die Mutter bestimmt; Tante Erna im Kindergarten, aber ich mochte sie schon.

Andreas, griechisch = der Mannhafte. Der Apostel kam der Legende nach predigend vom Heiligen Berg Andechs bis zur Wolga (daher Schutzpatron Rußlands). Mein Attribut ist das sogenannte Andreaskreuz X, da ich, der mittelalterlichen Überlieferung nach, an einem solchen Kreuz den Märtyrertod erlitt. In der Literaturgeschichte berühmt sind der Barockdichter A. Gryphius, † 1664, der Germanist A. Heusler, † 1940. Als zu Unrecht verkannt gilt der Gymnasiast A. Nachleger, * 1959. Kurzformen: Andres, Endres, Andrä; niederdeutsch: Andres, Enders, Dries, Drees, Rees; nordfriesisch: Ainers, Dese; oberdeutsch: Anderl, Enderle; Ableitungen: aus Anderl Andex, aus Andex Andechs.

Vater bewahrt seine Schreibmaschine in einem Kasten auf. Er, der meistens auf den Baustellen ist, benützt sie nicht oft. Ich werde den Kastendeckel herunternehmen, ein Papier einspannen und wahllos auf die Tasten einhauen. Nachher wird mir Mutter das Geschriebene vorlesen müssen. Vielleicht aber wird sie sich dabei nicht ganz genau an die einzelnen Buchstaben halten. Nachher werden wir oben in Kempfenhausen spazierengehen. Kühe werden kommen. Ich werde den Brummi dabeihaben. Angst werde ich haben, die Kühe könnten den Brummi fressen. Neben der Kapelle steht ein Mädchen mit einer schönen langen Schürze, an der werde ich ziehen, wie ich es auch im Traum schon gesehn hatte. Ich werde Mehl über den Küchentisch verstreuen, wie der Schnee, das gleiche Weiß. Ich werde meine Autos in die Küche herunterholen und Spuren in diesen Schnee fahren. Mit dem Auto werden wir auf den Samerberg fahren. Eindeutig eine Erinnerung ist es nur dann, wenn ich danach nie wieder dort war. Und es darf keine Fotos davon geben. Wenige höchstens, die kaum etwas erahnen lassen. Wir sind bis zum Zirmerhof gefahren. Das Eisacktal hinunter. Von Auer hinauf nach Kaltenbrunn. In Fontane Fredde steht eine riesige Blechgarage, von dort aus geht es nur mit dem Jeep weiter. Der mußte extra herunterkommen, uns heraufzuholen, bis unterhalb von Radein der Wald aufhört, dann ist man gleich oben. Den Italienern wird ein halber Berg in den Longarone-Stausee rutschen. Gleich ein paar Täler weiter wird das Zugseil einer Kabinenbahn reißen, und die besetzten Kabinen werden in die Talstation rasen. Das übergelaufene Wasser wird den halben Ort Longarone in die Piave spülen. Jahrelang schon hatte ich in verschiedenen Alpentälern aus Sand, Erde und rundlichen Steinen zahllose Dämme gebaut. So fand mein Dammbautrieb schon frühzeitig Erfüllung, und ich mußte später nicht erst Dammbau-Ingenieur werden, um vollkommen zwanghaft Dutzende von Gebirgstälern zu strangulieren, alles Dahinterliegende unterschiedslos versenkend. Nie hatte ich eine meiner Baustellen verlassen, ohne nicht zuletzt den errichteten Damm wieder einzureißen. Jede Baumaßnahme fand ihren Höhepunkt erst in der anschließenden Zerstörung. Auf dem Zirmerhof werde ich vom Misthaufen auf den Fuhrwerksschuppen meine erste Seilbahn errichten und so etliche abgelegene Gebirgstäler vor ihrer touristischen Erschließung bewahren. Auch meine ersten Straßen waren auf dem Küchentisch entstanden, und so also weiter. Nur durch die frühe Förderung meines Baumeistertriebes ist die Welt vor mir als Baumeister verschont geblieben und muß sich so auf etwas anderes gefaßt machen. Aus ganz Österreich hätte ich einen einzigen Donau-Stausee machen können (hohe Ost- und Zentralalpengipfel als Urlaubsinseln!), aber so kam alles anders. Die Brotzeiten, die Mutter in Andechs über dem mitgebrachten Wachstischtuch ausbreitete, waren reichhaltig genug, daß ich der Legende nach predigend von dort bis zur Wolga kam, hinter der sich der Unglauben später um so fröhlicher ausbreiten konnte. Wieder zurück, hatte ich bei schlechtem Wetter unter dem Eßtisch mein Reich. Von hier unten kann ich die vorbeilaufenden Beine zählen, und auf dem Tisch steht ein Teller mit reifen Äpfeln. In der Ecke über dem Tisch hängt die reife Glühbirne, und ein Lampenschirm ist aufgespannt. Ich habe nicht Hunger leiden müssen. Kann plärren wie ein Jochgeier. Mir wurde gesagt, mir würden vor Bosheit gleich Hörner wachsen, wenn mich der Zorn wieder ritt. So bin ich verstohlen zum Spiegel und habe nachgeschaut. Nichts Wahres war dran. Auf der Eßbank werd ich toben, bis sich das Kruzifix oben lockert. Ausgerechnet das Kruzifix fällt mir auf den Kopf. Mutter kann es sich nicht verkneifen, einen höheren Grund darin zu sehn. Da bin ich einigermaßen beeindruckt, nicht ausreichend beeindruckt, immerhin aber beeindruckt. Wenn ich betete, betete ich immer für das gesamte Universum. Gerecht wollte ich sein. Wer für das gesamte Universum betet, der denkt auch an seine Eltern. – Oh Herr, gib ihnen die ewige Ruhe!, betete ich, als sie in Italien waren und ich in Harlaching bei Greiners. Peter versteckt oft den Brummi. Peter wird bald ausziehen. Nach München ins Studium. An Samstagen war Vater im Wohnzimmer gesessen und hatte mit dem Küchenradio Fußballreportagen gehört. Hatte das Radio sehr laut. Eine dicke Zigarre im Mund, das war nicht mein Fall. (Auf der Suche nach Gründen, warum ich kein Raucher und auch kein Fußballanhänger geworden bin, lande ich erst mal mitten in unserem Wohnzimmer.) Es kann sein, daß es längst nicht jeden Samstag so gewesen ist. Es kann sein, daß eine Erinnerung nicht repräsentativ ist. Das Radio hat vielleicht geschrien! Auf der anderen Seite vom Gang mal ich ein Herz auf Peters Tür, mit einem Pfeil durch, bevor er mit seiner Freundin zurückkommt. Der war schon seine siebzehn Jahre älter, mein Bruder. Wir werden noch einmal spazierengehn, und in Leutstetten werde ich Angst bekommen, ich würde die Maul- und Clown-Seuche kriegen. Alles stand da voller Pferde, und mir wurden die Warntafeln an den Gattern vorgelesen. Die wiehern, als wenn sie ständig lachten. Sie können nicht anders, die müssen ständig fröhlich sein; so ungefähr. Wie schön ich schon zeichne! Gerade habe ich damit angefangen, Buchstaben zu zeichnen. Angeblich sind sie seitenverkehrt. Gleich vorne, in der Siglstraße, ist die Rechtspfleger-Schule, die heißt so. Das galt mir als eine Drohung. Ich kann mir schon ausrechnen, was einem Linkshänder blüht, wenn je etwas aus ihm werden soll. Aus Vater ist etwas geworden. Und nur jemand, aus dem etwas geworden ist, kann es sich leisten, samstags im eigenen Haus Fußballreportagen anzuhören und eine Zigarre zu rauchen; wovon ich gar nicht so recht wußte, ob ich das überhaupt wollte. Vater wird vor dem Heimfahren aus München daheim anrufen, damit sich Mutter rechtzeitig Sorgen machen kann, wenn er länger als eine halbe Stunde für die Heimfahrt braucht. Der Bayern 3 unterrichtet sie über Verkehrsstauungen. In einer abgelegenen Ecke des Gartens werde ich eine Tollkirsche entdecken. Noch bevor Vater zurückkam, hatte ich eine Tollkirsche gefunden, rund, schwarz und reif. Als Mutter es bemerkte, hatte ich sie schon runtergeschluckt. Sie werden mich zum Doktor bringen, und der wird davon abraten, mir gleich den Magen auszupumpen. Vielleicht werde ich jetzt die Bilder, die der Kopf aufnimmt, immer weniger von den aztekischen Erinnerungsbildern unterscheiden können, die erst im Kopf entstehen. Bei Flims jedenfalls war ein halber Berg in das junge Rheintal gerutscht, der den Fluß zu einem riesigen See aufstaute. Auch das Voralpenland hat jetzt ein anderes Gesicht. Auf den Hügeln zwischen Deixlfurth und Traubing steht ein bedeutender Ort. Das Tal von Traubing und Wieling ist ein Sumpf, welcher mit dem Maisinger See zusammen einen großen See bildet, der mit dem Deixlfurther See durch dessen Ausfluß verbunden ist. Auf dem Baderbichl steht ein Tempel und etwas südlich davon ein Schloß. Bald jedoch werden nur noch die Überreste einer alten Siedlung zu sehen sein, und eine viereckige Verschanzung wird den ehemaligen Standort einer Burg anzeigen. Auf den Hügeln wird man auch Spuren von Äckern und Römerhügeln erkennen.

Ein Wirrwarr von Andreaskreuzen, oder sind es Panzersperren?, wird die Sicht nach Norden verstellen. Löffel liegen zwischen Gabeln. Ohne Tollkirschen wollte ich keinen Brei mehr essen. Aber Tante Hilde behauptete eiskalt, es sei Kakerlakenbrei. Das klang interessant, und so begann ich doch noch zu löffeln. Wir sind zum See hinunter, die Enten füttern und die Schwäne. Denen hab ich es gleich nicht gegönnt. Und ich habe auch das Brot selbst aufgegessen. Und ich hatte nämlich meine Erfahrungen gemacht mit den Schwänemonstern. Mindestens zweimal hatten sie mich in die Finger gebissen. Unzählige Male werden mir die Schwäne in die Finger beißen. Schließlich fütterte ich keine Schwäne mehr, weil ich mir nicht mehr in die Finger beißen lassen wollte. Ich gebe den Schwänen jetzt nichts mehr zu fressen.

ÄPFEL VOM BAUM

28 Glieder meiner Finger (Mondtag der Achte)

Welchen Ort erhält man, wenn man das Wort *Bastneger* in seine einzelnen Buchstaben zerlegt, aus einem der beiden e ein r macht und es wieder neu zusammenfügt? Dagmar raucht jetzt nicht mehr. Sie handelt mit Geschichten, verwaltet und verteilt wahre Geschichten, wie diejenige von einem fünfzehnjährigen Mädchen, wegen der Wasserwacht und Wasserschutzpolizei in höchste Alarmbereitschaft versetzt wurden. Von der befürchtet worden war, daß sie sich aus Liebe zu König Ludwig im Starnberger See ertränken würde, womit sie in einem Abschiedsbrief gedroht haben soll. Die an einem Mittwoch aus ihrem Elternhaus in Ahrensburg in Schleswig-Holstein fortgelaufen ist, tausend Mark mitnahm und von der seitdem jede Spur fehlte. Der also die Eltern Selbstmordabsichten zutrauten, nachdem sie sich seit einiger Zeit wie besessen für König Ludwig und dessen mysteriösen Tod im Starnberger See interessiert hatte. Von deren Portrait Mitglieder der Wasserwacht Kopien gemacht haben, die sie unter die Bademünchner verteilten.

Roman wohnt nicht mehr im Hause seiner Eltern. An einem Montag, dem Achten, ging ich gleich nach der Schule mit Dagmar zu ihrem Bruder. Dagmar wollte nur mal schauen, und ich hatte vor, mir die erste Zeppelin-Platte von ihm auszuleihen. Früher hat sie noch mir gehört, jetzt habe ich sie mir von ihm holen müssen. Hatte sie wohl gegen irgend etwas Minderwertiges getauscht. Wir wollten Roman nur ganz kurz besuchen, und es war auch schon die Rede davon, was denn tun am Nachmittag und Abend. Wir wollten ein Stück Zeit totschlagen. Wir vertraten uns die Füße vor dem Haus. Ach, was haben wir geklingelt! Roman, der schon eine Stunde früher ausgehabt hatte, war immer noch nicht daheim. Und Dagmar zog eine durchsichtige Plastikdose aus ihrer Hosentasche. Und sie hauchte da hinein. Und klappte den Deckel ganz schnell wieder zu. Und gefangen war der kondensierte Hauch! Und die Dose war voll von ihrem Nebel, und nach außen spiegelte die Schachtel ganz ölig. Und mit der Zeit sind die unsichtbar

kleinen Kondenstropfen zu immer größeren zusammengewachsen. Und sie wollten fast schon an den Seiten herunterlaufen, aber wir achteten nicht mehr so sehr drauf. Dagmar nämlich erzählte weiter von dem Mädchen aus Schleswig-Holstein, das die Polizei in Atem gehalten hatte. Die am Montag wieder wohlbehalten bei ihren Eltern eingetroffen war. Die sich, bevor sie an ihre Freundin einen Abschiedsbrief geschrieben hatte, tagelang die Todesszene in Viscontis Ludwig-Film auf Video angeschaut hatte; wegen der Polizei und Wasserwacht insbesondere den Uferbereich bei der Berger Votivkapelle überwachten. Die sich aber am Samstag telefonisch bei ihren Eltern gemeldet hatte und angab, sie sei nicht mehr in der Bundesrepublik. Von der die Ahrensburger Polizei am Tag darauf mitteilte, sie sei am Nachmittag mit dem Flugzeug aus München in Hamburg eingetroffen und von dort aus zu ihren Eltern weitergereist. Und mehr wußte Dagmar nicht.
Einem Touristen sollten wir den Weg erklären. Die Oberschüler haben keinen Grund, ihn zu verschweigen. Unter dem aufgelockert bewölkten Himmel gibt es verschiedene Richtungen. Roman kam hinten vom Vogelanger und sagte, er sei jetzt da. Dagmar zupfte mich zweimal am Ärmel und sagte: Jetzt ist er da! – Vorbei an den Bretterverschlägen, der Schlüssel paßt. Roman hatte gleich den richtigen parat. Leise sein, wie immer, leise sein, die Treppe rauf. Noch eine Tür. Wie auch der Vogelwolfi, hatte Roman alle Wände seines Zimmers mit Sprüchen vollgeschrieben. Die Suche nach den jeweils neuesten Eintragungen war nicht leicht. – Don't shoot someone tomorrow, that you can shoot today, stand frisch über dem Ölofen. Jetzt reicht ihm schon die deutsche Sprache nicht mehr! Roman wußte auch nichts für den Nachmittag. Mit seiner Schwester stand er in der Kochnische Kaffee zu machen. Wasser kochen, Filter aufsetzen, der Zucker ist aus. Ich war ja beschäftigt, seine Platten durchzusehen. Und es war auch die eine dabei, die ich so dringend suchte. Es war eine jener Platten, die mit jedem modernen Leichtgewichttonabnehmer abgespielt werden können. Zur besseren Wiedergabe aber war der Einbau eines Stereo-Abtastkopfes empfohlen, die Stereo- oder Breitklangwirkung ist nur auf einer Stereoanlage zu erhalten. Wem sagt ihr das? Man will uns wieder zu Volltrotteln abstempeln. Der

Tonabnehmer soll behutsam aufgesetzt und abgehoben werden. Abtastspitze und Platten sind sorgfältig staubfrei zu halten. Mit anderen Platten zusammen war sie senkrecht oder, in geringer Stückzahl, waagrecht auf glatter Fläche zu lagern. Einwirkung von Wärme soll vermieden werden. Das Überspielen sowie Mitschneiden aller Schallplatten der Herstellerfirma auf Band oder Draht zu gewerblichen Zwecken ist unzulässig. Das letzte Stück ist noch nicht vorbei, fängt Roman wieder an, alte Volksschulgeschichten aufzuwärmen, redet von Äpfeln, die von Baumschulbäumen fallen. Dagmar lacht. Den ganzen Tag will sie ohne Zigaretten verbringen. Im *Praktischen Schülerlexikon* beginnt das Kapitel *Jugend* mit dem Satz: Die ungebundene Jugend endet mit dem Schulanfang. – Dagmar lacht, aber den ganzen Tag will ich auch nicht in diesem Zimmer verbringen. Heute fehlen mir die Worte. Stumme Stunden stehen stramm.

Jetzt, an diesem Montagnachmittag, liege ich eben allein auf so einem nicht öffentlichen T-Steg. Vielleicht kommt doch noch ein Westenrieder, mit dem zusammen ich eine vielsagende Bootspartie unternehmen könnte. Hab ich eine Musik dabei? Der muß ich nicht antworten. Will ich überhaupt noch jemals etwas sagen? Ich könnte zwar schon noch etwas sagen, wenn ich noch etwas zu sagen hätte. Es sei zwar alles, was zu sagen ist, schon ausgenudelt, wie eine Nudel, aber eine Nudel mehr ist eine Nudel mehr. Mehr sei nicht drin, sagte der Herr Klassleiter heute. Kurzer Rede langer Sinn: die Akte des zu Sagenden sei schon lange geschlossen, aber ich könne ja noch irgendeinen Satz daraus, wenn es denn unbedingt sein muß, wiederholen, oder ihn hervorheben. Unter diesen Bedingungen bestünde keine Beschränkung. Nur raus damit, darauf käme es jetzt ja weiß Gott auch nicht mehr an. Da die Akte eh schon hoffnungslos überquillt, werde sich zwar niemand mehr gerade für die von mir wiederholte Bemerkung interessieren, aber vielleicht würde sie wenigstens mein eigenes Gewissen beruhigen. Dann hätte ich immerhin mir selbst einen guten Dienst erwiesen. Das würde nichts schaden. Friede in uns und um uns und überhaupts. Ein beeindruckend großer Teil der Bevölkerung hat laut repräsentativen Umfragen unmißverständlich geäußert, daß er nicht

etwa für, sondern eher gegen das Waldsterben sei. Die sind eben doch nicht für, sondern gegen den Atomkrieg. Was ich denn noch mehr wolle, ja was will ich denn noch mehr, will ich überhaupt irgendwas?
In der Hitze des Gefechts durch die Pfütze des Geschlechts. Fast senkrecht steht die Sonne, und niemand kommt, auf den ich warte. Schatten, eine Wolke wenigstens! Daß die traumhafte Leonora nicht erscheint, das weiß ich eh. Es summt. Eine lästige Eintagsfliege aber lohnt es gar nicht erst umzubringen, sage ich mir. Zusammenfassend läßt sich ohne jede Übertreibung getrost behaupten, die Menschheit sei mit Abstand die tragischste Gattung, die sich je auf diesem so gut ausgerüsteten Planeten fortgepflanzt hat. Da heißt es tapfer sein. Eine Science-fiction ist immer längst schon ein alter Hut. Ich erwähne in diesem Zusammenhang den Theologenstreit um zwei tiefgefrorene Retortenwaisen. Die Millionärseltern der außerhalb des Mutterleibes gezeugten Embryos sind tödlich verunglückt. Jetzt streiten sich die Religionsverwalter verschiedener Konfessionen, ob auftauen oder nicht auftauen. Die Theorie, daß Reichtum doch unfruchtbar macht, scheint erhärtet. Da bin ich sicher, daß aufgetaut wird, und die Geschichte möchte ich hören, die die Aufgetauten später mal über ihre Herkunft erzählt bekommen. Die Existenzfrage von Eintagsfliegen stellt sich anders. Diese Dichtgedrängtheit von Verrichtungen, die da zu erledigen sind! Wenn einige Dutzend Jahre dafür schon viel zu wenig sind, dann sind zwei Dutzend Stunden ein mehr als sparsames Angebot. Auf die Einteilung wird es ankommen, irgendwie muß es funktionieren. Auf die Welt hinauskommen. Nahrungsmittelaufnahme. In die Höhe wachsen. Unverwertbares ausscheiden. Katholische Fortpflanzung. Einstimmung auf das Abdanken.
Muß ein Staatschef schon einmal mit einer Frau geschlafen haben, oder reicht es, wenn er mit einer verheiratet ist? Wenn sich die private Steg-Palme neben mir nur dazu aufraffen könnte, ihren viel zu engen Topf zu sprengen, sie würde in kürzester Zeit vertrocknen. So sieht es aus. Begrenzt sind die Möglichkeiten. Auf Dauer wird kaum ein Staatsmann sein Gesicht retten können, trotzdem wird er zahllose Eintagsfliegen politisch überleben. Hauptvoraussetzung für die Ernennung

zum Staatschef ist eine Familie mit mindestens zwei Kindern. Modernste technische Errungenschaften ermöglichen unseren Repräsentanten die problemlose Erfüllung dieser ersten Bedingung. Ein Autounfall soll nicht dazwischenkommen. Andererseits sehe ich nicht ein, warum die ganze Republik darunter leiden soll, daß der Kanzler offensichtlich eine schlechte Kindheit gehabt hat. Stets ist gegenüber Staatsmännern und Frauen als Staatsmännern einiges Mitleid angebracht. Warum brauchen die so einen Job? Auch die Erdkundekenntnisse sind mangelhaft: von Süden aus gesehen (und eine Landkarte ist grundsätzlich von Süden aus zu betrachten) liegt der Osten rechts vom Westen. Aber das wird ihnen egal sein. Hauptsache, der Kanzler bleibt in der Mitte, damit er dort sein Maß hat. Der hält Deutschland für die Mitte der Welt und weiß nicht mal, welcher Voralpensee die Mitte von Deutschland ist. Die Mitte dieses Sees ist eine kümmerlich vertrocknete Steg-Palme, die zwischen den Scherben ihres Topfes liegt. Wo wohnt der Kanzler? Und wo finde ich, wie Roman, ein bezahlbares Zimmer hier? Ort? Straße? Hausnummer? Stockwerk? Zur Zeit stehen in der Westrepublik etwa eine Million zu teure Wohnungen leer. Wenn ich davon ausgehe, daß in eine Wohnung im Schnitt etwa drei Retortenwaisen hineinpassen, dann gehen in diese Wohnungen wesentlich mehr Menschen hinein, als überhaupt eine Wohnung suchen. Ich sage das nicht mit erhobenem Zeigefinger, sondern mit geschwollenem Ringfinger an der rechten Hand. Da beklagt sich der Zentralverband der Hausbesitzer, daß dieser Zustand bundesweit die Marktmieten drücken könnte, schon raschelt es im Schilf, und ich falle in einen kurzen Schlaf. Ich überquere einen Kanal, der nach Würmwasser riecht (daher wohl die Fantasie), und besteige einen hohen Kieshügel, der einen dichten Mischwald überragt. Oben steh ich in der sommerlichen Abendsonne und seh in der Ferne ein Schloß. Bilder ziehen an mir vorbei, von keltischen Reihengräbern, und wieder fühle ich mich unverwundbar. Richtung Sonnenaufgang seh ich einen Berg, auf dem Fackeln brennen und von dem in Schleiern merkwürdige Dämpfe aufsteigen. Ein Bote kommt meinen Berg heraufgelaufen, um gleich darauf wieder im Wald zu verschwinden. In großer Ferne erkenne ich den Peißenberg, dessen Kohle jetzt bloß lag. Ich seh einen Kanal von dort, bis an den Würmsee. Ich seh, wie von dort über die Würm und die Würmkanäle Kohle in die Residenzstadt transportiert wird. Ich erkenne die Ortschaft Starnberg als Kohle-Umschlagplatz kaum wieder. Ich bin mir nicht sicher, ob da Palmen an den Ufern des Sees wachsen, aber ich erkenne zwei große mehrmastige Segelschiffe, die in der Nähe von Possenhofen ankern. Von einem der beiden wird ein kleines Boot zu Wasser gelassen. Mehr denn je ist mir jetzt klar, wie wichtig es doch ist, die Namen von Bergen und Flüssen zu kennen.

Endlich raschelte es im Schilf, der Westenrieder war gekommen, und wir konnten unsere Bootsfahrt beginnen. Nichts Schlimmes ahnend, stießen wir weiter und weiter hinaus. Wir waren Bernried vorüber, und rannen bey gemildertem Sonnenschein, und dem angenehmsten Wehen lauer Zephire, die nur eben die Segel wölbten, die still geebnete Seebahn nach dem fernen Gestade hinab, und der Abend um uns her war hell und wonnicht, während daß unten in dem See, etwa drey Stunden weit von uns, alles mit Finsterniß bedeckt war, und der Regen in dicken schwarzen Strömen fürchterlich niederfiel. Wir bereiteten uns, so gut wir versehen waren, den Regen auszuhalten, und freuten uns auf den Wind, der uns einmal unsre Seewünsche erfüllen, und uns mit Heftigkeit forttreiben würde. Wir sprachen davon, wie wichtig es doch ist, die Namen von Bergen und Flüßen zu kennen. Und wie überflüssig es gleichzeitig ist, sich die Namen von Pflanzen zu merken. Getreide und Bäume ausgenommen. Wenn ich eines Tages doch, aus mir jetzt noch völlig unbekannten Gründen, Kultusminister werden sollte, würde auf das Erlernen von Berg- und Flußnamen der allergrößte Wert gelegt werden. Gleichzeitig aber wäre das bloße Erwähnen vor allem lateinischer Pflanzennamen nachdrücklich verboten. Es währte nicht lange, so sahen wir den Wind an den entfernten Ufern in dem Schütteln der Bäume, die er niederbog, schnell und gewaltsam heranziehen, und allmählich fieng die Oberfläche des sanften Sees mit merklicher Unruhe an, sich zu kräuseln und Wogen zu heben. Schon sahen wir, ungefähr eine Stunde von uns, die hohen Felsen schäumen, und den See mitten im Sturm, während bey uns noch alles in Erwartung lag, deren stumme Ruhe etwas Grauenvolles hatte. Ueber uns

flogen arbeitend unter schwarzen Streifen weißlichte Vögel. Erdkunde wird zum wichtigsten Fach, während Biologie ein Schattendasein fristen muß. Herr Schmied, der als einziger etwas von Heimatkunde versteht, wird Direktor, während die Queen zur Referendarin degradiert wird. Der Westenrieder allerdings meint, ich müsse mir darüber im klaren sein, daß jeder einigermaßen ernst zu nehmende Schüler Berg- und Flußnamen auf diese Weise restlos aus seinem Gedächtnis streichen wird, um sich gleichzeitig geradezu hingebungsvoll in das heimliche Studium botanischer Fachausdrücke zu vertiefen. Getreidenamen und Baumnamen ausgeschlossen. Er glaubt, ich würde ein zutiefst unzufriedener Kultusminister sein, und mit um so mehr Nachdruck auf den von mir angeregten Fächerschwerpunkten bestehen. Man wird mir vorschlagen, zur Durchsetzung meiner Vorstellungen doch zu härteren Methoden zu greifen. Als gewissenhafter Mensch werde ich mir aus Entscheidungsnot jedes Jahr ein neues Glied meiner Finger, erst der rechten, aber dann auch meiner linken Hand abschneiden. So kann ich ganze 28 Jahre im Amt bleiben. Jedes Fingerglied aber wird mit 12000 durchgefallenen Schülern aufgewogen werden müssen. Es kann keine Nachsicht mehr geben. Meine Verzweiflung wird eine öffentliche Angelegenheit sein. Ich hätte auch heiraten können. Ich hätte mir zumindest eine Frau ausdenken können. Da, plötzlich ergriff uns der Sturm; die Wellen warfen siedenden weißen Schaum und die Ufer verschwanden. Die Ilse fehlt jetzt, die würde uns was pfeifen. Ilse als meine Chefsekretärin!
Ilse Bilse, keiner willse. Die andere Ilse mein ich. Die eine Ilse ist schon längst in die Ehe untergetaucht. Danach ward sie nirgends mehr gesehn. Nicht einmal bei einem der verbindlichen Konzerte, an keinem Ort. Ähnlich dem Großteil der erwachsenen Bevölkerung lebt sie wohl ständig im Untergrund. Die andere Ilse also. Einer wollte sie doch, und das war nicht der Koch. So kehrte denn auch sie auf die ausgeschilderten Hauptverkehrsstraßen zurück. Nur die dritte Ilse steht so richtig im Leben. Sie verliebt sich am liebsten in einen Neger. Und wie sie den dann liebt! Den letzten mehr, als ihrem Vermieter lieb war. Im Moment hat sie keinen Neger. Eine Wohnung sucht sie. Die wird sie nicht so schnell finden. In und um München am allerwenigsten. Rein rechnerisch müßte es irgendwo in der

Westrepublik riesige Gebiete geben, die quasi menschenleer sind. Ich kann nur sagen, daß es hier immer voller wird, immer voller gerade mit besonders ekelhaften Leuten, die sich von den hier besonders ekelhaften politischen Verhältnissen scheinbar geradezu magisch angezogen fühlen. Und gleichzeitig ist eben die Rede davon, die Deutschen würden sich nicht mehr angemessen vermehren, ja, sie hätten sogar die niedrigste Geburtenrate der Welt, was ja ausnahmsweise mal eine gute Nachricht ist. In jene verlassenen Gebiete sollte ich mich aufmachen, dort wird man die Mieter bezahlen müssen, die überhaupt willig sind, eine Wohnung zu bewohnen. Es muß diese Gebiete geben, denn auch die Ausländer werden immer weniger. So gerne hatten wir sie, daß wir ihnen den dringenden Rat gaben, sie hätten es doch im Grunde daheim am allerbesten. Ilse, das kommt noch dazu, bräuchte viel Licht in ihrer Wohnung. Sonst kann sie nicht richtig arbeiten. Nicht bei jeder Arbeit ist es besser, wenn man die Produkte davon gar nicht erst sieht. Auch bloß ein windiges Zimmer wird sie nicht so leicht finden. Zu groß ist der Andrang von Geldsäcken, die für eine Adresse in dieser Gegend jede Summe zu zahlen bereit sind. Karriere hättest du machen müssen, egal mit was, damit du die Bedingungen der Wohnungsmarkt-Anzeigen hättest erfüllen können. Oder du wärst gleich in deinem Kinderzimmer geblieben. Das werden dir deine Eltern doch immer noch freihalten. Aber du wolltest hinein in eine Stadt. Und München war dir von Anfang an nicht weit genug, erst jetzt kannst du wieder näher rücken. Wo warst du denn an deinem Happy Birthday? Ilse Bilse, jeder willse. Dritte Ilse, immer warst du die erste.
Es gibt schon Frauen, die mir gefallen.
Vorgestern wollte die einzige Sus Tretboot fahren. Am meisten liebt sie die Vergnügen, die mit dem Wasser zusammenhängen. Vergnügte Sus, wohin du willst, aber in der Kreisstadt geht es nicht. Die Osterseen sind weit genug weg. An den Osterseen gab es keine Boote zu mieten, es war da nur ein Hecht, der unter der Brücke über dem Verbindungsarm zwischen Fohnsee und Staltacher See im Wasser stand. Der hat es gut gehabt, wie es ein Mensch nie haben kann. Zurück in Sankt Heinrich gab es keine Tretboote. Andere Boote schon, aber keine Tretboote. In Seeshaupt gibt es zwei Tretboote. Die hat sich heute noch

niemand ausgeliehen, weil man, um zu ihnen hinüberzukommen, über einen toten Aal steigen muß. Der hat es so gut, wie es ein toter Mensch nie haben kann. Der wiegt sich in den Wellen. Wir stiegen über ihn drüber und hinaus geht es. Über uns flogen arbeitend unter schwarzen Streifen, und schrien im wankenden Flug weißlichte Vögel. Kaum hörten wir das Krachen und Heulen der Bäume vor dem Tumult des Sees, und der pfeifenden Luft. Die Erfindung des Urinindikators für Schwimmbäder konnte sich nicht durchsetzen. Bei den Testversuchen wollte niemand mehr im Wasser bleiben, wenn sich das Wasser rot verfärbte, weil einer hineingeseicht hatte. Jeder weiß, daß fast jeder in Schwimmbecken hineinseicht, aber niemand will sehen, daß der ganze See rot davon ist. Nachdem seit Anfang der siebziger Jahre die Ringkanalisation fertig ist, hätte man dank des Indikators entlarvend auf die Bademünchner zeigen können und sagen: die warns. Unser Boot wurde mit einer erstaunlichen Geschwindigkeit fortgeiagt und einige Einwohner von Seeshaupten; in deren Gegend vermuthlich nie ein Boot mit Segeln gekommen, erschracken über das fürchterliche Schwanken desselben, welches in der That gräßlich anzusehen war, und hielten uns, wie wir nachher hörten, für verloren. Wir sahen einige derselben beym Licht des Blitzes nach allen Kräften das Ufer hinablaufen, in der Absicht, uns, wenn wir daselbst umstürzen würden, wo noch möglich zu Hilfe zu kommen. Wir aber glaubten nichts weniger, als in Gefahr zu seyn, und wünschten vielmehr, daß die Fahrt etliche Stunden gedauert haben möchte; denn, die kleine Unbequemlichkeit des Regens abgerechnet, konnte man sich nichts Prächtigers denken, als den aufgebrachten See um uns her, und das Gebrüll der tief aushohlenden Wellen, die gleichsam ihren Scherz mit uns trieben. Wir kamen nun dem äußersten Ufer so nahe, daß wir einige Sägbäume, welche das angeschwollne Wasser aufgehoben hatte, mit grossem Getöse herumtreiben sahen, und den nämlichen Augenblick wurden wir mit einer Gewalt, welche uns alle untereinanderwarf, hinangeworfen. Zu gleicher Zeit wurde das Boot, da die Segel nicht gleich eingenommen werden konnten, wieder gedrückt, und das Wasser schlug mit ieder neuen Welle ins Boot.

Gestern blieb die geliebte Sus in der Nähe vom Landstettner

Bundeswehr-Schießstand an einem Dornengestrüpp hängen und wischte das austretende Blut mit einem Taschentuch ab. Erst später kam uns, daß wir wenigstens das Tuch bei der Wache des Schießstandes hätten abgeben können. Endlich einmal sollten sie Blut sehen dürfen. Noch später hatte ich den Wunsch, diesen Platz unbeirrbarer Dreistheit auf ein Farbfoto zu bannen, um so zu erreichen, daß wenigstens das Gelb und das Rot der lächerlichen Blumenrabatten entlang der Umzäunung ein für allemal erlischt. Doch es war auch diesmal wieder so, daß ich keinen Apparat dabei hatte. Carola aber hat einen, den hätt ich gern. Den braucht sie nicht. Aber ich kann ihr den Apparat nicht abluchsen, den hat ihr Schwager im Handschuhfach seines BMW's, um im Fall eines Unfalls Beweisfotos damit machen zu können. So grausam das klingen mag, aber so jemandem wünsche ich, er möge sein ganzes Leben lang keinen einzigen Unfall haben, er möge sich grau ärgern über die im Lauf der Jahre wegen ein paar Fotos umsonst verfahrenen Hektoliter Benzin.
Und schon waren die Tage auf dem Land wieder zu Ende. Nachträglich hatten wir erfahren, daß die Leute, welche das Ufer entlang gerannt waren, uns aus den Augen verloren hatten. Sie waren überzeugt davon gewesen, unser Boot sei umgeschlagen und hätte uns, die sie nicht sehen konnten, weil wir auf dem Boden des Bootes lagen, in den See geworfen. Einer der Männer, die uns von Seeshaupt aus zur Hilfe eilen wollten, sah endlich mit neuer Bestürzung das nach der Seite gesunkene leere Boot am Ufer liegen. Er erzählte nachher, wie ihnen das Wanken des Bootes zwischen den Wellen gräßlich vorgekommen war, und wie sie alle Augenblicke besorgt gewesen wären, es würde jetzt gleich von den Wellen verschlungen werden.
Regenwörter: Regenbogen, Regenwetter, Regenschirm, Regentropfen, Regentag, Regenmantel, Regenumhang, Regenwasser, Regentonne, Regenwurm, Regendach, Regenwolke, Platzregen, Nieselregen, Juliregen, Gewitterregen, Sommerregen.

Kleine Pflanzenkunde: Schwimmen

Denn die ungebundene Kindheit endet mit dem Anfang des Kapitels *Jugend* im *Praktischen Schülerlexikon*. Der Übergang von Kindheit zu Schuleintritt entspricht dem Fortschritt vom Embryo zum Fötus: so wie sich damals aus dem noch ungeordneten Zellball die wundervolle Menschengestalt formte, so jetzt aus der noch ungeordneten Fantasie die wundervolle Klarheit menschlichen Wissens. Das lallende Kind kann sich zum Erwachsenen bilden, der vier oder mehr Sprachen spricht. Das Kind, das sich nur rutschend fortbewegte, zum Piloten, der Überschallflugzeuge steuert, der auf dem Mond landet, der ungeheure Atomenergien verwaltet und lenkt. In der Schulzeit wächst das Kind nicht nur fünfzig Zentimeter in die Höhe, es entwickeln sich auch, und deshalb geht es ja zur Schule, die Zellen in seinem Gehirn. Alle Hirnzellen waren bei seiner Geburt schon vorhanden. Sie arbeiteten jedoch noch nicht. Wenn sie bestäubt sind, erdunkeln sie in bläulichen Farbtönen. Mit dem fünften Lebensjahr begann der Frühling im Reiche seiner Gehirnzellen. Jetzt blühen von den vielen Milliarden, die jeder Mensch hat, riesige Beete. Mit jeder Schulstunde, mit jedem Buche werden Tausende von Zellen befruchtet. Es ist, als strömten ihnen aus dem Waldboden besondere Formkräfte zu, als zögen ihre Wurzeln besondere Substanzen an, denn die Blütenfarben und Wohlgerüche, die sich bereiten, sind kräftig und stark, und die Formen ihrer Blüten sind wahre Blütenwunder des deutschen Waldes. Goldrute und Johanniskraut flammen mit kleinen Sonnen auf, während die hochwüchsigen Weidenröschen purpurrot erglühen. Wälder gibt es hier, durchzogen von verschollenen Schwedenschanzen, durchorgelt vom Röhren der Hirsche im rauhen Herbst, Wälder, einförmig und gewaltig hinziehend bis an den Rand des Himmels, traulich, leidbeschwichtigend, ahnungsvoll, schreckend und schaurig, hold und bang zugleich, erfüllt von deutscher Seele, schön im Vorfrühling, wenn die tauenden Bergrücken hart und böse liegen, und dann später, wenn die zartfarbenen Maienbuchen aus dem verschlossenen Ernst der Fichten leuchten; schön im

schattenkühlen Sommer mit den Holzschlägen, überschimmert von der purpurnen Glut der Weidenröslein, mit den zornigen Sturzbächen, daraus die bunte Forelle schillernd schnellt.
Das erste Übel, das sich einstellt, sind die Wolfshunde. Der Hund vom Schatzmeister der Starnberger CSU hat mich in die rote Backe gebissen (Tetanus-Spritze!).
Der Wolfshund von Grolls hat mich in die gelbe Öljacke gebissen (neue Öljacke!).
Die Kreisstadt ist von Hunden bewacht. Im Schulzimmer ein Sandkasten.
Mit Kreidehäusern können die wichtigsten Straßenzüge der Kreisstadt darin nachgestellt werden. Seit letztem September gehen wir in die zweite Klasse.
Unser Schulzimmer liegt im ersten Stock. Es hat eine gelbe Tür und gelbe Vorhänge. Es stehen zwölf Tische darin und ein Pult für die Lehrerin.
Außerdem: Tafel, Kreide, Schwamm, Bild, Kreuz, Handtuch, Blumenstock, Schrank, Kalender, Stundenplan, Lampe, Papierkorb, Lesebuch, Schreibheft. Im Westen liegt Söcking. Im Norden liegt Gut Rieden.
Im Osten liegt Percha. Im Süden erstreckt sich der Starnberger See. In der Mitte von Starnberg steht die neue Volksschule.
Die alte Schule ist an der Schloßbergstraße. Sie wurde 1877 gebaut. Die neue Schule ist an der Ferdinand-Maria-Straße. Zu ihr gehören zwei Gebäude und eine Turnhalle. Der Rektor heißt Herr Dirr und der Schulrat heißt Herr Zitzelsberger. Bei Percha geht die Sonne auf, über dem See steigt sie hoch hinauf, hinter Söcking muß sie untergehn und bei Gut Rieden ist sie nie zu sehn. Klaus Stache hab ich in den nackten Arm gebissen. Er wollte mir meine Sachen nicht zurückgeben.
Mit Klaus bin ich in das Possenhofner Wasser getaucht. Der erste Versuch tat dem Kopf nicht gut. Eine der Öffnungen bleibt mindestens undicht.
Klaus' Vater ist Baggerführer.
Madeleine dachte, ich würde das Schwimmen schon lernen, wenn sie mich im Strandbad ins tiefe Wasser lockt. Mich erst noch hält, dann aber losläßt. (Und gleich war der Kopf wieder undicht.)

Von Musik hat sie mehr verstanden, das kann ich wohl behaupten.
Die Bagger kamen, Klaus' Haus gegenüber abzureißen, aber ich mußte in die Schule. Schon vor Schulschluß hatte der Fleiß des Abrißkommandos das Holzhaus zum Einsturz gebracht. Das war vergebliche Eile auf dem Schulweg.
Mit dem Fotoapparat, den ich von meiner Schwester hatte, habe ich zwölf Fotos gemacht. Neun von der Legostadt. Eines von einer Brücke, die die Garmischer Autobahn überquert. Zwei von den Trümmern, die am Nachmittag von Klaus' Haus noch übrig waren. Von meinem dritten Lebensjahr an war ich in einer Sackgasse aufgewachsen.
Für Autofahrer war es offiziell eine Sackgasse, sie durften den steilen Berg zur Bozenerstraße hinunter nicht fahren. Erst später schnitt ein Zaun selbst den Radfahrern den Weg ab. Auf dem Kommunionsfoto ist die Straße noch ungeteert. Pfützen waren möglich. Durch Verbindung der Pfützen untereinander konnte ein Gewässersystem entstehen.
An manchen Stellen hat die Straße Gefälle und die Flüsse können fließen. Ein Schulweg, der auch bergab geht, macht es mir leicht. Fünf Minuten vor Schulbeginn muß ich auf dem Fahrrad sitzen und kann es laufen lassen. Ein Ausgleich ist der Heimweg.
Bis aus Neuburg war der Kommunionsanzug ausgeliehen, mit dem ich auf der ungeteerten Straße stand. Erst nachmittags konnte ich die würgende Schleife wieder ausziehen. Andere Nachmittage galten dem Erdhaufen.
Unter der Erde hatte ich einen Gartenschlauch vergraben; mußte ihn nur anschließen und schon lief ein Bach.
Wälder, Straßen mit Brücken und ein See zwischen Bergen. Oft war der See ein Stausee. Oft brach der Damm. Ohne weiteres konnte ich den Ameisenhaufen unter Wasser setzen. Ohne weiteres konnte ich danach einen Teil der Ameisen wieder retten. Har, har!
Har, har!, lachten die Panzerknacker, als sich die Geldströme aus Onkel Dagoberts geborstenem Geldspeicher in ihre bereitgestellten Schubkarren ergossen. Noch besser aber: *Weihnachten in Kummersdorf.* Diesmal, ohne Zutun der Panzerknacker, sickert Dagoberts Geld in ein noch unentdecktes, unterirdi-

sches Höhlensystem. Tick, Trick und Track aber entdecken einen versteckten Zugang zu diesem System und ermöglichen den armen Kindern von Kummersdorf mit der Belohnung, die sie für diese Entdeckung bekommen, ein großartiges Weihnachtsfest. Ein reichhaltiges Essen war denen keine Gewohnheit. Die besten Geschichten stehn in den Sonderheften. Bei uns aber hieß es: Mit dem Essen spielt man nicht!
Butterseen zwischen Griesbreigipfeln. Wenn es Fleisch gibt, sind es weniger Möglichkeiten. Gut sind Mutters Soßen. Sie mag es nicht, wenn sie durch Täler aus Kartoffelbrei fließen. Selten nur hab ich eine geschmiert bekommen.
Ich kann ja mein Leben nur ausschnittsweise erzählen, so umfangreich ist es. Wenn es ihnen nötig erschien, drohten die Eltern mit dem Internat. Watschenbäume, die nicht umfielen, Internate, die erst noch hätten gebaut werden müssen. Ein geschlagenes Kind war ich nicht, eher schon ein getauftes, wie gesagt.
Wenn ich sie nicht verstehen sollte, redeten sie Englisch miteinander. Später, als ich in die Oberschule gekommen war, blieben ihnen nur noch ein paar Brocken Französisch. Als ich ab der Siebten auch noch Französisch lernte, gab es keine Sprache mehr. Ein leises Deutsch war untauglich. Zu schlecht hört der Vater.
Wann war der Chileputsch? Die Nachrichtenmeldungen über die so mutig streikenden Lastwagenfahrer waren dermaßen überzeugend, daß mir ein baldiges Ende der Allende-Regierung direkt zum persönlichen Anliegen wurde. In Deutschland begann eine der großen Ölfirmen, bei Abnahme einer Mindestmenge Benzin Sammelbilder zu vergeben. Kinder sollten klebenbleiben und ihre Eltern zum Tanken bei dieser einen Firma bewegen. Bald aber gab es bei jeder Tankstelle etwas anderes.
Da sich endlich alle Firmen diesem Wettbewerbszwang gebeugt hatten, und so keine mehr vor den anderen einen Werbevorteil erzielen konnte, einigten sie sich stillschweigend darauf, ihre Kinderliebe ersatzlos zu streichen. Besonders die Jahrgänge 57 bis 61 waren beschissen. Weil dieser Betrug aber von der Gesamtheit der marktbeherrschenden Ölfirmen ausging, konnten sich die betrogenen Jahrgänge nicht an einzelnen Firmen

rächen. Im Gegenteil, bei vielen geriet dieses Unrecht später in totale Vergessenheit (wurde verdrängt), und längst tanken sie selbst wie wild drauflos. Kein Öl ins Feuer eines Aufstandes.
Der Nußberger und der Schenz zündeten die Auer-Wiese an, als ich gerade in München war. Es war der einzige Feuerwehr-Einsatz in unserer Straße gewesen, und als ich zurückkam, stand ich wieder vor vollendeten Tatsachen.
So grün war noch nie ein Grün, wie jenes, das sich schon nach einer Woche aus verkohltem Schwarz hervorarbeitete. Alles neu macht das Feuer, macht es die Mutproben-Wiese. Sich selbst eine zu schmieren war Aufnahmebedingung in der Nußberger-Bande.
Mir gelang es, eine saftige Ohrfeige vorzutäuschen, und ich war aufgenommen. Anführer war der älteste von den Brüdern. Was haben wir verbrochen? Oft hat die Erinnerung ein sehr schlechtes Gedächtnis. Jedenfalls bin ich gerne in die Gärtnerei Fischer mitgegangen.
Gerne habe ich ausgelaufenen Uhu gekaut. Wenn er noch recht frisch ist, beißt er peperonischarf auf der Zunge. Niedrig waren die alten Gewächshäuser, und schier endlos geht es tiefer und tiefer hinein in den Urwald.
Warm und feucht ist es. Stark roch die Luft nach feuchter Erde, man hätte sie wohl leicht auf einen der bereitstehenden Schubkarren schaufeln können. Heizungsrohre winden sich in alle nur erdenklichen Richtungen.
Wir kaufen Blumenstöcke für Verwandte oder für kranke Bekannte, für kranke Verwandte nicht, eher für solche, die Geburtstag haben, oder es ist ein Gastgeschenk. Da bin ich gerne mit.
Goldrute und Johanniskraut flammen mit kleinen Sonnen auf, während die hochwüchsigen Weidenröschen purpurrot erblühen. Die richtige Blütezeit und damit die neuen, größeren Gewächshäuser, kam erst durch das direkt danebengepflanzte Kreiskrankenhaus. Blumen machen die Kranken wieder gesund, doch über Nacht müssen sie stets auf die Gänge gestellt werden.
Bei der Krankenhaus-Eröffnung war es schwer, im gnadenlosen Labyrinth nicht die Oricntierung zu verlieren. Wo liegt Percha, wo Söcking und auf welchem See fuhr einst der Buzentaur?

68/69, als die westliche Welt in großer Sorge um ihre Jugend war, saß ich daheim auf dem Bett, drehte an meinem Plastik-Tresor und sortierte die Münzen.
Exakte Auflistung der Einnahmen und Ausgaben. Auf Vaters Zigarrenschachteln hatte ich zwei Mark zusätzlicher Steuer erhoben.
Weitere Einnahmequellen waren Verkaufsaktionen von selbstgemalten Bildern an Besuche. Tante Hilde meistens. Schon gründete ich obskure Klubs, deren einzige Funktion der an mich zu zahlende Mitgliedsbeitrag war.
So kam ich über die Runden, und eine Stadt aus Lego konnte wachsen. In die Höhe, in die Breite. Ein stattliches Grundkapital ist für den Einstieg in die Baubranche unerläßlich. Bald schon konnte ich eine eigene Baufirma gründen. LAWE heißt sie, LAWE kommt von Las Vegas, das ich toll fand.
Die Stadt heißt Bärn, wie Bern, und ihr Wahrzeichen ist ein gelber Bär, der an ihrer Einfahrt steht. In guten Zeiten treibt Bärn viel Handel mit anderen Städten. Vor kurzem wurde der Firma LAWE eine Spedition gleichen Namens angegliedert. So wurde ich schnell zum einflußreichsten Bürger. Die Stadt ist auf zwei Inseln erbaut und rundum von Wasser umgeben. Die größte der Inseln wurde vor ihrer Neubesiedlung Nihau genannt. Schwimmkenntnisse sind für die Bewohner unerläßlich. Eine elegante Holzbrücke verbindet Bärn mit dem Festland. Telefonnummern und Adressen der öffentlichen Einrichtungen, der ansässigen Firmen und der Privatleute lauten wie folgt:
Baufirma LAWE: 4444/1; Am Tor
Spedition LAWE: 4444/2; Am Tor
Daniel Düsentrieb, Planungs- und Erfinderbüro: 3333; Hauptstraße
Andreas Westenrieder, Tankstelle: 2222/2; Kurzstraße
Andreas Westenrieder, Technisches Konstruktionsbüro: 2222/1; Hauptstraße
Andreas Westenrieder, Abfüllwerke: 2222/3
Stephan Flügle, Mietflugzeuge: 5678
Christoph Troll, Bus- und Taxiunternehmen: 5688
Walter Nebel, Juwelen – Münzen – (Detektiv): 9349; Hauptstraße

FEUERWEHR: 112; Kurzstraße
POLIZEI: 110; Kurzstraße
KRANKENHAUS: 111; Am Tor
Rathaus, Verkehrsbüro: 5634; Hauptstraße
Stadtwerke: 5635; Hauptstraße
Hochhaus: 7891; Hauptstraße
Willi Saum, Bekleidungshaus: 3345; Hauptstraße
Hugo Specht, Apotheke: 1212
Fritz Alst, Handwerksbetrieb: 1225
Otto Denk, Frisör: 9876
Paul Fischer, Gärtnerei: 6457
Kurt Frank, Kaufhaus: 7666
Post: 8945; Hauptstraße
Bank: 8946; Hauptstraße
ABAC: 5656; Kurzstraße
Erich Noll, Arzt: 3434; Am Tor
Wolfgang Graf, Optiker und Zahnarzt: 7654; Am Tor
Richard Alberti, Richter: 4828
Gerhard Will
NOTARZT (Hubschrauber): 9696
WASSERWACHT: 9797
Florian Braun, Vermietung und Verkauf von Autos: 1364
Frigen AG, Gas-Öl-Benzin-Diesel: 5432
Michael Noll, Möbeltransport: 2133 (Stand vom 23. 6. 72)

Vor kurzem wurde im gesamten Stadtgebiet eine elektrische Straßenbeleuchtung eingerichtet. Die beleuchteten Autos fahren auf der richtigen Straßenseite und stoßen nicht zusammen. Neben dem Hochhaus wurde ein Hallenbad eingerichtet. Frauen existieren hier scheinbar nicht als selbständige oder als alleinstehende Privatleute, vielleicht auch überhaupt nicht. Als an Stelle von Vaters hölzernen Umkleidekabinen im Strandbad das Hallenbad errichtet wurde, ging ein Raunen durch Starnberg. Freiwillig gehe ich in kein Hallenbad. Durch riesige Scheiben ein so schöner Blick auf den See, damit man ständig sieht, wie lockend es jetzt wäre, im See selbst zu baden. Wir sind ins Paradies zum Baden nach Possenhofen. Entwässerte Sumpfwiesen, die mit der Zeit immer schwerere Freizeitausrüstungen zu tragen fähig waren. Sandhaufen schwammen breit dahin, und ich konnte mich im warmen Sand eingraben; von verfalle-

ner Schloßmauer begrenzte Spielwüste. Der junge König besucht die Sissi, und gleich steht für Visconti die Mauer da wie neu. Auf 1200 Parkplätze wird von Wegweisern hingewiesen. 1200 Autobesatzungen bekommen keine Malaria mehr. Fleißig schuften die Entwässerungsgräben. Auf das Ostufer scheint die Sonne länger. Das ist das Perchaer Ufer. An beiden Ufern gibt es Baderegeln, wir bekommen sie ins Heft diktiert. Auf dem Wasser schwimmen braune Fladen, aber bald schon wird die Ringkanalisation fertig.
Baderegeln:
Schwimm nicht allein zu weit hinaus!
Schwimm nicht zu nah an einen Dampfer!
Geh nicht erhitzt ins Wasser!
Bade nicht mit vollem Magen!
Überschätze nicht deine Kräfte!
Schwimm nicht mit der Luftmatratze auf den See hinaus!
Nicht in reißenden Gewässern baden!
Nicht in unbekannten Gewässern baden!
Schwimm nicht zu Schlingpflanzen!
Geh nicht bei Gewittern ins Wasser!
Mitunter aber, wenn die Luft ruhig und still ist, sieht man das Wasser gleich einem Regenbach rings um die Ufer sehr schnell hintreiben; oft so heftig, daß die Fischer am Auswerfen der Netze gehindert sind. Der See rinnt dann, wie sie sagen, und anhaltendes Regenwetter wird daraus als nahe bevorstehend erachtet.
In einiger Entfernung vom Ufer, lag schon seit drei Tagen die kleine Flotte des Kapitän Cook vor Anker. Am ersten Tag ihres Aufenthalts ging ein Bediensteter des Kapitäns mit einigen eingeborenen Frauenzimmern, in die er sich verliebt hatte, ein Stück Weges in das Land hinein, wurde aber von dazugekommenen Mannspersonen ganz entkleidet und mußte ganz nackt an das Schiff zurückkehren. An diesem ansonsten freundschaftlichen Ufer nahmen wir bei sämtlichen Einwohnern männlichen und weiblichen Geschlechts wahr, daß ihnen schon in dem siebten und achten Jahr der kleine Finger an der rechten Hand gänzlich abgeschnitten wurde. So naheliegend es auch gewesen wäre, das Schwimmen habe ich nicht hier gelernt. Nach Jugoslawien waren wir gefahren, und erst die sichtbare Krümmung des

Mittelmeeres hatte mir genügend Vertrauen eingeflößt. Die Olympiade konnte beginnen.
Schon ein Jahr darauf bekam ich einen Kassettenrecorder. Die ungebundene Kindheit endet mit dem Einstieg in die Unterhaltungsmedien. Hab ich vom Radio alle mir bekannten Melodien über Mikrofon aufgenommen. Hab ich auch die Titelmelodie von der Kommissar-Serie gekannt, die ist oft im Radio gekommen. Bin ich sofort hinauf zur Madeleine, wenn wir bei Moesens zu Besuch waren, hat sie dauernd Beatles gehört. Hat sie von nichts anderem gesprochen als immer von der neuesten Beatles-Platte. Die Abbey Road ist rausgekommen, hat sie nur noch von der Abbey Road gesprochen. Hat sie gesagt, daß sie lange gebraucht hat, bis sie gemerkt hat, daß nach der langen Leerrille auf der zweiten Seite noch ein Stück kommt. Hat sie gesagt, was es zu bedeuten hat, daß Paul McCartney als einziger auf dem Coverfoto barfuß geht. Hat sie mich auf die Musik gebracht, wollt ich selbst bald keine andere Sprache mehr hören. Westenrieders Bruder war Stones-Fan, hat im Keller seine Band geübt. Stand da alles voller Geräte, die waren untereinander durch lange Kabel verbunden. Hat die Band Capital X geheißen, und hinter dem Schlagzeug war ein sehr psychedelisches Gemälde an der Wand. Hat er die Beatles verachtet, höchstens Creedence Clearwater und so. Hat er Jimi Hendrix noch live gesehen und hat seitdem davon erzählt, bei diesem Konzert ist ein Roadie ständig damit beschäftigt gewesen, daß er die heißgespielten Endstufen auswechselt. Was ich sagen will: Obwohl sich damals meine Gedanken hauptsächlich um die Bauwerke der Münchner Olympiade gedreht haben, hab ich auch schon im Frühsommer 1972 einige Namen gekannt, die mit Rockmusik in Verbindung stehen. Das ist ja so wichtig, weil ich nur so eine der Quizfragen auf der Klassenfahrt nach Kelheim habe beantworten können; die hat sich um die Namen von fünf Rockgruppen gedreht. Unser Zeltplatz lag dort zwischen der Donau und einem Hang mit Sandsteinhöhlen. Hatte die Annette einen batteriebetriebenen Plattenspieler dabei und der Waldi einige Platten. War ich ja mit meiner eigenen Nichte in ein und derselben Klasse, als ihr Onkel. Abends sind wir in die Höhlen hinauf und haben Feuer und die Musik angemacht. Led Zeppelin hauptsächlich, Sweet, Deep

Purple, T. Rex und Slade. Gleichzeitig hat die Imogen versucht, jedem Jungen ein Mädchen zuzuteilen und hat mich dabei aber übergangen. Ist der Tom von einem Felsen heruntergefallen, hat er aber nur eine Gehirnerschütterung gehabt und war noch am Leben für später. Jahre später schlossen wir uns einer Gruppe militanter Separatisten an, die durch das Abspielen präparierter Tonbänder mehrmals erreichte, daß an Wochenenden etliche private Seegrundstücke geräumt werden mußten, in denen wir dann ungestört lagern und fischen konnten. Waren die Ilse dabei, die beiden Heinrichs (der Noë und der Zimmermann) und andere auch. Haben wir Pläne geschmiedet, die Angeln aus ihrer Welt zu heben.

Die Empore

Irgendwie hatte ich die Vorstellung gehabt, eines der glückgesegnetsten Kinder der Welt zu sein. Andererseits glaubte ich an eine letztendlich absolute Gerechtigkeit. Daher meine Angst im Jenseits zum Ausgleich benachteiligt zu werden, als Opfer einer himmlischen Balance unbestechlicher Gerechtigkeit zu enden. Denn wer auf Erden arg gelitten, der wird auf dem Heiligen Berg dann bevorzugt, so legte ich es mir zurecht. Für mich also gelte die Umkehrung davon.
Du hast es ja so gut.
Du bist mit der Uhr aufgewachsen.
Du hast immer tief durchgeschlafen, ohne zwischendurch aufzuwachen.
Du warst als Kleinkind so gut zu haben. Mutter muß es wissen.
Du warst ausgeglichen und zufrieden.
Nur wenn der Brei zu heiß war, hast du geplärrt.
Schon hatte ich ein schlechtes Gewissen, so gut ging es mir. Schon erkannte ich, daß es mir besser ging, als irgend jemandem sonst. Daß es den anderen schlecht ging, war nicht zu übersehen. Scheinbar hatte ich ein gegenwärtiges Plus auf dem göttlichen Konto, das heißt, das Minus muß wohl ins Jenseits verschoben werden. Ich war direkt verdammt dazu, glücklich zu sein, aber trotzdem nicht davor gefeit, mich für diese Einbildung zu genieren. Ich war sehr genant.
1959 minus hundert Jahre war in der umgewandelten Hühnerstube des Starnberger Schlosses der erste evangelische Gottesdienst in dieser Gegend gehalten worden. Erst 15 Tage nach meiner Geburt aber wurde ich getauft. Das heißt, ich konnte über zwei Wochen das Leben eines frohen Heiden führen. Fest steht, daß eine Situation um so prägender ist, um so früher sie im Leben eines Menschen ihren Platz einnahm. Hier also liege ich als Hase im Pfeffer, es gibt eine Begründung für letzte Reste an Lebendigkeit in mir. In Tölz wurden die Eltern katholisch getraut, was als Gnade galt bei einer Mischehe und vorangegangener Scheidung. Jetzt wollten die Großeltern, daß wenig-

stens ich richtig katholisch werde. Die evangelischen Großeltern waren schon tot.
Ziemlich bald und grundsätzlich schon als Kind mußt du dich endgültig entscheiden, ob du Cowboy oder Indianer werden willst. Es ist die erste politische Entscheidung im Leben eines Menschen. Es ist die wichtigste. Hier trennen sich die Wege, es ist die Entscheidung, ob du mit der Flinte oder mit dem Tomahawk weiterkämpfen willst. Als Rothaut kannst du zwar bestens mit der Flinte umgehen, aber du wirst dir kaum je eine leisten können. Du wirst sie dir klauen. Als Cowboy kannst du zwar nicht mit dem Tomahawk umgehen, aber man wird dir, wenn du deiner Flinte beraubt worden bist, immer wieder eine neue aushändigen. Das wird schon kein Zufall gewesen sein, daß mir die Plastik-Indianer von Anfang an besser gefallen haben. Die Plastik-Cowboys, in ihren damischen Blockhütten, sie waren einfach und eindeutig die Trottel, die kaum zum Bösen taugten, aber wenn überhaupt einmal zu irgend etwas, dann nur zum Bösen. Gewonnen haben auf dem grünen Teppich stets die Richtigen, und sei es nur als Märtyrer-Verlierer. (Reitend kam ich bis an die Wolga und wäre dort an einem gekippten Kreuz beinahe einen vollkommen überflüssigen Märtyrertod gestorben.) Wir hatten noch keinen Fernseher, und zum Lesen hatten mir die Bücher zu viele Seiten. Karl Mays feige Neutralität in rot-weißen Auseinandersetzungen hätte mich eh nur gelangweilt. Nächsten Fasching bin ich selbst der Indianer. Das heißt, ich gebe mich zu erkennen und kleide mich entsprechend. Vor vielen Jahren waren die Menschen in unserer Gegend noch keine Christen. Sie glaubten an Götter und brachten ihnen Opfer. Vor 1200 Jahren brachten die Benediktinermönche den Fischern den Glauben. Auf dem Almeidaberg erbauten sie das Georgskirchlein. Später wurde in Achheim das Sankt Benediktskirchlein errichtet. Um diese erste Starnberger Kirche war ein Friedhof. In den wärmeren Monaten strichen die Heiden, nur mit Lendenschurz bekleidet, durch die Gärten. Auf nasser Erde krochen sie durch die Blumenbeete. Unsichtbar für die Blicke der Nachbarn, ich bin kein Stümper. Kein Sumpf im Garten, kein Bach. Nur die schwere, nasse Erde. Braun wie ein Indianer. Am See heulten die Sturmwarnungssirenen, daß die Bademünchner nur so die Köpfe einzogen. Das

gegenüberliegende Ufer und Tutzing waren schon längst von einer düsteren Wolkenwand verschluckt. Hier stinkt noch das Wasser aus dem Regenfaß, weil seit Wochen kein neues dazugekommen ist. Durch den Teer der Garageneinfahrt hatten es die Grasbüschel eilig, sich noch ans letzte Sonnenlicht zu pressen. Billig war die Schulmilch, aber keine Schulmilch war billiger.

Während der Zeiger der unbestechlichen Uhr der Jahreszeiten auf Hochsommer vorrückt, bekommen die Kinder ihre Verhaltensweisen ins Heft prophezeit.
An einem heißen Sommertag gehen die Kinder zum Baden. Ins Strandbad, nach Possenhofen ins Paradies, in die Perchaer Bucht oder an den Maisinger See. Da schwimmen, tauchen, spritzen und planschen sie nach Herzenslust.
In den Pfingstferien war es schön. Die Kinder haben Ausflüge gemacht. Bernd war im Tierpark. Bertil war in einer alten Stadt. Helga war beim Baden.
Das Fräulein hatte einen Dutt.
Vor dem Gewitter: Große Hitze, schwüle Luft, schwarze Wolken. Wind kommt auf. Die ersten Tropfen fallen.
Das Gewitter ist da: Helle Blitze zucken. Laut und krachend folgt der Donner. Es regnet stark.
Nachher: Das Gewitter zieht ab. Der Donner grollt nur noch in der Ferne. Die Sonne bricht hervor. Oft gibt es einen Regenbogen. Die Luft ist wieder frisch und rein.
Das Fräulein aber war sehr oft krank. An Wochenenden führte es ihre Hunde spazieren.
Unsere Mädchen heißen: Angelika, Annette, Brigitte, Caroline, Christine, Dagmar, Evi, Helga, Hannelore, Karin, Monika, Marion, Sabine, Susanne.
Das Fräulein führte vielleicht ihre kranken Hunde spazieren. Vielleicht bis zum Fuchsengraben, und es hingen schon schwere Wolken in der Luft, wie Kartoffelsäcke, wie Kartoffeln.
Ich habe mich schon bemüht, etwas zu lernen, aber das Bein der Schulbank war locker. Das Fräulein ist mit unserer Klasse nicht fertig geworden, das hat es nicht geschafft, uns fertigzumachen, möglicherweise aber wollte es uns gar nicht fertigmachen, und bald hat es sein Lehrerdasein an einer normalen Schule ab-

gebrochen. Des Fräuleins Nachfolgerin war Walters Tante. Schlagt auf das Heft und merkt: Vor Eichen sollst du weichen, vor den Fichten sollst du flüchten und die Weiden sollst du meiden! Doch die Buchen darfst du suchen.
Sie hatte eiskalt behauptet, ihre Tochter würde gerne Benzindämpfe riechen; ihre Tochter, mit der sie in Pöcking wohnte. Sie würden sich gerne bei Regen im Badeanzug in den Garten stellen, nicht nur in Gewitterregen, der am wärmsten ist. Sie gab sich betont bayerisch, und bei dem großen Theaterabend in der Turnhalle wollte sie vorführen, was für eine bayerische Klasse sie doch hat. Unsere Eltern wurden angewiesen, ihre Kinder möglichst in eine Lederhose und ein kariertes Hemd zu stecken. Etwas Bayerisches sollten wir singen. Schon bei den Proben stellte sich heraus, daß längst nicht ein jeder von uns singen konnte. Ich konnte schon singen, aber jetzt konnte ich nicht singen; ich kann nicht immer singen, aber ich kann. Nichtkönnen-Wollen kann auch so ein Gesang sein, ich kannte dieses Gefühl längst schon aus den Turnstunden, das neue Leid sollte ja in der gleichen Halle inszeniert werden. Um zu beweisen, wie groß bayerische Klassen sein können, wurde jedes einzelne Kind unbedingt benötigt. Die Landesregierung ist sehr stolz darauf, daß die Bayern mit dem Kinderzeugen nicht so geizen wie die Nicht-Bayern und so die Republik vor Rentenkatastrophe und Volksaussterben bewahrt wird. Das gute Ansehen einer sozialen Gemeinschaft ist Kleinstarbeit, und jeder muß seinen Teil dazu beitragen. Und wenn da einer nicht hat singen können, dann hat er einfach mit herumstehen müssen, wenn er groß war, in der ersten Reihe, und hat dabei nur den Mund auf und zu machen dürfen. Wenn es ein Bub war, dann hat er rotkariert neben einem Mädchen stehen müssen. Hat den Mund nicht öfter aufmachen dürfen, als Silben zu singen waren. Wenn es ein Mädchen war, hat es blaukariert neben einem Buben stehen müssen. Bei einem karierten Hemd sind auch nie zwei gleichfarbige Karos nebeneinander! Der Auftritt war ein Erfolg, so sehr sind wir unserer Verantwortung bewußt gewesen. So sehr, wie Politiker nie. So sehr, wie Politiker höchstens, wenn es um ähnliche Nichtigkeiten geht. Ein Klatschen gab es, wie von einem Föhnsturm. Um uns war es ganz finster. Es war unser erster öffentlicher Auftritt, und wir hatten ihn bestanden. Eine

Sturmnacht ist es gewesen, und ich war nicht entwurzelt worden.
Bei Gewitter ist die Mutter besorgt. Sie sagt: Bleibe im Zimmer! Schließe die Fenster! Ziehe den Radiostecker aus der Steckdose! Hast du die Türen gut verschlossen? Hoffentlich kommt der Vater bald nach Hause! Ob er einen Schirm dabei hat? Sonst wird er ganz naß!

Am Rand des Pausenhofes der Unterklassen gibt es eine Empore, auf die nur die Schüler der Oberklassen durften, auf die aber nur die Schüler der Unterklassen wirklich hinauf wollten. Hierher hatten einige von uns oft ihre Aufziehautos mitgebracht. Die Treppen der Empore als Zuschauertribüne. Die Autos sind sehr schnell gefahren, waren rot, und ich hatte keines. Wir hatten auch keinen Fernseher. So konnte ich mich nicht an den Pausengesprächen über das gestrige Bonanza beteiligen. Ein Neger jetzt zu sein hätte nicht schlimmer sein können. Nicht von Ilses Negern ist die Rede. Wie Kinder anderer fernseherloser Familien auch hätte ich einzelne Schießereiszenen einfach erfinden können, aber woher sollte ich denn wissen, wer das Duell gewonnen hatte? Ein Indianer sicher nicht, denn ein Indianer wäre zu solch einem Schwachsinn gar nicht erst angetreten.
Nach der Pause wurden wir durch die langen Gänge gescheucht, zurück in die Klassenzimmer. Gehen, nicht rennen! Bin ich aber doch gerannt, und plötzlich ist mir der Direktor hinterher. Hat er mich angeplärrt, daß es mir gleich warm in die Hosenbeine lief. Schön warm anfangs, erst als ich draußen war, ist es kalt geworden.
Im Haus: Alle elektrischen Geräte abschalten! Stecker herausziehen! Nicht in die Nähe der Licht- oder Telefonleitungen setzen! Keine metallenen Gegenstände (Wasserhahn, Schere, Löffel usw) berühren! Sichersten Schutz bietet die Hockstellung in der Mitte des Zimmers!

Vier Jahre waren lang, und schließlich bin ich ein paar Tage lang ein paar hundert Meter weiter gegangen als sonst. Runter in die Oberschule, und ich sollte geprüft werden, ob ich dort aufgenommen werde. In der Kreisstadt liegt die Oberschule

ganz eindeutig niedriger als die Volksschule, welche auch hier ganz eindeutig als die Unterschule gilt. In der Deutsch-Aufnahmeprüfung mußte ich eine Geschichte nacherzählen. Es ging um einen Gefangenen, der aus seiner Turmzelle entkommt, indem draußen ein Helfer einen Nähfaden an einen Käfer bindet und der Käfer auch prompt auf den Turm hinaufklettert, wo der Gefangene den Bindfaden entgegennimmt, an den der Helfer unten gleich eine Schnur bindet, und an die Schnur dann ein Seil und so weiter. Gleich zu Anfang also, wurde uns an der Oberschule die brauchbarste Idee innerhalb der neun folgenden Jahre vorgesetzt, aber statt mich gleich wieder abzuseilen, ließ ich mich aufnehmen, und die nächsten Jahre waren abgemacht.
Wir lernten, wir wüßten nichts. Sie sagten, ich wüßte nichts. Sie sagten, wir hätten vorher nichts gewußt, und es sei nicht anzunehmen, daß wir je noch etwas dazulernen würden. Schließlich wußten wir nichts mehr. Schließlich wußte ich nicht mehr ein noch aus. Das war auch keine leichte Arbeit.

Im Landschaftsgarten

Bitte kein Expeditionsgepäck! Kleiner Rucksack, feste Schuhe, Hose, Anorak, Pullover, Bluse/Hemd, Strumpf-/Trainingshose, Reservestrümpfe, Hüttenschuhe, Mini-Waschzeug, Hansaplast. Schlechtes Wetter ficht uns nicht an, wiewohl wir natürlich auf Zugspitzblick hoffen. Wir nehmen Proviant mit für Mittag 1. Tag, für 1 × Frühstückszutaten und etwas zur Ergänzung der Suppe am Mittag des 2. Tages.
Es gab ja diese stille Vereinbarung, die Stunde würde ausfallen, wenn der Lehrer nach fünfzehn Minuten immer noch nicht das Klassenzimmer betreten hatte. Fünf Minuten sind es von der Oberschule bis zum See, wer kein Fernweh hatte, der blieb im Pausenhof. Wer Bauchweh hatte, der war gar nicht erst gekommen. An der Promenade stehen die gestutzten Laubbäume zwischen den Bänken und spenden Schatten. Viele Rentner betreuen jeweils ganz bestimmte Wasservögel. Das Futter streuen sie erst aus, wenn es ihnen gelungen ist, alle Konkurrenztiere zu verscheuchen. Vor dem Kiosk steht das Münzfernglas. Wenn man die Berge sieht, kann man sie damit noch wesentlich größer sehen. Mit dem Auge sehen kostet nichts, aber mit dem Auge ist die Zugspitze zu klein. Die Zugspitze ist ja seit '45 wieder Deutschlands höchster Berg. So ein Berg kann gar nicht groß genug ausschauen, viele sehen ihn hier von dieser Promenade aus zum ersten Mal. Zwischen dem Bismarckturm-Jahr und den Maising-Jahren lag das Steg-Jahr. Im Steg-Jahr las ich mich durch die 19 Kapitel von *Begrabt mein Herz an der Biegung des Flusses,* eine eigenartige Übersetzung für *Bury my Heart at Wounded Knee.* Dieses eine Jahr war der Steg der verbindliche Treffpunkt. Kinga und Rebekka kamen und fragten mich, bei welchem Kapitel ich denn schon sei. Wer so was liest, der wird später sicher mal Völkerkunde studieren wollen. Da war nicht viel Platz zwischen der Möwenscheiße. Am Ufer standen die Omas und warfen Brotlaibe in die Luft. Auf allen freien Stellen hockten die Möwen und verdauten hastig. Im Steg-Jahr sind auf dem Steg zwei unterbelichtete Fotos entstanden. Es war ein Kommen und es war ein Gehen. Viele der

Mädchen hatten indische Kleider an. Fernöstlicher Schmuck lag tief unterm grünen Wasser im bitteren Schlamm. Nicht alles lohnt eine Tauchaktion. Das grüne Wasser, diese Lupe, es ist auch so ein Fernglas. Tiefseegräben statt Alpengipfeln. Ich war überzeugt davon, daß der legendäre Buzentaur untergegangen war. Ich war immer überzeugt davon, daß es eine absolute Gerechtigkeit gibt und deshalb jedem Ertrunkenen anschließend ein Wüstenaufenthalt zusteht. Im Steg-Jahr brachte immer wieder einer Eis von der Eisdiele. Pommes von der Bahnhofswirtschaft. Da werden sich die Wespen aber gefreut haben! Das Brot, das ich hier als Kind den bissigen Schwänen hätte verfüttern sollen, aß ich lieber selber auf. Daheim war es mir zu alt gewesen.

Aus den Stempelfeldern, vorne in den geliehenen Schulbüchern, war zu erkennen, wer das Buch alles schon vorher entliehen hatte, was durchaus nicht egal war. Es gab eben diese widerlichen Streber, die es fertigbrachten, innerhalb eines einzigen Schuljahres ein Buch vollkommen leer zu lernen. Die Buchstaben waren dann zwar noch drin, aber sie gaben endgültig keinerlei Wissen mehr von sich. An so einem Schinken hab ich mich dann auch nicht mehr verschluckt. Am Schuljahresende wurde dem Buch eine Zustandsnote gegeben und diese mit dem Vorjahreseintrag verglichen. Hatte sich der Zustand um mehr als zwei Noten verschlechtert, mußte man ein neues Buch kaufen. Etwa um die gleiche Zeit wurden auch die Schüler ausgewechselt, ha, ha! Ob es für Hitzefrei heiß genug war, las Direktor Bender an seinem Privat-Thermometer ab. Sein Büro befand sich im einzigen Trakt, der nicht direkter Sonne ausgesetzt war. Und vorne, im Neubau, ha, ha, konnten wir wegen der Olympiastraße die Fenster gar nicht aufmachen. An der Shell-Kreuzung kommt der Verkehr bei Rot mehrspurig zum Stehen, und beim ersten Blinzeln des Gelbs heulen die Motoren wieder auf. Wenn es heiß war, blühte Gumpenbergers Geschäft. Zungen schlecken gierig über bunte Kugeln. Der Steg-Sommer war der heißeste seit langem. Schwer ist es jetzt, sich jene gewaltigen Gletscherzungen vorzustellen, die die gewaltige Aushubarbeit hier geleistet haben sollen. Auch wenn all das Schmelzwasser größtenteils schon längst abgeflossen ist, so müssen doch noch letzte Reste davon vorhanden sein. Nur so

läßt sich die relative Kälte des Sees auch im Hochsommer erklären. Am heißesten war es in U 27, einem Raum im Keller, größer als die normalen Klassenzimmer und deshalb von vielen Lehrern bevorzugt, wenn Schulaufgaben zu schreiben waren. Dort gelang es, die Schüler so zu verteilen, daß jeder an einer eigenen Bank saß. Spätestens nach dem ersten Durchlesen der hektografierten Angabenblätter lief der Angstschweiß in unregelmäßigen Bahnen über die beschlagenen Fenster. Eine Stimmung wie beim Schlachtfest. Wer noch einen Wurstzipfel erhascht hat, konnte ja durchaus noch einen Fünfer bekommen. Für manche blieb nur die Haut. Ein anständiger Lehrer wäre niemals nach U 27 hinuntergegangen. Die Besten von uns waren schnell hinausgeflogen. Hajo zuerst, Gregor, Dagmar zuletzt. Die besten Lehrer gingen freiwillig oder wurden, wie die Zeichenlehrerin, vom Direktor abgesägt.
Von den zwölf bekannten Jahreszeiten haben wir jetzt den Hochsommer erreicht. Zum verrammelten Fenster schielend, spricht Roman einen Fluch aus, der die Makler zumindest an den wenigen Regentagen daran hindern soll, ihren auswärtigen Kunden die zum Verkauf stehenden Grundstücke vorzuführen. Mit dem Bau eines Hauses auf so einem Grundstück ist auch gleich das begehrte Recht erworben, ein STA-Nummernschild zu besitzen. Das Leutstettner Moos ist der Schwamm, der den Seeabfluß reguliert. Die Spekulationsgeschäfte sind der Schwamm, der das Grünland aufsaugt. Landschaft, ein Zustand, von dem es immerhin noch Fotos gibt. Starnberg auch als Fischerdorf, über dem bloß ein kurfürstliches Schloß drohnt. Über dem immerhin schon ein kurfürstliches Schloß droht. Es hatte ja nicht mal einen nach ihm benannten See. Der See hatte seine Würm, die aus ihm hinausläuft, sie war sein Namensgeber. Als Starnberg seinen Bahnhof bekam, bekam der See seinen neuen Namen, als ob Starnberg der Bahnhof vom See wäre, als ob der See überhaupt einen Bahnhof nötig hätte. Nichts gegen die Bahn an sich, mit ihr ließ sich der Großvater den Thüringer Schiefer zur Dachdeckerei bringen, die steht nicht umsonst direkt neben den Gleisen.
Am Bismarckturm wollten wir neben dem Feuer übernachten. Aus dem Dunkel kam die Polizei: wir würden das öffentliche Ärgernis erregen. Trunkenheit am Feuer. Das öffentliche Ärger-

nis hatte gut gebrannt, aber in seinem Licht erschienen die einzelnen Gesichter nur vage. Die Polizei mußte erst einen öffentlichen Satz sagen, um von uns erkannt zu werden. Auf das Angebot, doch einen Schluck Wein zu nehmen und dann wieder heimzufahren, wollten sie nicht eingehen. Das war so ein Samstag. Daheim lag noch immer die gleiche Zudecke auf dem Bett, wie auch schon zu Zeiten der blauen Kindermöbel. Die neue Schleiflack-Kombination ist nicht lange komplett geblieben. Schrank, Bett, Kommode, Schreibtisch. Der Schreibtischstuhl. Jedes einzelne Teil davon wieder aus dem Zimmer hinauszuschmeißen bedeutete eine Kriegserklärung, weil Vater es nicht anders verstehen konnte. Erst wenn ich sie auf dem Speicher hatte, waren meine Blicke sicher vor ihnen. Vom Anslinger holte ich mir Bretter und schraubte mir daraus Kästen zusammen. Eine Woche lang sah es so aus, als hätte ich Schreiner werden können. Aber zu schnell war ich wieder zufrieden mit dem Erreichten. Dagmar saß auf dem Fensterbrett, und wir schwiegen uns an. Sonst war es anders, aber jetzt war es das Gegenteil. Mit Tom standen wir in der Pause immer zusammen und brauchten nicht erst nach Worten zu suchen. Später sagte Dagmar, sie sei sehr froh gewesen, daß wir in ihrer Klasse waren, es sei mit uns nicht so ernst zugegangen. In seiner damals noch nicht abgewetzten Trachtenjacke kam Micha in den Feuerpausen immer näher. An der warmen Holzwand der Baracke stand es sich gut unter den Obstbäumen. Allein, die Äpfel reichten nicht für alle, und nur die Klassensprecher konnten in die Klassensprecherversammlung gehen, wegen der alle viertel Jahr einmal die fünfte und die sechste Stunde ausfielen. Die Versammlung wählt den Schülersprecher. Der Erwählte bekommt eine Audienz beim Direktor. Der Direktor hat ein Dick-und-Doof-Poster in seinem Büro hängen. Der Direktor hält sich einen Zweiten Direktor als Polizisten. Den Zweiten läßt er die Dreckarbeit machen. Der Zweite erblödet sich, morgens am Schultor zu stehn und ab dem Gongschlag jeden aufzuschreiben, der jetzt noch rein wollte. Der Zweite traut den Lehrern offenbar nicht zu, das selbst zu regeln. Zwei von der Bergsteiger-Fraktion spannen endlich vom höchsten Giebel der Schule zu einer Fichte auf der anderen Straßenseite ein Transparent, das den Zweiten zum Abdanken auffordert.

Fonse geht aber nicht. Parolen an den Wänden werden sofort übermalt, was nicht heißt, daß die erste Farbschicht immer gleich deckt.
Für ein Jahr war die hintere Baracke unser Klassenzimmer. Hellgelb hatten wir die Wände gestrichen, einen Urwald draufgemalt. Herr Habich weigerte sich, zwischen Schlangen, Lianen und Affen zu unterrichten. In dieser subtropischen Umgebung erfuhren wir von Herrn Schaaf, daß so ein Krieg, wie der in Vietnam, von Zeit zu Zeit ganz nützlich ist, weil die sich dort unten sonst eh zu sehr vermehren. Auch wenn das kein Vergleich ist: in diesem Raum fand ein ständiger Guerillakrieg statt, in dem die wahren Helden ständig unterlagen. Trotz besserer Ortskenntnis waren wir den bestens ausgerüsteten Regierungstruppen haushoch unterlegen. Die Zahl der Überläufer auf die andere Seite wuchs ständig. Zum Brechen jeglichen Widerstandswillens waren gewaltige Mittel aufgefahren. Ein Urwald allein genügt nicht als Schutz. Mitsamt den anderen Baracken ist der Urwald bald darauf abgerissen worden. In den endlosen Fluren des Neubaus gibt es gar keine Deckung mehr. Dagmar ist auch nicht mehr dabei.

Die meisten kommen mit ihren Autos. Die letzten, die kommen, schieben die ersten gerade wieder heim. Vom Sonnenöl fängt der See an zu glitzern. Die vom Dampfer winken denen vom Ufer. Die vom Ufer, die auch gern auf dem Dampfer wären, winken nicht zurück. Abends bricht der Verkehr zusammen. An diesen Sommer-Wochenenden im Sommer. Familien hungern auf Sonntage und bleiben in ihnen stecken. Es braucht jetzt bloß noch ein Gewitter dazukommen und sie bleiben bis zum Montag im Sonntag stecken. Zehntausend Familiengewitter in zehntausend Sonntagsautos, so schwül kann es draußen gar nicht sein. Drei Stunden für die siebenhundert Meter von Kempfenhausen nach Percha, so lange dauert das Gewitter draußen nicht, das kann sich verziehen. Drinnen kann es immer schlimmer werden. In einen Faradayschen Käfig kommt kein Blitz hinein, aber auch keiner heraus. Vom dämmernden Grasen der Straßenrandkühe. Gern mag ich, wie der heiße Teer dampft, wenn die letzten Wolken abgezogen sind. Die Schwalben stürzen durch den Dunst, und kein Hase weit und breit. Von breitgewalzten Igelleichen. Da sind schon ein paar Faradaysche Autos ineinandergeschoben, modern scheppern die Perchaer Kirchenglocken. Der Notarzt kommt nicht durch! Der Notarzt kommt nicht durch! Die Sturmwarnung hat sich wundgeblinkt. Ein Blinder muß verloren sein, der das Blinken nicht sieht. Früher wars der Taube, der die Sirene nicht hörte. Der Rest der Menschheit ist gerettet. Die Sturmsirene hatte die Seeanwohner zu sehr belästigt. Der Rest der Menschheit kommt in seinen Sonntagsautos um. Bis ans andere Ufer schwappt die Wiedererkennungsmusik vom Undosa. Ein letzter Tanz (Beneidet sei der Taube). Der Rest der Menschheit tanzt auf dem Deck der Seeshaupt (Gesegnet sei die Seeshaupt). Ich war ja immer beleidigt gewesen, wenn wir mit der Tutzing oder der Bayern, statt mit der Seeshaupt, gefahren sind. Die Seeshaupt ist das größte Schiff der Weißen Flotte, und mit einem kleineren zu fahren kann nur ein notdürftiger Kompromiß sein. An der Seeshaupt haftete ein Hauch von Hochsee-Atmosphäre. Unsinkbarkeit. Dreimal täglich Starnberg – New York. Durch keinen Gletscher aufzuhalten. Einen Eisberg als Spielball betrachtend. Blitz und Donner als Nervenkitzel belächelnd. Seeshaupt, oh Königin der Weißen Flotte, nimm meine schüchterne Sehnsucht mit an Bord und trage sie an ekstatischere Gestade! Verschwende deine Weisheit nicht, doch hilf mir bei der nächsten Schulaufgabe! Laß mich von deiner Weltkenntnis abbeißen! Und hilf mir die nächste Gewitterschlacht in U 27 überstehn! Die Honoratioren der Kreisstadt feiern den fünften Geburtstag des Kieler Marine-U-Boots U 29, Starnbergs Paten-U-Boot. Bei so einer Schulaufgabe denk ich auch immer nur: U-Boot, U-Boot! Ich denk mir, du solltest schleunigst auf Tauchstation gehen oder dich in ein Schlauchboot setzen und die geschichtsträchtige Würm hinunterfahren.

Das ist mir nun wirklich egal, ob Pippin schon von Lautburgis geschieden war oder eben doch schon lange vorher zu Bertrada ins Bett gestiegen ist, wie sie also noch in der Reismühle gewohnt hat. Sie sollte umgebracht werden, damit Pippin Lautburgis heiraten muß, die er nicht liebte, dann aber hatten die Häscher doch bloß Bertradas Hund geschlachtet, ihr Hemd mit dessen Blut getränkt und das dann in diesem Zustand bei ihrem Auftraggeber abgeliefert. Die ist irgendwo in den Würmauen herumgeirrt und geriet wohl dann als erstes an einen Köhler dort, aber der hat sie gleich zum Müller geschickt, der wird auch mehr Platz gehabt haben, denk ich. Bertrada hat also gleich angefangen sehr nette Deckchen zu sticken, die hat dann der Müller in Augsburg auf dem Markt verkauft. Es war also nur halb so weit her mit seinem Edelmut, daß er sie bei sich aufgenommen hatte, es hat sich schon auch gelohnt. Als Pippin dann irgendwann wieder mal in Freising war, verirrte er sich auf einer Jagd und kam dabei wie zufällig ausgerechnet zur Reismühle und traf dort freilich nicht nur auf den Müller, sondern auch auf seine eigentlich Auserwählte, die ihm dann auch irgendwann den Karl gebar, der entweder hier in dieser einen Nacht, bevor Pippin gleich wieder weiter ist, gezeugt wurde, oder aber, und hier scheiden sich die Geister, erst einige Jahre später, als ihm seine Lautburgis endlich gestorben war, die war dann tot. Dann erst durfte Bertrada raus aus ihrem Versteck, sie haben dann geheiratet. Im Jahr 800 wurde Karl zum Kaiser gekrönt, wieder ein Komplott der katholischen Kirche. Im Namen des Christentums inszenierte er zahlreiche Gemetzel. Die haben sich schon verstanden, und er wurde Karl der Große genannt. Wahrscheinlich aber ist die Legende mit dieser Geburt in der Reismühle nur ein geschickt eingefädelter Betrug, um die Baiern für das Karolinger Reich zu gewinnen, die hatten anfangs gar nicht dazugehört, erst mußte Tassilo noch ausgeschaltet (in ein Kloster verbannt!) werden. Das wäre nicht schlecht: natürlich kann es den Baiern leichterfallen sich zu unterwerfen, wenn sie im Glauben sind, der große Karl sei eh bei ihnen geboren. Gut geschaukelt! Dagmar lacht nur über das Wasser, das ständig über die Gummiwülste schwappt. Bei der Reismühle, wo ein breites Wehr den Weg versperrt, müssen wir schon wieder raus. Hier soll Karl der Große geboren sein. Sie ist nicht so arg scharf auf meine heimatkundliche Bemerkung. Es lohnt sich kaum, wieder in die Würm zu steigen, kurz darauf gleich eine Fabrik mit Wehr, über das es uns aber gerade noch drüberspült. Erst darunter bleiben wir in einem kräftigen Strudel hängen, aus dem das Boot kaum mehr herauszuzerren ist. Tatsächlich ist es schon tiefer Nachmittag, als wir in Gauting ankommen. Das ist vielleicht gerade ein Viertel vom ganzen Weg! In Gauting verläßt einen der Mut. So rudern wir ans Ufer und lassen die Luft raus. Dagmar meint, ich bekäme einen Sonnenbrand. Hinauf zum Bahnhof, es ist eine Schande, und mit der S-Bahn hinein nach München. Beim Anblick der Olympia-Architektur ein Nachmittag voll olympischer Musik. Dort wollen wir hin, ins Theatron am Olympiasee, in den ein Ableger vom Nymphenburger Kanal fließt, der aus der Würm entnommen ist; das wäre ein durchgehender Wasserweg. Dort wollten wir zum Konzert, wie jeden Samstag. Mit Willi, Walter, Tom, diesmal mit dem Schlauchboot. Zur Deutschrock-Zeit hatten die einheimischen Bands ein sportliches Interesse, es mit den ausländischen Supergruppen aufnehmen zu können. Rechtzeitig, wenn die erste Gruppe zu spielen anfängt, wollten wir in den See unterm Olympiastadion einlaufen. Aber schon das erste Stück vom Dampfersteg bis zum Ausfluß der Würm war so ein Reinfall. Mit den runden Schlauchbooten ging es bloß spiralenförmig über den See. (Wie also eine Spirale aus einem Draht eine Feder macht!) Trost spendete der Anblick der Nepomukbrücke, hier fängt der Fluß erst an. Das sanfte Wiegen auf ruhiger Fluth ist eins der köstlichen Vernügen; es bespület die zarten Empfindungen, erhöhet durch frischen Luftzug den Reiz, und belebet die Seelenkräfte. Gleich danach die Autobahnbrücke, es soll kein Zweifel daran bestehen, wo der See aufhört und wo das Moos beginnt. Durch das Moos brauchte es seine Geduld. Dort ist die Würm so tief und so viel von ihrem Wasser sickert durch den Sumpf, daß die Strömung einzuschlafen droht. Walter sagte: Ein süßliches Erholungsmittel dem Gesunden und für den Wiedergenesenen still ermunternde Bewegung! – Auf dem Truhensee begann es wieder uns zu drehen. – Niedlich und jeden zur Freundlichkeit einladend ist die Fahrt mehrerer Gondeln auf diesem sanft rollenden Flüßchen, sagte Dagmar. Auf diesen Erweiterungen des Flußlaufes ging es noch langsamer, nur ein zäher Kreislauf. Und Willi sagte: Während die Seefahrt immer gefährdet, und nie mit Schwur verbürgt werden kann, daß nun, aber itzt nicht, ein Wölkchen den Sturm kündet, und die große Fluth nur Staunen reget, schweben die Gondeln emsig und traulich vom Beginne des Würmflusses durch den Gold- und Silber-See, und eilen zur

Heimath auf den Leutstetter-See. – Hier war ein Schiffshaus in niedlicher Form eines Hafens, freundlich der Willkomm durch kleines Geschütz. Tom sagte: Kraan und Embryo waren letztes Jahr die einzigen Gruppen, die mir richtig gefallen haben. – Ab Leutstetten wurde es seicht und es ging schneller. Im Mühlthal sperrte sich schon ein Wehr. Zur Wahrung der Erinnerung an den früheren Mühlenbetrieb leitet die Brotfabrik das Wasser noch immer durch verzweigte Kanäle. Dahinter schützt sich eine Fischzucht gegen Fischdiebe, mit Stacheldraht kann sie auch Schlauchboote abwehren. Reine Freude kam danach. Flach und breit ging es dahin, die ganze Welt zog an uns vorbei, nur wir kleiner Haufen waren der ruhende Punkt im Zeitgeschehen. Irgend jemand hatte Bretter in die Flut geworfen, sie waren an einer Untiefe hängengeblieben. (Das Zeitgeschehen arbeitete gegen uns.) Ein Nagel der Bretter schlitzte eines der Boote auf, und breite Luftblasen stiegen an seiner Seite empor, mit jeder Blase sank das Boot tiefer. So tief ist die Würm gar nicht, als daß diese Rechnung bis zum Absaufen aufgegangen wäre. Die gemeinsame Bootsfahrt endete noch vor der nächsten Würmbrücke. Trampend stellten sich Willi – Walter – Tom mit dem schlaffen Gummisack an den Straßenrand. Einige Taxis, die rohe Eier nach Starnberg bringen sollten, rasten gnadenlos vorbei. Wenn was tropft, dann geht schon erst recht nichts! Funkelnde Großraumwägen mit blassen Schulkindern auf den Rücksitzen rauschten aus der berüchtigten Heydekurve. Also, Servus, das ist nicht zum mitansehn, Dagmar und ich wollen alleine weiter. Das zweite Boot ist rot. Schon geht es weiter, schön geht es weiter. Bis der Werkkanal kommt, der in einer Turbine endet. Den Werkkanal also nicht. In der Restwürm ist so wenig Wasser, daß der Boden auf den Steinen schleift, was will man machen? So schleift es halt, bis es wieder tiefer wird unter den überhängenden Weiden. Und so wohl geleitet, erscheint die Reismühle, wo mit einem Male das Thal sich ausbreitet. Da öffnet sich wieder das Flachland! Feldüber ist Gauting auf dem Römerweg gepflanzt. Drey halbe Stündchen und in eine andere Region versetzt, aus dem Landschaftsgarten gekommen in eine unfruchtbare, weite Ebene!

Die Schöne Geschichte

Viele Jahre sind seit Ende des ersten Streckenabschnitts vergangen. Westdeutschland hat einen ersten Schlußpunkt gesetzt, wie ihn sich 1945 niemand hätte träumen lassen. Die Entwicklung übertraf selbst die kühnsten Erwartungen bei weitem. Die formelle Attraktion, durch die Leitplanken rundweg erneuert, wurde durch die Randbegrünung rascher verbessert, als man jemals hätte ahnen können. Ein neues Denken bildete sich aus und neue Mächte traten hervor: Reinheitsdenken und konstruktive Sauberkeit, Meta-Individualität und Wißbegierde beherrschen jetzt das Leben mit Rekordleistungen wie nie zuvor. Die aus Europa übernommene und von Amerika ins Unermeßliche gesteigerte Zivilisation verwandelt die Welt. War der Fremdenverkehr in den Jahren nach dem Krieg auch zu ganz unerwarteter Frequenz herabgesunken, so half die Verquickung der Tüchtigkeit mit der Toleranz gerade auch der Menschen auf dem Land, das schlimme Los der Hochwasserkatastrophe von 1954 wieder aus den Angeln zu heben.
Ohne sich dabei auch nur einmal umzudrehen, ändert jetzt einer von ihnen seine Fahrtrichtung. Dem Alpenhauptkamm, der ihm Jahrtausende Ausblick, Anblick und Andacht geboten hatte, kehrt der Transportunternehmer Noll endgültig den Rücken und blickt von nun an nur mehr in die drei verbliebenen Richtungen. Inzwischen ist ihm das Aufblühen von Shanghai wichtiger als das Gedeihen von Seeshaupt. Rein statistisch verkehrt er fast nur mit seiner zweiten Frau. Um zu ihrem Ausschnitt ein flächendeckendes Braun tragen zu können, hat sie sich einen UV-Dekolleté-Bräuner gekauft (möglicherweise auch nur gemietet). Sofort hatte die Noll mit ihrem Ausschnitt angegeben, wie ein Steigen voll Affen. Mit einem Schlag war sie in der ganzen Siedlung weltberühmt, und wir alle wollten sie nackert sehn. Die Rede ist von all den kleinen elektronischen Helfern, die uns das Leben so sehr erleichtern. Die Rede ist auch von Geräten, wie dem Aktenvernichter Intimus.

Bei allen Wünschen zur Verbesserung, diese Leistungen können nicht übersehen werden. In ihrer Gesamtheit beweisen diese Werke und Entwicklungen, daß der Fortschritt immer noch unbeirrbar nach oben schnellt, und wir müssen nur schauen, was es uns nützt.
Ein Teil des zweiten Streckenabschnittes zählt als Spangenjahre. Dank modernster Technik wurde bei einer Schuluntersuchung mein Zahnverhau entdeckt. Den Mund voller Draht und Druckblasen, mußte ich drei Jahre zum Zahnarzt rennen, als hätte ich nichts anderes zu tun gehabt. Wann war der Chileputsch? Konnte ich wissen, daß grundsätzlich etwas faul sein muß, wenn hier über streikende Arbeiter wohlwollend berichtet wird? Ein Oberschüler interessiert sich für alles, was in der Welt passiert. Er weiß auch, daß in Chile, wegen dessen enormer Länge, das Transportwesen eine ganz besonders große Rolle spielt. Thomas war für die CSU, später FDP, ich entschied mich für die SPD. Gregor aber reimte *Verrat* auf *Sozialdemokrat,* und ich verstand durchaus nicht, was er noch alles zu fordern hatte. Als schließlich Willi Brandt ins Undosa kam, hatte ich einen Zahnarzt-Termin. Mit seinen Handgriffen ließ sich der Kulzer Zeit. Wer zu spät kommt, steht auf dem Gang. Zu speziellen Anlässen wird schweren schwarzen Limousinen mit Sondergenehmigung die direkte Zufahrt über die Seepromenade zum Festsaal gestattet. Daß Brandt zurücktrat, war nicht meine Schuld. In der Klasse gab es zwei Parteien. Wegen einem DDR-Spion fiel die Entlassung aus den Spangenjahren in die Ära Schmidt. Schmidts Stimme war nicht mehr interessant.

Die Polizei, sie ist befreundet und sie ist behilflich. Sie ist in erster Linie beschränkt und bewaffnet. Von der Presse wird mit Schlagzeilen geprügelt und man muß sich fragen, zu wem hilft die Polizei? Zu wem helfen die Zeitungen und zu wem helfen die Tankwarte?
Frau beißt Hund
Hund beißt Exfrau
Hund beißt Verdienstkreuzträger
Einfacher Mann von nebenan wird Verdienstkreuzträger
Einfacher Mann gewinnt Haus

Hausbesitzer von Besetzern bedroht
Besetzern endlich die Grenzen gezeigt
Polizei zeigt sich standhaft
Polizei sorgt wieder für Ruhe
Grabesruhe um Doppelmord
Blutspur im Doppelmord
Blutspur führt zu Zigeunern
Zigeuner geständig
Zigeuner doch Alibi
Alibi stichhaltig
Stiche und Bißwunden
Bißwunden gefälscht
Weinende Frau mit falschen Haaren
Haare sind Beweis
Grüne Haare: Punks
Punks bedrohen die Republik
Deutschland von Punks gebissen
Bange Stunden
Zu wem helfen die Sozialdemokraten und zu wem hilft David Bowie wirklich? Wie fühlt sich eine Frau, die plötzlich ihr Benzin nicht mehr selbst raffinieren, ihre Thunfische nicht mehr selbst fischen, ihre Wälder nicht mehr selbst pflanzen, ihre Teppiche nicht mehr selbst knüpfen und ihre Häuser nicht mehr selbst bauen darf und kann? Ich selbst benütze nur noch Waren, die auch die Olympiamannschaft der Bundesrepublik benützt, also nur Waren von Firmen, die offizieller Ausstatter unserer Mannschaft sind.
Spätestens seit die Firma Schiesser ihre neue Unterhosenkollektion *Rebell* nennt, steht doch fest, wo das Potenzproblem europäischer Männer liegt. Welcher Abteilungsleiter wäre nicht viel lieber Ché Guevara? Das kann ich laut sagen. Selbst ein scheinbar allmächtiger südamerikanischer Diktator hätte in der Unterbekleidungsbranche keine Chance. Potenz heißt vom V.o.l.k. geliebt werden. Abgesehen davon spielte es im späteren Kaufverhalten natürlich eine gewaltige Rolle, daß die Tankstellen-Bausätze von Lego nicht mit Esso, sondern mit Shell beschriftet waren.
Ohne übertreiben zu müssen, kann ich durchaus entschlossen behaupten, alle Polizisten hätten einen Schnauzer. Mir kommt

nichts aus. Ein Schnauzer will ja verzweifelt beteuern, daß sich die Nase seines Trägers nicht nach dem richtet, was ihm in den Mund gelegt wurde. Und die wenigen Polizisten, die keinen Schnauzer im Gesicht haben, die werden wohl einen zu Hause haben und feierabends mit ihm Gassi gehen. Das Herrchen hat schon daheim geschissen. Das Frauchen ist untreu und knutscht einen von der Feuerwehr. Wir haben zwei Weltkriege angefangen, jetzt wollen wir auch mal einen gewinnen! Besonders schrecklich muß es für die Sputnikschock-Generation gewesen sein. (Im Grunde will die Bundeswehr doch nur, daß wir sie liebhaben.) Ich rekapituliere: Als die Russen ihre Sputniks so erfolgreich in das All hinausgeschickt hatten, war es, als hätte man dem Westen die Luft ausgelassen. Den jeweiligen Aufsichtsratsvorsitzenden aber war es gelungen, den Westlern klarzumachen, daß der russische Vorsprung durch fleißige und ausdauernde Anstrengungen aufgeholt werden könne. Nicht nur Raketenbauer, alle betreffenden Völker waren angesprochen. So, und nur so, kam es bald zu Wirtschaftswunder und Apollo-Rakete. So groß war die allgemeine Erleichterung, daß wir zur Mondlandung schulfrei bekamen. Mir wurde ein Bilderbuch zum Thema geschenkt. So groß war die Euphorie, daß dem Nachwuchs ein voller Tag Bildungsrückstand zugebilligt wurde! Von da an hieß es für die Russen, sich anstrengen. Es liegt die Vermutung nahe, daß sich die Machthaber aller Nationen mit ihren jeweiligen Raumfahrtplänen gegenseitig absprechen und damit die Machtgeber ständig in Schach halten. Obwohl demnach zur Zeit vor allem die Russen zum Himmel schauen, bleiben auch die Deutschen weiterhin angesprochen. Schön fleißig müssen wir sein, bis wir überall hingeflogen sind und zurück. Schon vor zweieinhalb Jahren habe ich die Vermessungspflöcke für die Verbreiterung der Ostufer-Straße aus dem Boden gerissen. Eisig ist es gewesen, die sumpfige Wiese war steifgefroren. Krähen hockten als Figuren auf der Obstbaumallee. Jetzt ist trotzdem alles plattgewalzt und ich könnte mir lächerlich vorkommen. Statt dessen lach ich mich kaputt über die gelungene Verlautbarung, nach dem Straßenausbau würde alles noch viel schöner sein als vorher. Ich könnte brüllen vor Lachen, und das macht mir das Maul ganz trocken. Als ich endlich kaputtgelacht war, zerfiel ich in meine Bestandteile:

stumpfe, spitze, flüssige und feste. (Ach was bin ich spitz, in jedem dritten Reifen klafft ein Schlitz.) Es könnte auch den Sibichhauser Quick-Reporter treffen. Artur, dich wird es nicht treffen, du mußt täglich dafür sorgen, daß die ganzen Ostuferdeppen ihre Zeitungen rechtzeitig bekommen. Mach dem Sheriff von München doch klar, daß er, wie gefordert, seine Zeitung direkt vor die Haustür gelegt bekommen wird, wenn er öffentlich zugibt, daß er hier seinen Hauptwohnsitz hat und er sich somit gezwungen sieht, auf seinen Münchner Referentenposten zu verzichten. Willst ein guter Samariter werden, oder nicht? Willst dich gesundlachen dieser Tage, da der Assenhauser Bismarckturm wieder hergerichtet wird? Gen Berlin blickt des Reichsadlers scharfes Auge. Mamma, Mamma, Reichshauptstadt, sollen wir es nicht doch noch einmal probieren, sollen wir? Bismarck und Bein, das war eine Krücke! Ein schöner Platz zum Verweilen ist das hier, mit dem Hinunterschaun durch die Waldschneise auf den See und die runde Roseninsel Nihau. Gen Turmspitze blickt mein blaues Auge. Früher war unten die Tür noch offen, bis hinauf zur Turmspitze ist alles hohl. Unten liegt alles voller Stroh, auf das jede halbe Stunde der Reichsadler von der Turmspitze herunterscheißt. Wer gescheit ist, der macht ein Geschäft daraus. (Artur, das ist ein versteckter Hinweis auf eine Gelegenheit.) Wie oft schon war ich hier wohl heroben und dachte mir, das ist mir ja wirklich eine schöne Geschichte. Gleich sammle ich noch ein paar Bucheckern, alte vom Vorjahr und unreife von heuer. Nicht einmal nach außen hin will ich den Eindruck erwecken, ich sei untätig, als würde ich nur meinen Kreislauf in mir kreisen lassen und hätte am emsigen Gemeinwesen nicht als Vollmitglied teil. Wo bleibt eigentlich mein Bundesverdienstkreuz? Nie saß ich müßig herum und habe nicht wenigstens mein Blut durch gewissenhaftes Atmen mit Sauerstoff angereichert. (In Wahrheit hatte ich sogar versucht, mir das Atmen zu sparen, aber gerade das stellte sich als äußerst anstrengend heraus. Ich habe keine Mühen gescheut, aber das Luftanhalten, als Arbeitserleichterung gedacht, entpuppte sich als die größtdenkbare aller Mühen.) Ich werde den Bucheckern die Blausäure wegzüchten und sie so zum Volksgericht machen. Wer gescheit ist, der macht ein Geschäft aus dem Mist. Wo

bleibt eigentlich mein Bundesverdienstkreuz, Herr Ministerpräsident?
Im Spiegelsaal von Versailles fände die feierliche Verleihung statt. Für das Wegzüchten der Blausäure aus den Bucheckern und die Nutzbarmachung derselben als Volksgericht, hieße es. Außerdem machte ich mir durch die Zusammenstellung neuer Begriffe für die Buchstabiertafel einen Namen. Schon frühzeitig ist mir klargeworden, daß die alten Begriffe durch neue, unverbrauchte, ersetzt werden müßten. Nicht nur, daß die alten endlich mal zur Ruhe kämen, sondern vor allem um den Mädchen an der Telegrammannahme endlich eine Abwechslung zukommen zu lassen. Folgende Begriffe stellte ich zu dieser neuen Tafel zusammen:
A, wie Ampelfreiheit
B, wie Bastneger
C, wie Carline
D, wie Datteldasein
E, wie Efeuchtigkeit
F, wie Fahnengeruch
G, wie Güteterror
H, wie Heidiheidi
I, wie Inseldasein
J, wie Jasagersiechtum
K, wie Kanalbauernhof
L, wie Limona
M, wie Momika
N, wie Nasalteufel
O, wie Ottila
P, wie Politpüromanie
Q, wie Querbeter
R, wie Randhund
S, wie Sandine
T, wie Teebeutelschneider
U, wie Uferwitz
V, wie Vielhäuserei
W, wie Alchensee
X, wie Xaverheißer
Y, wie Ypsona
Z, wie Zentraltasse.

Als ich schließlich Graf las, dachte ich mir, so gut wie der müßtest du auch Geschichten erzählen können. Keine zwei Zeilen würde ich je so geschichtenmäßig hintereinanderbringen wie er, das Bäckerkind vom Ostufer, der talentierte Erfinder eines patentierten Stiefelausziehers. Natürlich stimmt es nicht, wenn ich behaupte, ich sei grundsätzlich zu faul zum Lesen. Aber selbst als ich schon längst lesen konnte, suchte ich stets nach Dummen, die sich breitschlagen ließen, mir Donald und Dagobert und Fix oder Foxi vorzulesen. Bücher, erst recht, waren mir lange zu dick. Ein Buch aber, es spielte direkt am Meer in einem Haus zwischen Klippen, das hatte mir gefallen. Es war so eine Liebesgeschichte ab zehn, irgendwie wohl auch ein Krimi, und gegen Schluß sagte das Mädchen statt ich liebe dich, einfach: Ich hab dich lieb. – Naja, das würde ich gern wiederfinden. Auch danach hab ich immer wieder mal ein Buch gelesen, auch mal mit Begeisterung. Oft aber war es anstrengend wie eine Alpenüberquerung und die Kondition reichte nicht aus.

Natürlich gibt es nichts als autobiographische Bücher. Natürlich gibt es nichts, was je geschrieben wurde und was jemals noch geschrieben werden wird, das nicht von hinten bis vorne autobiographisch wäre. Es gibt nur autobiographische Einkaufszettel, und alles, was eine Sekretärin auf einer Schreibmaschine tippt, ist natürlich zumindest ein schmaler Ausschnitt aus ihrer Biographie, auch wenn der Text sich bis auf das letzte Komma nach den magnetischen Informationen eines Diktaphons zu richten hat. Er ist autobiographisch, denn sie selbst hat ihn getippt, und das Tippen ebendieses und nicht irgendeines anderen Textes hat einen ganz bestimmten Zeitraum ihres Lebens für sich beansprucht. Andererseits ist zum Beispiel auch jedes Buch von Konsalik selbstverständlich autobiographisch. Denn es hat ja direkt mit ihm zu tun, daß er gerade solche Bücher schreibt, das sagt doch was über den. Abgesehen davon, daß er oder sein Lektor soundso viel Zeit damit verbracht hat, sich gerade so was auszudenken. Ich versuchte schon so etwas zu lesen, denn ich fragte mich, was bewegt die Nation? Schließlich ist sogar eine Autobiographie des herkömmlichen Sprachgebrauchs autobiographisch, weil sie zumindest aufzei-

gen kann, was ihr Autor von seiner eigentlichen Biographie wegläßt oder verändert. Das hier nur als Versuch einer Klärung.
Wenn mir doch nur jemand weiterhelfen könnte, wie das Klippenkinderliebesbuch heißt, da wäre ich dankbar. Ich glaube, es war ein Ravensburger Taschenbuch, mit viel Blau auf dem Umschlag. Ich kann es nicht mehr finden, aber ich brauche es unbedingt. Ich will wissen, warum mir gerade dieses Buch so gut gefallen hat; das hat mich schon irgendwie berührt, diese Liebesbeteuerung in eine kriminalistische Handlung hineingebaut. Wenn ich selbst ein Buch schreiben würde, ich nennte es *Äpfel vom Baum im Kies.*
Über alles würde ich schreiben. Nur einen Anfang zu finden wäre schwer. Wo ich mich doch jetzt nicht mal entscheiden kann zwischen einer Zucchini und einer Banane. Beides ist vorrätig, aber im Grunde möchte ich entweder ein gelbes Gemüse oder ein grünes Obst. Kein Kürbis und keine Avocado weit und breit. Aber das ist ja weiß G. ein kleines Fischei, diese Not, im Vergleich zur Entscheidung, was für ein Bruchstück von dem Ganzen (dem theoretisch Erwähnbaren) ausgerechnet anfangen sollte mit dem Erwähntwerden durch mich. Das weiß ich schon, daß ein jedes Bruchteil drauf verzichten kann, aber vielleicht kann ich es nicht, oder was? Ich könnte natürlich mit der Banane anfangen, aber der Banane wäre das egal. Doch genau an diesem Punkt läge mein Trick. Ich würde diese ganzen Überlegungen einfach so bringen und schon wäre ein Anfang gemacht. So ein Anfang, so ein Eisbrecher. Das erste Eis wäre gebrochen, aber was käme danach? (Es funktioniert doch immer noch wie geschmiert. Da brauchen die *Kaiserlich Böhmischen* im Tutzinger Bierzelt der *Jungen Mannschaft* nur *Sieg* rufen, in ein Mikrofon, und schon kommt reihenweise ein *Heil* zurück, ohne Mikrofon, aus den vielen Mündern. Das kann die JM-Funktionärin nicht verstehn, was vier der Zeltinsassen an dem Vorfall stört. Sie sagt, die *Kaiserlich Böhmischen* würden schon seit Jahren in Tutzing auftreten, also was wollen die vier? Diese Art von Witzen würde schon seit jeher zum Programm der Kapelle gehören. Daß da die Leute halt ganz automatisch mitschrein. Das versteht sie ganz aufrecht als eine Entschuldigung. Daß die Heil-Rufe nach den vorangegangenen Stim-

mungsnummern doch ganz automatische Handlungen sind. Da wird sie schon recht haben, das wird noch nie anders gewesen sein. Die JM ist eine Spezialität der Gegend um den See. Hupfauf, der Chef der JM, ist so einer von den Bundesverdienstkreuzträgern. Ziel der *Jungen Mannschaft* ist es, junge Menschen ab vollendetem 15. Lebensjahr in einzelnen Klubs zu vereinigen, sie weiterzubilden und ihnen bei einer vernünftigen Freizeitgestaltung behilflich zu sein, also was wollen die vier?)

Über alles, bis auf das Anfangen, würde ich weiterschreiben. Sogleich aber würde sich herausstellen, daß gerade das Weiterschreiben so schwer ist. Das Angebot an theoretisch möglichen Themen wäre noch immer riesengroß, es wäre ja fast noch nichts abgehakt. Selbst zur Banane wäre noch längst nicht alles gesagt. Jeder Nachfrage ihr Angebot. Zu jeder Frage darf ich mich äußern, solange sie nur erwünscht ist, solange sie im offiziellen Fragenkatalog drinsteht. Und so perfekt sind sie alle schon abgerichtet, daß eh jeder nur noch das fragt, was von ihm erwartet wird. Als meine Mutter von meiner Entbindung nach Hause zurückkam, lag Muschis Nachgeburt in ihrem Bett. Kurz darauf ist Muschi sterilisiert worden, und es ging ihr sehr dreckig danach. Peter, der den Eingriff nicht wollte, sagte: So, das habt ihr jetzt davon, jetzt ist sie hin. – Weil der Arzt gesagt hatte, sie sollte es sehr warm haben, heizte Peter ein wie nie zuvor.

Wie erklärt sich A. Nachleger sein Schicksal? Er ist Linkshänder, wuchs zwischen hellblauen Kindermöbeln auf und hat im Vorschulalter eine Tollkirsche verschluckt.

Alles trüge ich an die Öffentlichkeit, denn die, die es am wenigsten angeht, wissen sowieso schon alles. Im Grunde würden diese Aufzeichnungen mehrere Kilometer dick. Es ginge auch darum, der Geschwindigkeit der Gedanken ein Längenmaß entgegenzusetzen. Natürlich würde ich ganz banal an der Zeitfrage scheitern, aber es wäre mir nicht möglich, mich kürzer zu fassen. Ausgangspunkt wäre der Umstand, daß ich in diese Weltinstitution hineingeboren bin und mich niemand danach gefragt hat, wie mein zukünftiger Aufenthaltsort aussehen soll. Aus Ärger darüber wären meine Aufzeichnungen auch vollkommen objektiv. All das, um was es in ihnen ginge, ist die

ganze Zeit objektiv anwesend, es kommt von allen Seiten, und seine Auswahl drängt sich mir auf. Meine Themen wären also auf meine eigene Umgebung begrenzt, schlössen aber gerade deshalb das ganze Universum mit ein. Wissenschaftlich müßte man mein Vorgehen nicht unbedingt nennen, aber der Inhalt meiner Schriften wäre ein verbindlicher Lesestoff auch für sämtliche Wissenschaftler. An den, wegen ihrer Oberflächenstruktur preisgekrönten Waschbetonwänden, an die wir Neugeborenen hingedrückt worden sind, konnten wir uns entscheiden, ob wir uns restlos zerbazen lassen oder vorher noch zerplatzen. Die Situation ist so eindeutig, daß ich von Raketen gar nicht noch zu reden bräuchte. Es muß weiß Godot, oder der Teufel, auch gar kein Krieg kommen. Es muß nicht noch schlimmer kommen, um unerträglich zu sein. Auf was warten diejenigen, die beteuern, daß sie es noch aushalten können? Zum Spucken ist mir meine Spucke zu schade, und viel zu wenig ist sie obendrein. Unter den Raketentrümmern fand ich einen Brief, der mich stutzig machte:
Lieber Andreas!
Hier ist der gewisse Kalender, den ich neulich zufällig wieder entdeckt habe. Besonders interessant sind die Eintragungen in der 32. Woche, im August, wo die Bemühungen um die Heiße Michaela stark forciert werden, um in der 33. Woche zu scheitern. Die Eintragungen am 19., 21. und 25. August und 11. 9. stammen, glaube ich, von der Dagmar (oder der Collchen), jedenfalls sieht die Schrift so aus.
Äußerst wichtig sind auch die Eintragungen am Samstag, dem 7. September (er war ja Intimfeind Nr. 1). Bemerkenswert ist auch, daß sich die Zuneigung zur Heißen Michaela und zur Sabine Stengel im November stark änderte (siehe Mittwoch, 13. 11. und Montag, 25. 11.), im Dezember gehts dann wieder andersrum.
Die Eintragung am Freitag, dem 20. 12. 74 betrifft, so glaube ich, Heike Jannasch und die am Sonntag, 22. 12. und Dienstag, 24. 12. (Weihnachten) und Mittwoch, 25. 12. Barbara Häßner, weil andere Mädchen dieser Namen kannten wir nicht. Die Eintragung an Silvester stammt wieder von Dagmar.
Grüße von außen!
Ist das jetzt von Roman, der Toms Schrift nachmacht, oder von

Tom, der nicht mehr genau die gleiche Schrift hat wie früher? Die Herstellung von Waschbeton hat man sich wahrscheinlich genauso vorzustellen wie die von Nußschokolade mit ganzen Nüssen. Wenn ich noch keinen Aasgeruch absondere, dann heißt das doch, daß ich noch nicht tot bin, und wenn ich noch nicht tot bin, dann bin ich wohl noch am Leben. Solange noch Briefe meine Adresse erreichen, muß ich zumindest juristisch noch existieren.

August

Der blaue Blick auf See und Berge, meint Arnold, klafft schon auf. Als Ödön den Arnold und den Fettfleck begrüßte, erblickte Marieluise den Starnberger See. Der Haindl hatte ihr nach Ingolstadt geschrieben, er lebe jetzt von allem Guten, was sie ihm in so reichem Maß gegeben habe. Und am liebsten verweile er wieder in Starnberg und in Nürnberg. Marieluise solle es ihm nicht übelnehmen, daß er neulich, nach dem Zusammenstoß mit der Eixenberger Traudl, auf dem Weg von Starnberg nach München so böse war. Dorthin, in die Stadt, kam auch Bertolt unregelmäßig, denn er hatte in München kein eigenes Zimmer. Er fuhr von Augsburg herüber, oder er kam aus Starnberg, hatte dort über das Wochenende ein winziges Quartier und dichtete am See. Lion, dessen Gesicht vom Affen abstammte, stöhnte Marieluise vor, Bertolt sehe schon nicht mehr, was er mache. Gerade sei er zwei Tage in Starnberg gewesen und habe von dort abscheulich glatte Rhythmen für den *Eduard* mitgebracht. Jetzt rauhten sie es mit allen Listen wieder auf, denn bei Bertolt müsse es holpern.

Auf der Fahrt hinaus aus der Stadt saß Lion selbst am Steuer, lenkte mit sachten Bewegungen den leisen, gehorsamen Wagen. Es war eine schöne Nacht. Vorne saß Marieluise, während sich die andern auf der Rückbank drängten. Man hatte den Ort Starnberg passiert. Viele Menschen waren am Seeufer, doch die Nacht fing die Geräusche auf. Ein beleuchteter Dampfer war unterwegs. Bertolt lenkte reumütig ab von einem Thema, das die andern wenig zu interessieren schien, konstatierte, daß Wasser die Menschen offenbar zu ästhetischer Betätigung anrege. Arnold widersprach: ungeschicktes Draufsetzen auf einen Rucksack in einem Boot mitten im See, wobei kleine Mengen Butter und Reis verderben, würde eher zu einem unästhetischen Nervenzusammenbruch führen. Während des gemeinsamen Abendessens auf einer schönen, dem See zu gelegenen Terrasse, unterhielt sich Tilly interessiert mit dem tatsächlich fleischigumfangreichen Fettfleck. Sie erzählte von Gottfrieds Brief, seinem Dank für die Karte vom Pocci-Schloß. Gern hätte er sie

in Ambach besucht, hätte gern den See gesehen, den bevorstehenden nebligen Herbst. Gottfried aber hatte sich nicht dazu entschließen können, die Hauptstadt der Weimarer Republik zu verlassen, um auch nach München zu kommen, an den Würmsee.
Mit alldem hatte Queri scheinbar nichts zu tun. Er war hier daheim, pflegte gegenüber dem Starnberger Schloß seinen Krautgarten und starb zu früh, um sein *Erotisches Wörterbuch* vollenden zu können. Seelandschaft ohne Pocahontas. Schade, daß dort nicht auch ein Arno aufwuchs, der diese Gegend später hätte beschreiben können. Muß der ausgerechnet im eher flachen Hamburg das Licht der Welt erblicken.

Ebjä!
Im bundesdeutschen Jahr 1977 kann einer von sich behaupten, er stünde schon längst auf der anderen Seite. Der Ich-Erzähler wird mit Leuten verreisen, von denen einer Salvador Allende auf seinen großformatigen Taschenkalender geklebt hat. Sie packen einige lesenswerte Bücher ein und taufen einen heruntergekommenen Audi auf einen unaussprechlichen Namen. Den Kalender wollen sie als Reisetagebuch benützen. Die allerfernsten Ufer der sogenannten Badewanne Münchens wollen sie auf eigene Faust für sich entdecken.
1. August
Fünf vor zehn. Reisen beginnen möglichst Anfang August, der das Jahr in zwei Hälften teilt. Der Anfang ist kühl, doch schon auf der Höhe des Kreiskrankenhauses kommt die dicke Luft. Sie wollen in die Fremde, weil es dort, wie Raoul und Jogi behauptet hatten, einen harten Kern im Käse gibt. Auf hartem Boden eine Traubinger Nacht.
2. August
Bei Garatshausen bekommt das getaufte Auto für 79,40 Francs Benzin. Weilheim: große Stadt an der Ammer. Tiefstraßen, Halbhochstraßen, Hochstraßen, Hochstapler. In Haus Nummer 67 hat Roman eine Freundin, aber ein Parkplatz ist nicht in ihrer Nähe. Die Einwohner dieser Stadt haben es leicht, sie brauchen nichts zu essen. Andere Länder, andere Sitten, sie waren gewarnt gewesen. Unaufhaltsam geht es in die Nacht hinein. Place Pigalle. Wo hört ein verbrauchter Tag auf?

3. August
Wo fängt ein frischer Tag an? Pigalle, nu integralle, so spät bleibt für den Triumpfbogen kein Strom mehr übrig. Während Gabi und Michi schlafen, entreißen die andern der Stadt das Auto. Auf, auf, nach Tutzing, Veronique wohnt dort. Sie hat eine Deutsche bei sich, Annette mit Namen. Später, unten am See, stellt sich heraus, wer arbeitet und wer badet. Der Fleißige wird mit einer Uhr belohnt. Der Inhalt eines Supermarktes wird genug zum Essen bieten für alle. Eine Pferderennbahn wird lang genug sein für einen Spaziergang.
4. August
Dam-isch/herr-lich steht über dem Tag. Ein Frühstück wird zum Mittagessen. Einen grünen Strich auf der Autokarte besuchen sie, und er hält sein Versprechen. Mit einem Fernglas schaut Micha viel in den vollen Nachmittag. Sie stehen auf den Klippen beim Karpfenwinkel. Dort wird ein schmaler Strand immer breiter. Immer mehr müssen Micha und Andreas schuften, und die Dämme, die sie bauen, wieder einreißen. Michi bringt ein Eis. Er wird gelobt. Später behauptet er, er pfeift auf ein Lob. Dafür wird er gerügt. Sie essen Pizza und legen sich hin.
5. August
Beim zweiten Frühstück, das zum Mittagessen wird, steht ein Abschied an. Veronique und Annette sind gemeint, nicht Tutzing samt seinem Kriegsspielzeug. Beim Tanken kann Gabi den Betrug schon an der Zapfsäule ablesen. Mitten aus dem Schlamm heraus erhebt sich ein Märchengebilde: der Berg Sankt Michael. Der dritte im Bunde ist eine Felsformation. Da sie gleich sehen, daß es dort schon zu voll ist, gehen sie dorthin, wo scheinbar nicht gerade oft Wasser hinkommt. Begeistert spielen sie mit ihrem Leben. Wo ist der beste Treibsand? Michi findet ihn, doch die Unbarmherzigkeit der anderen verdirbt ihm seine Todesfantasien. Ein zweiter Supermarkt hat einen anderen Inhalt. Zelten mit Steinkauz am 5. August.
6. August
Heute wollen sie schaun, ob das mit der Flut nicht fotomontiert ist. Nicht ganz, es ist kein Blöff! Näher und näher fingert das salzige Wasser, streckt in Bahnen seine Greifer aus. Und es spielt schon als Wellchen an ihren Füßen. Belehrt fahren sie

weiter nach Bernried. Bernried erwartet sie als längst kultiviertes Seeräubernest, von Türmen und einer Mauer schick gegürtet. Alle Löcher im Gürtel sind voll, und der Strand ist leer wegen des Regens, glatt wegen der Ebbe. Auf der Mauer gehn sie entlang und schaun in alle Richtungen, auch in die Ferne zum Wettschwimmen, nicht in die Höhe, wo da ein Zeppelin nervt. Viele belegte Zeltplätze, zwei verwüstete Zelte. Für die Weitersuche werden die Weltlichen belohnt.

7. August

Kalt ist ein Frühstück, wärmer wird es danach. Von oben kommt es hell. Neben der großen Welt findet Michi die kleine. Der Rest stört den letzten Willen eines Naiven. Gabi siebt Sand. Andreas entwässert den Strand. Micha entsandet die Felsen. Zwischen politischen Enthüllungen soll ein Manifest erstellt werden. Kaltes Frieren. Heißer Hunger. Fette Einsamkeit. Madiges Anziehn. Kleines Essen. Trübes Bernried bei Nacht, es reißt sie nicht vom Hocker.

8. August

Nicht ein jeder Tag ist eine Erwähnung wert. Milch fließt. Kein Honig fließt. Angeblich mit Andreas Baader verbringt Michi schöne Stunden im Zelt. – Laß mich dein Öl sein, bietet ein Michael dem anderen an.

9. August

Treppe rünter r̃echts!, hier ist es überhaupt nicht mehr üblich, ein u auch nur wenigstens manchmal ohne Umlautpunkte zu schreiben. Heute: Seeshaüpt. Niemand zwingt hier die Fremdenverkehrsbeflissenen, ihre Hinweise auch noch auf deutsch anzubringen. Das erste Gezeitenkraftwerk der Welt sieht auch aus wie das erste, denn zwangsläufig ist es auch ihr ältestes. Seeshaüpt, der Ausblick vom Frühstücksplatz, wurde kürzlich ernannt zur Partnerstadt von Starnberg. Es geht um den Austausch von Kochrezepten. Dieser Ort paßt schon zur Kreisstadt, sie wissen auch warum. Reich mußte er wohl sein und am Wasser liegen, als Bedingung. Beim Ausflug zum Kap werden sie erstickt zwischen Artgenossen. Ein anderer Platz, der taugt zum Schlafen unter Kiefern ohne Zelt. Die läufige Kerze kann das serbische Reisfleisch sparsam beleuchten.

10. August

Bei Anbruch der Dämmerung, wie er behauptet, steht Michi

auf. Andreas will gerade noch den Sonnenaufgang gesehen haben. Sind es Nebelfetzen, oder ist es allein der Rauch der benachbarten Müllhalde, was da so herumstreunt über den Boden? Flutschäden werden abgewogen. Weißer Hund mit altem Mann, der behauptet, daß es Gott nicht gibt. Halb zehn ist es vorerst Schluß mit dem See und es geht ins feste Land hinein. Häuser stehen um eine Kirche, die als Rumpelkammer benützt wird, neben einem verbotenen Weiher. Kein Wind, der sich rührt und die stehende Hitze wegbläst. Hätten sie nicht einkaufen müssen, sie hätten hier den Rest ihrer Leben verbracht, doch es kam anders und sie mußten einkaufen. Mehr als schön genug ist eine Wiese, an die halten sie sich. Für ein Essen, das schmeckt, ist es nicht schwer, vier Esser zu finden. Einsam brüllt ein Stier in die brünstige Nacht.

11. August

Bauer und Sohn besichtigen den Schreihals in aller Früh. Steinkirchen links, Steinkirchen rechts, unterwegs läßt es sich aushalten, wie es ihnen gefällt. Ohne Unterbrechung zieht sich ein grüner Strich hin auf der Straßenkarte. Bei Staltach ist es ein Märchenwald, der sie hält. Der kleine Bach, die großen Felsen, ein lichter Wald, es sind die Artus-Grotte, der Artus-Weiher und das Camp d'Artus. Keiner weiß, was das soll, überhaupt wissen sie nichts Genaues. Michi erkennt, es ist am leichtesten, mit möglichst vielen Steinen zu jonglieren, so erwischt man am ehesten wenigstens zwei davon zweimal. Bald geraten sie auf die schiefe Ebene. Sind sie jetzt verzaubert? Leicht wird es nicht sein, da wieder herauszukommen. Bei Staltach ein Schlafplatz mit Talblick. Wenn das Nudelwasser zuwenig ist, dann können auch die Nudeln viel zuwenig werden. Wenn sich die Sonne nett verabschiedet, dann kann sie morgen wieder kommen.

12. August

Wenn sie heute den entferntesten Punkt ihrer Reise erreichen werden, dann heißt das, daß sie ab heute wieder auf der Rückreise sind. Sie suchen einen Ort zum Frühstückseinkauf, und es ist ihnen egal, wie er heißt. Iffeldorf heißt er, von dort aus geht es in den Norden, vorerst bis zum Ratzenpunkt. Hier hört es auf, hier fängt es an. Eine warme Dusche läuft heimlich für welche, die nichts dazugetan haben. Ein neues Leben beginnt. Plötzlich wird das neue Leben zur Flucht, die Verfolgungsjagd ist eine Einbildung. Ein kompliziertes Fischessen rutscht in die Nacht.

13. August

Es wäre falsch, zu sagen, an diesem Tag sei nichts passiert. Wenn kaum Zeit bleibt, etwas festzuhalten, so kann das auch das genaue Gegenteil bedeuten. Warmes Brot, das zu Bauchweh treibt, noch nicht entrahmte Milch, Nahrungsbeschaffungsprobleme und Wasserversorgung. Fußball spielt eine Rolle. Schlafplatzsuche bei Sankt Heinrich, es kann ein Stammplatz werden am Strand. Andreas entdeckt den Kiosk am Strand. Und wo ein Strand, da auch wieder der See.

14. August

Zwischendurch kann es ruhig auf das Überdach tröpfeln. Andreas freut sich gerade auf einen Tag im Zelt, da kündigt Michi das blaue Loch im Himmel an. Breitbeinig steht das Auto auf dem Parkplatz, drinnen wird gefrühstückt. Eine Schöne im Café ist ihnen unbekannt. Nachmittag + Klein : Stadt + Langeweile × Sonntag muß genau das sein, was sich hier unter der Decke ansammelt. Augen müssen schon in der Nähe suchen. Es gibt tolle und es gibt weniger tolle Typen, und die einen sind dazu da, die Tolleren erst richtig toll zu machen. Küsse schwirren durch die Luft, und manchmal fällt einer davon zu früh auf den Boden. Die Zeit muß durch die warme Luft nach draußen, wo der Strand wartet.

15. August

Die Umgegend feiert heute einen ungesetzlichen Feiertag. Auch montags rollen Augenpaare. Wellen nagen an der Kaimauer, wie gehabt.

16. August

Die Ebbe kommt von vorn. Der Regen kommt von oben. Das Aufwachen kommt vom langen Schlafen. Ambach kommt an die Reihe. Kommt beim Rückwärtsfahren das beim Vorwärtsfahren verbrauchte Benzin eigentlich wieder rein? Hilfe verspricht ein namenloses Ruinendorf. Die nächste Umgebung ist zu privatem Besitz erklärt. Was sie nicht zu wissen vorgeben, das macht sie nicht heiß. Blumenkohlene Wolken, hinter föhnwolkiger Buche sitzt ein Kauz drauf.

17. August
Ausgerissene Vögel machen die Luft unsicher. Die stolzen Besitzer von Methyl-Alkohol finden auf einer Nase einen Zeltplatz. Es ist ihr bester bisher.
18. August
Frühstückseinkäufe im brotlosen und im blauen Laden. Ein in den Sand gekippter Weltkriegsbunker kann sich sehen lassen und ihnen als Rückenstütze dienen. Regen jagt sie in die Zelte zurück. Auf dem Weg nach Ammerland liegt ein 3-Sterne-Zeltplatz. Ein Stern für das kostenlose Duschen. Einer für das warme Duschen. Ein Stern für die abgetrennte Kleiderecke neben der Dusche. Ammerland hat ein Museum aus sich gemacht. Alles ist kostbar, alles ist beschaulich. Michi spricht zum Thema *Tierparks der Welt.* Er ist da Spezialist.
19. August
Michi will heute jede Art der Bewegung verweigern. Es beginnt nicht erst zu regnen, es regnet schon. Zweiter Aufbruch nach Ammerland. Eines der ausgestellten Häuser ist von innen ein Café. Und den Tod von Elvis müssen sie zur Kenntnis nehmen, der war doch schon längst vorher tot. (Nicht so, als er im Sommer '59 mit Vera Tschechowa auf dem Starnberger See seine Bootsrunden vor dem Undosa drehte.) Hauptsache Elvis Costello lebt!
20. August
Dr. Julius Nyrere bekommt ein Lob. Er hat den französischen Außenminister aus Tansania herausgeschmissen. Diesmal zeigt sich, daß niemand gleich daran stirbt, wenn er der Frühstückszeitung eine positive Nachricht entnimmt. Vom Abendessen lockt sie ein Schimmer vor das Zelt. Ein Anhänger als Bühne auf einem Parkplatz macht ein Fest.
21. August
Eine Sirene reißt sie aus dem Schlaf, doch es ist keine Flutwelle, vor der gewarnt wird. Was hat sie am meisten satt gemacht? Es wird wohl kaum das weiße Brot gewesen sein. Weiterfahren oder dableiben?, ist eine Frage wert. Der Wind. Weiterfahrt dann doch gleich bis Leoni, mit diesem Wind im Nacken. Eine Autoschlange, die ihnen entgegenkommt, verschafft ihnen die Hoffnung, an ihrem Ziel müßte doch etwas Platz frei geworden sein. Nur mit Ausdauer finden sie das Centre d'Acceuil. Auf

der Suche nach Schokolade und Tabak sind es viele volle Münder, in die sie schauen. Die werden vollgestopft hinter spiegelnden Hotelglasscheiben. Es ist ein Konzert am Ort, sie wollen rein, aber drinnen ist es eine Enttäuschung. Brav sitzt ein Publikum wie daheim. Lieber schlafen sie brav in falschen Betten.

22. August

Manche behaupten, sie hätten schlecht geschlafen. Andere haben an einem Geruch Gefallen gefunden. Manche müssen für andere Zigaretten holen gehn. Alle zusammen finden sie die Wilde Küste. Wenn Papierfetzen durch die Luft wirbeln, ist die Luft voller Papierfetzen. Im wilden Abgrund brandet die Tösung. Wie sie es noch nie gesehn haben. Hier hört eine Welt auf und es wirken Kräfte. Das Wasser hat keine Ruhe auch nur für eine Sekunde.

23. August

Ein Ei, das gefunden wird, wird leicht zu einem Ei, das auch geschmissen wird. Teuer zum Einkaufen ist Berg. Am Berger Strand ist das Eingekaufte zum Essen da, während die große Welt surft. Als Touristen können sie sich über andere Touristen kompetent beklagen. Mehlsäcke gibt es draußen und einen Leichenzug, saubere Klos sind nur mit Extra-Schlüssel zu öffnen. Seriöser Strand mit Binnenkiefern, Dünen und einem Binnensee, der schmeckt nach Süßwasser. Gabi in windige Salzdünen vergraben.

24. August

Kriechender Regen, rasender Zeltabbau. Nicht weit von hier sind die weltberühmten Megalithen von Berg das Sehenswerteste. Starr deutet die Alte Geschichte in den Himmel. Es ist ein Zufall, wenn sie drei Starnberger treffen, einer davon ist Cowboy. Wann sind sie in Aufkirchen? Auch der Mais wächst ihnen in die Höhe.

25. August

In der Nacht wird der Mond vom Wind gejagt und vögelt das Überzelt. Wenn es einem zu dumm wird, dann läuft er allein herum. Wenn noch einer wach wird, dann sind es immerhin noch zwei, die schlafen. Erst um zwei wird das Hupen von den Schlafenden erhört. Nach Wolfratshausen fahren sie jetzt ohne Unterbrechung. – C'est moi, qui traverse la rue!, bemerkt

Michi wiederholt in der landesüblichen Sprache. Zwischen Nachkriegsarchitektur ein eitler Schwan. Es wird ihnen nicht schwer, sich davonzumachen. Entlang der Isar, breit und voll.

26. August

Vor dem Auto stellen sie die leeren Flaschen auf. Icking ist eher ein Pfand wert. Ein großes Kastell, Damhirsche laufen im Graben, Katzen müssen sich an eine extreme Neigung gewöhnen. Zum ersten Mal geraten sie in die Nähe eines Atomkraftwerks. Sehr groß ist es nicht, aber die unmittelbaren Folgen lassen nicht auf sich warten. Böse Träume und Gliederschmerzen beherrschen die Nacht.

27. August

Ein Ruderboot wird nicht zum Rudern benützt. In Hohenschäftlarn bekommen sie Papiergeld für ein Stück Papier und für das Papiergeld gleich Kaffee. Wahrscheinlich ist Hohenschäftlarn sehr vornehm. Ein nächster Ort ist ihnen zu teuer. Der übernächste wäre ihnen recht, aber für diese Zuneigung ist es schon zu spät. Michi fühlt sich roh und grausam behandelt. Sie lassen ihn nicht Dvořák hören. Allein steht ein Restaurant, in dem sie faul genug sind, alle dasselbe zu bestellen. Ein Menü. Rillettes oder Tomatensalat. Fristalles oder Melone. Steak mit Pommes frites und ein Salat. Käse oder Eis. Das schmeckt wirklich gut und kostet wirklich 148 Francs.

28. August

Mit vollem Mund ein Ausblick auf Buchenhain. Auch hier haben die Deutschen Krieg führen müssen, der Wiederaufbau nennt sich geschmackvoll. Ein Energiestoß reicht bis Pullach. François der Erste hat sich dort ein Schloß erbaut. Er wird sich gedacht haben, er läßt es sich recht groß bauen, dann hat er mehr Platz. So ist es das größte im ganzen Schlössertal. Drinnen aber sind nur kurze Betten und tote Tiere an den Wänden. Sie gehen zurück zum Auto, es steht im Wald. Zwischen den Bäumen wartet ein halbes Dutzend Dunkelmänner auf sie. Gerade noch gelingt es ins Auto hineinzuspringen, und Gabi darf beim rückwärts Ausparken keinen Fehler machen. Einer von den Übelmeinenden ist schon längst zu einem Auto gerannt, um ihnen den Weg zu versperren. Um einen Teil nur von einer Sekunde gelingt es ihm nicht. Sie ahnen schon, wie schlimm es

hätte ausgehen können. Der Vorfall verleiht ihnen Flügel, und es gibt keine Verfolger mehr. Die Bebauung wird immer dichter und die Freiflächen verschwinden. Viele Straßen müssen zu einem zentralen Ziel führen.
29. August
(Sexy Eiffeltowers all around them.)
30. August
In der Nacht gibt es einen Zeitpunkt, da hört die Fabrik zu zuckern auf. Im folgenden beziehen sich alle Zeitangaben auf die auto-interne Zeit (AIZ). Um sieben ist es das letzte Aufwachen in der Fremde, das letzte Zeltabbauen. Um dreiviertel acht der allerletzte Aufbruch. Die leeren Flaschen, die sie beim Frühstückseinkauf nicht mehr loskriegen, stellen sie heimlich in einen Hof. Zwischen Lastwägen kämpft es sich langsam vorwärts. Sie essen im fahrenden Auto, beim ambulanten Kaffeetrinken zählen sie die letzten Francs. Hinter der Grenze wird ein Ölwechsel fällig, das alte ist verdampft; jetzt kaufen sie sich ein vertrautes. Im zähen Verkehr geht es dem Motor im niedrigen Gang zu langsam. Erste Kühlung bei Oberdill. An einem Brunnen die zweite Kühlung bei Wangen. Den Kühler jetzt aufzuschrauben erfordert Mut. Ein Eifriger sieht im Vorbeifahren den Kühler dampfen und ruft den ADAC. Der kommt und wird nicht mehr gebraucht.

A-bopa!
Um achtzehn Uhr kamen sie an einem Ort an, der auf den ersten Blick identisch war mit dem, von dem sie losgefahren sind. Elisabeth und David standen winkend mit Claudia ohne Raoul am Straßenrand. Doch es hatte sich etwas getan in ihrer Abwesenheit, die Weimarer Republik war liquidiert worden. (Von dieser Reise gab es drei Fotos, die in der aztekischen Kamera blieben, bis sie Jahre später beim Herausnehmen versehentlich nochmals belichtet wurden.) Schon der nächste Sonntag sah Starnberg in ein nationalsozialistisches Heerlager verwandelt. Kein Fettfleck weit und breit. Nicht nur, daß oben auf der Ludwigshöhe das Feldlager der SA, dem in später Abendstunde unter allgemeinem Beifall die Parteigenossen Streicher, Gengler und Westenhagen einen kurzen Besuch abgestattet hatten, den soldatischen Geist der Wehrjugend

zeigte, wie all die vielen Massenquartiere von Hunderten; nicht daß die dampfende Gulaschkanone schon beim Morgengrauen in Tätigkeit trat und seit den Frühstunden Marschgesang und klingendes Spiel durch die Straßen der verschlafenen Landstadt tönten; vielmehr war das ganze Straßenbild am See und in der Stadt bereits in aller Frühe von Braunhemden und Hakenkreuzfahnen beherrscht. Dem militärischen Weckruf folgte in glänzendem Sonnenschein der Aufmarsch zum Gottesdienst im Bergkirchlein. Echte deutsche Priester- und Christenworte sprach der katholische Pfarrherr, der selbst als Unteroffizier des 19. Reserve-Infanterie-Regiments am Großen Kriege teilgenommen hatte. Er drückte seine Freude darüber aus, daß heute die Gefallenen und ihre heilige Idee treu und würdig geehrt würden. Als einzige Pflicht ist uns Überlebenden erwachsen, ihr Vermächtnis, ihre Hingabe an den heiligen Idealismus zu erfüllen. Gott mit uns im Kampf um unsere Freiheit! Nach dem Gottesdienst, vom Wetter ganz besonders begünstigt, vor dem Kriegerdenkmal unter Teilnahme einer mehrtausendköpfigen Menge, die schlichte, herzliche Gefallenenehrung.

Erdäpfel vom Baum im Kies.
Pferdäpfel auf der Kieswegallee.
Der Montag sah Starnberg wie gewohnt.

Oberbaumschule an der Rheinlandstraße

Michaela, sieh her, oh du mein holder Schreibtischausblick, sieh her, ich bin zurückgekehrt. Ein Filmstar wird gegen dich ewig ein Filmstar nur bleiben. Von der Haustür bis zum Gartentor, und dann steigst du ein in den auf dich wartenden Sportwagen. Ach, warum nur konnte ich dein Fahrer nie sein? Der Zahnputzbecher stand noch an seinem Ort, die Bürste legte ich rechts daneben. Der nächste Tag schon bringt das fette Glück zurück. Schweinerns mit Baldrian. Filmen mit Kraut. Achim in Weilheim.
Herr Häusler hat uns gesagt, was der Unterschied ist: Sie hätten in der Schule nichts getan und müßten dafür jetzt im Beruf was tun, und wir müßten schon in der Schule was tun und seien dafür danach arbeitslos. Herr Stolle hat gesagt, wenn er jetzt ein bißchen zu denken anfange, komme er zwangsläufig vom Stoff weg. Herr Trauwitz hat von einem russischen Oberst erzählt, der eine Frau, obwohl sie ihm gut gefallen hat, nicht vergewaltigte. Frau Nickel hat zu Dagmar gesagt: Du bist noch eine ganz leere Karteikarte. – Herr Stolle hat gesagt: Ihr müßt was tun, weil ihr sowieso in der Lage seid, daß ihr etwas tun müßt.
Und die Schüler sitzen stumm. Der Kollegiat hat nichts dagegen, wenn er in angemessenen Abständen nach seiner Meinung gefragt wird. Schau wenigstens weg, wenn du lügst! Ein Gedicht: Infrarotgrill, Klobrill, Einheitsdrill, wenn man will, dann kann man's haben.
On my way to Machtlfing, I was always Feldweg-King.
Der Lang hat gesagt: Zwischen Papua-Indianer und Eidechse ist schon noch ein Unterschied. – Der Häusler hat gesagt: Sind'S doch ruhig, wenn Sie schon da sind! – Noch ein Gedicht: Steine haben keine Beine, deshalb sieht man keine, rennend entlang der Seine. Die Dichtung eines Gedichts kann einem etliche Minuten des Unterrichts ersparen. Die Dichtung gleich mehrerer Gedichte auf einmal kann einem die ganze Stunde ersparen.
Physik in Religion. Die Frage: Ist Licht Welle oder Korpuskel? ist falsch gestellt.

Wer sagt, der Eine und wahre Gott, unser Schöpfer und Herr, könne mit dem natürlichen Lichte der Vernunft, durch das, was gemacht ist, nicht mit Sicherheit erkannt werden, der sei ausgeschlossen.

Oh, ewig leuchtendes Licht, über alles erschaffene Licht erhaben!

Die Dichtung muß dicht sein, sie darf kein Geschwätz mehr durchlassen! Am ärmsten dran sind die Religionslehrer und die Kunstlehrer. Die Religionslehrer sind selber schuld, wie auch jeder andere an allem selber schuld ist. Wegen in der Fragestellung nicht erkennbarer Anforderungen und dem daraus resultierenden Ergebnis (Schnitt schlechter als 4,5) herrscht einige Unruhe in der Klasse, die sich noch verstärkt, als Herr Schulz den Argumenten der Schüler nicht zugänglich ist. Wütend beschädigen die Schüler Robert Neubauer, Günter Pleger und Michael Reiz ihre Arbeiten. Zwei Arbeiten teilen sie in einzelne Blätter, bei einer wurde eine Ecke verkohlt und eine landete im Papierkorb. Bei keiner der Arbeiten entstand jedoch Schaden an Schrift und Korrektur. Donnerstag: Die Ausschlüsse für die drei Schüler werden unterzeichnet. Montag: Die drei Schüler erhalten die Mitteilungen über die dreitägigen Ausschlüsse, deren Vollzug bereits heute einsetzt. Dienstags verbinden frische Spinnweben die Sträucher am Straßenrand. Der Weg zur Sonne über Maising. Schon, oder wieder, oder noch, oder schon wieder, oder weder noch, oder jemals, oder nie.

Jedem Mädchen wird ein Junge zugeteilt. Der Schulball beginnt um 20.00 Uhr (Einlaß ab 19 Uhr 30) und endet etwa um 24.00 Uhr. Mit Rücksicht auf die unterschiedlichen musikalischen Wünsche werden für diesen Abend zwei verschiedene Räume eingerichtet. Schallplattenmusik für herkömmlichen Gesellschaftstanz wird in der unteren Turnhalle gespielt, wo auch eine Plauderecke eingerichtet ist. Eine Starnberger Getränkehandlung besorgt den Getränkeausschank. Überwiegend Popmusik gibt es dagegen in der Pausenhalle (Aula), wo auch die Gruppe Baldrian spielen wird. Getränke verkauft hier Herr Gumpenberger. Die Veranstalter würden gerne recht bald einen Überblick über die zu erwartenden Ballgäste erhalten und wären daher dankbar, wenn

Gregor hat schon vier Telefonnummern: München, Arbeit, Milbenzentrum und Tutzing. Für Dorli, Annette und Silke muß ich mir nur eine Nummer merken. Schwestern sind praktisch.
Einführung in den Integralbegriff. Probleme der Inhaltsmessung. Ein Jägerstand ist jetzt die Mitte der Welt. Drumherum ist die Hölle los. Der Charlie tut heut dauernd andere Jacken anhaben. Zum Super-Acht-Filmen im Unkraut und im Keller. Hört sich das gut an, oder nicht? Der CSU-Rieser hat jetzt einen Naturkostladen aufgemacht. Daheim tut neue Duftrolle auf Klo hängen. Das Falsche ist nicht einfach. Da schlaf ich angezogen ein. Übermut tut gut Mut. Ich hatte drei Schwestern, aber ich kannte sie kaum. Dann war ich wieder blind. Meine Mutter fühlte sich wie gerädert/geräuchert. (Frau Weddigen zur Textanalyse gewidmet.)
Falls man Zahnweh hat, sollte man nur noch an die Zähne denken, die einem gerade nicht weh tun. Wenn einer sagt: Ich finde es unglaublich, wie Sie hier die Solidarität der Schüler kaputtmachen – dann muß er (Colin) sich sagen lassen, das sei marxistischer Schwachsinn. Wenn man Kopfweh hat, dann sollte man nur noch an die Köpfe denken, die einem schon abgehackt worden sind, die einem also gar nicht mehr weh tun können. Two blow, two know, two show, two grow, wie Septemberschnee mag ich dahinschmelzen. Von den 12 bekannten Jahreszeiten haben wir jetzt schon das Ende des Spätsommers erreicht. Da träume ich, ich würde Schafe zählen, um einschlafen zu können. Wenn die Zeit am Ende ist und der Mensch ins Leere pißt, dann ist der Rausch vorbei. Das Ziel ist erreicht, wenn das Salzgebäck, für das gerade im Fernsehen geworben wird, schon neben einem steht. In den USA schneit es schon. Wohnzimmer werden zu Kellern und als Eingang dient dort der Balkon. In unserem Wohnzimmer steht inzwischen ein Farbfernseher, so halten wir die Wetterfronten besser auseinander.
Was wollt ihr am Anfang des Schuljahres eigentlich hören?
In meinen Ferien war ich in Frankreich bis in der Bretagne. Das schönste Erlebnis war der 29. 8. Eines Morgens bin ich mit meinem Freund Micha gemeinsam aufgewacht. Wir sind in einen Laden gegangen, da sind aber wegen einem Feiertag

schon ganz viele Franzosen angestanden. Wir haben Marmelade und Pastete gekauft und sie mit den anderen zusammen mitten auf einem Stoppelfeld aufgegessen. Das war ein Spaß! Auf dem Boden haben wir auch lange zwei Käfern zugeschaut. Als wir noch dreißig Kilometer von Paris weg waren, war es aber schon so, als seien wir bereits da. Das war schon auf der Rückreise. Als wir endlich da waren, haben wir an der Mirabeau-Brücke geparkt. Dann sind wir mit der U-Bahn gefahren, die hier Metro heißt. Am Odéon-Platz trennten sich unsere Wege. Micha, der Freund von Gabi, Gabi und ich, wir wollten in den Kulturpalast. Aber Michi wollte in die Menagerie und den Tierpark, wo wir jetzt nicht hinwollten. Der Kulturpalast machte aber erst um zwei Uhr auf, darum hörten wir uns noch einen Vortrag von Mauna an. Ich habe aber inzwischen vergessen, wer das ist. Dann sind wir mit der Rolltreppe durch ein gläsernes Rohr hinaufgefahren. Oben angekommen, war dann auch ein richtiges Paris-Panorama zur Belohnung. Das ganze Gebäude sieht eher aus wie ein Fahrkarten-Automat. Wenn man noch nicht volljährig ist, kostet es keinen Eintritt. Dann waren wir drinnen, und es war sehr beeindruckend (auch von dem Deutschen Beuys war ein Klavier mit Filz ausgestellt.) Am Châtelet waren wir sehr verwirrt, denn Michi war noch nicht da. Wir hatten uns nämlich vor einem Café verabredet, das es gar nicht mehr gab. Anschließend saßen wir auf Stühlen um einen Brunnen. Nicht weit von uns standen Henry-Moore-Plastiken herum, aber wir waren schon zu müde, sie auch noch anzusehen. Irgendwie war es schon richtig herbstlich, und dann fällt es einem ja nicht so schwer, wieder ans Heimfahren zu denken. Und dann haben wir gegessen und danach sind wir noch hundert Kilometer aus Paris hinausgefahren und sind im Dunkeln auf einem Schlafplatz neben einer Zuckerfabrik gelandet, die sehr laut war. Zusammenfassend läßt sich noch sagen, das Wetter war nicht schlecht.
Manchmal entsteht ein Reim. Hin und wieder kann man sogar in der Freizeit Lehrer treffen, doch ich seh sie nur im Wirtshaus-Spiegel. Das Westufer kommt nicht mehr bis nach Ambach herüber, ist auf halbem Weg schon verdunstet. Auch auf dem kurzen Weg zwischen Frau Reihl und mir liegt schwer der Wirtshausrauch. Morgen kann sie von James Joyce schwärmen.

Montags immer. Gestern abend hatte sich wieder herausgestellt, daß die Tollen immer erst am Schluß großer Ereignisse auftreten. Doch sie kommen, damit man darauf aufmerksam wird, daß sie gar nicht dagewesen sind. Toll sein ist eine sehr aufwendige Mission. In einer so tollen Stadt wie Starnberg ganz besonders, wo das durchschnittliche Tollheitsniveau eh schon so hoch ist. Da heißt es sich anstrengen. Besonders schwierig gestalten sich Auftritte auf Privatfesten, da es peinlich genau denjenigen Zeitpunkt abzupassen gilt, der so spät wie möglich, aber trotzdem noch vor der Uhrzeit liegt, ab der die potentiellen Tollheitsbewunderer im Suff ihre ganze Wahrnehmungsfähigkeit eingebüßt haben. Danach erst zu kommen kann noch peinlicher werden, als gleich schon um acht vor der Tür zu stehn. Dienstags Chemie, freitags auch. Nie haben wir die Formel von gekonnter Sugo oder die von Bier gelernt. Chemie ist ein sehr riskantes Fach, das sehr zum ständigen Fünfer neigt. Es ist ein Fach, das sich einfach etwas dumm anstellt. Seine Begabung ist mangelhaft.

Um Platz zu verbrauchen und die letzte Seite der Schülerzeitung zu füllen, werd ich am Mittwoch schreiben, daß die andern beim Lay-outen (beim Auslegen) wieder so viel geraucht haben, daß ich daraufhin aus primitiver Rachsucht das Radio angeschaltet habe, das nur Unzumutbarkeiten von sich gab. Daß in der vorderen Baracke die dort übenden vier Lead-Gitarristen den Schlagzeuger endlich besiegt haben und daß Colin und Tom sogleich losgerannt sind, wenigstens noch den Bassisten zu retten. Daß die Schülerzeitungsredaktion ein einziger Sauhaufen ist, aber besser wenigstens das als ein Haufen Idioten, wie ihre Leser. Daß die Tagespolitik sich eigentlich Nachtpolitik nennen müßte, so blind, wie sie sich stellt. Die kurz bevorstehende Volljährigkeit winkt uns schon mit der Möglichkeit, Versicherungspolicen und Bausparverträge abzuschließen. Und das ist die Wahrheit. Lach nicht, Kinga! Aus purer Platzangst muß die Redaktions-Sitzung in die Julischen Ostalpen verlegt werden. Nußberger (Tom) und Deixlfurther (Colin) sagen gleichzeitig: So weit bin ich dir nun gefolgt, willst du mir nicht das Jawort geben? – Marie (Kinga) antwortet: Mir ist nicht heiß. – Deixlfurther erwidert: Komm, steig doch in meinen Alfa und laß uns in mein Appartement fahren. –

Nußberger aber sagt: Mein BMW hat Liegesitze. – Marie: Im Gletscherrestaurant gibt es sicher Erfrischungen. – Nußberger und Deixlfurther gleichzeitig: OK Baby, soll auf meine Rechnung gehn! – Marie darauf: Von euch laß ich mich nicht einladen. – Deixlfurther und Nußberger nochmals gleichzeitig: Zier dich nicht! – Marie: Ich zier mich nicht. – Deixlfurther: Du bist die schönste Frau. – Nußberger: Bei mir bist du noch viel schöner. – Marie: Ich zier mich nicht. – Deixlfurther: Nußberger hat recht, wenn er dir schmeichelt, aber sein Lächeln dabei ist gestellt. – (Und so weiter in eine Richtung, die es ermöglicht, daß die Geschichte mit Mord und Totschlag endet.) Um noch mehr Platz zu verbrauchen, werde ich zusätzlich anfügen, daß es die einzige Fehlentscheidung der Natur war, den Menschen zu erschaffen, und daß ihr dieser Fehler das Leben kosten wird, sie aus diesem Fehler also nicht mehr klug werden könne. Der destillierte Saft der letzten Zeilen schmeckt süß, viel süßer noch, als wären seine Früchte tatsächlich langsam in der September-Sonne gereift. Auf pappsüß kotzt sich gut, und in dem Erbrochenen taucht der Bittergeschmack um so deutlicher auf.
Eine der Sacharintabletten zeigt typische Züge von freitags sechster Stunde. Auf dem ersten Stuhl sitzt der Wacker-Joe, das heißt, er sitzt nicht im Sinne von sitzen, er knickt vielmehr schräg hinunter zur Tischplatte. Sebastian daneben ist wieder gesund, aber er ist noch krank. Er hat regen Kontakt hinüber zu Stephan, der heute keine BMW-Reklame am Leib trägt, wie sonst meistens. Chrissys Platz ist leer, schwänzt die, oder was? Uns im Stich zu lassen ist unfair. Babsi wirkt ärgerlich, ihr wird wohl der enge Schal zu eng sein. Thomas-Markus kauen an ihren Füllern, als wären sie eins, sie schweigen, als hätten sie heute keinen Liebeskummer. Grafin Iris schützt sich durch eine Sonnenbrille vor dem bewölkten Himmel und schreitet so auch würdig zur Tafel vor. Linde ist blaß, es ist eben bewölkt. Der vor ihr gestapelte Blätterberg läßt ahnen, daß Marion wirklich arbeitet. Ricki-Sabine haben eine Fleischsalat-Semmel, Ricki hat Glück, denn Sabine schaut gerade so, als würde sie nur ganz wenig davon haben wollen. Axel-Toni sind noch beim Kauen, Toni hat Pech, denn während Axel noch den AFN in seinem Kopf nachsummen lassen kann, hat er selbst sein Back-Gammon-Spiel vergessen. Jogi verteilt Mao-Am, das heißt, er leitet

die weiter, die er gerade vom Axel bekommen hat, unruhig wird er nur, wenn Bettina unerfüllbare Forderungen an ihn stellt. In den kurzen Arbeitspausen, die Martin sich nur gönnt, macht sich bei ihm in Folge völliger Überanstrengung beginnender Hospitalismus bemerkbar. Lange brauche ich mich jedenfalls nicht zu wehren. Neben mir ist Bettina sehr unaufmerksam, sie pflegt über den ganzen Raum verteilte Blickkontakte, unter denen eben auch die vollkommen übertriebenen Forderungen an Jogi sind. Ingo ist gut, aber Robert daneben gibt sich optisch noch besser. Hinter ausgewachsenen jungen Männern ist es für Claudia ein leichtes, sich wirksam zu verstecken. Studienrat Häusler, der diensthabende Lehrer, sieht auf seine Uhr und sagt: Was, erst so spät? – Die letzte Stunde der Woche greift alle Körperteile einzeln an, die Farbe verschwindet von der Haut.

Um dreiviertel eins verließ er (ich?) die Kadettenanstalt in der Rheinlandstraße. Draußen wie drinnen stand jetzt auffällig viel Polizei herum. Die meisten Kadetten streiften nun, wie er/ich, ihre hautengen Thermofolien vom Körper, und wie Erich stopften sie diese in die zu diesem Zweck mitgebrachten Rundbüchsen. Andere waren damit beschäftigt, die Schädelzwingen vorsichtig von ihren Köpfen zu lösen. Rundum platzten Kaugummiblasen verschiedener Größen. Aus dem Haus gegenüber wurden behutsam zerbrechliche Haustiere herausgetragen. Jetzt gerade stieg die von ihm Angebetete in den schon belagerten Bus, der sie an das nahegelegene Ostufer bringen sollte. Noch einmal winkte er ihr durch die spiegelnde Glasscheibe zu. Mehr als bei anderen Abschieden war ihm heute klar, dies könnte vielleicht das allerletzte Mal sein, daß er sie sieht. Könnte ja sein. So sehr quälte Erich der Gedanke an diese schreckliche Möglichkeit, daß er im letzten Moment auf den Gepäckständer des schon fahrenden Busses sprang. Das Risiko aber, während der Fahrt an der Dachleiste bis zu ihrem Fenster vorzuhangeln, erschien ihm zu groß. So verharrte er in seinem Versteck und begann auf nur einseitig bedruckte Reklamezettel Briefe zu schreiben. Was Erich jetzt bewegte, war die Sorge um alles. Bald drehte er sich um und begann die ersten vollgeschriebenen Zettel unter das hastige Volk zu werfen. Seine Gedanken waren verworren, aber sein Kopf war ihm jetzt sicher. Aber merkwürdig, mit jedem Zettel, den er von sich warf, löste sich auch ein mehr oder weniger großes Stück seines Knabenkörpers und landete mit dem Papier im Dreck. Bis Sonntag nacht war jetzt Zeit, sich wieder Klarheit zu verschaffen, doch die Stunden waren von Wölfen gehetzte Schafe. Und endlich kam er auch zu der großen Pfütze seiner vagen Sehnsucht. Vorerst spiegelte sich nur der riesige Turmkran einer Baustelle in ihr, doch dann, um so näher er ihrem Rand kam, konnte er auch die schnell ziehenden Wolken in ihr verfolgen. Eine nicht ganz so dreckige Pfütze hätte nicht ganz so gut gespiegelt. Auf der Stelle mußte er wieder an seine Angebetete denken, die doch wohl schon längst an ihrem Ostufer angekommen war und sich dort sicher in der Obhut eines familiären Wochenendes befand. Ach, wie sehr sie doch den ziehenden Wolken glich! Ach, wie sehr doch die umherziehenden Wolken den dauernd einander nachjagenden Gedanken glichen! Ach, so sehr glich auch sie den Gedanken!, auch sie war ja ganz und gar einer von ihnen. Jetzt, plötzlich kam das Bild in Bewegung. Die ersten schweren Regentropfen waren heruntergepflatscht und bildeten auf der gerade noch ganz ruhigen Wasseroberfläche immer größer werdende Kreise. Da hatte sich's gleich ausgespiegelt! Als er nach oben sah, um sich das Gespiegelte auch im Original anzuschauen, sah Erich, daß er jetzt nichts mehr versäumte. Nur noch graue, dauernd vor sich hin pinkelnde Schlieren schwammen schwerfällig dahin. So fiel es ihm nicht schwer, gleich wieder zum Boden zu schauen. Und es trieben schon die ersten Blasen auf dem Wasser. Weil Erich kein Bauernsohn war, wagte er es nicht, deshalb gleich einen langanhaltenden Landregen vorauszusagen. Wenn er aber ein Bauernsohn gewesen wäre, wahrscheinlich hätte er recht behalten. So aber stand er ganz ohne Prognose da und stierte glasig in die immer aufgewühltere Wasserfläche. Langsam war der Wind schärfer geworden und trieb die Blasen schon ans Westufer. An einer Stelle erweiterte sich dort das Ufer zu einer großflächigen Bucht. Immer mehr Boote trieb jetzt der Wind in den an ihrem Ende liegenden, geschützten Hafen. Er bestieg das Boot, das als erstes ankam. Besonders groß war es, und durch eine Glaskuppel hatte er einen umfassenden Rundblick. Jetzt erreichten auch die anderen Boote, eins nach dem

andern, den Buchthafen. Diejenigen, die nicht sofort schon bei ihrer Ankunft zerbarsten, wurden auch sogleich bestiegen. Möglichst schnell wollten die Kadetten zu ihren Angebeteten an den anderen Ufern kommen. Und wie auf Bestellung drehte auch gleich der Wind. Der direkte Weg hinüber zum Ostufer war nicht sehr weit, an das Südufer oder Nordufer wäre es wesentlich weiter gewesen, und Erich kam zügig voran. Wenn nur der Wind die Richtung hält! Nach einiger Zeit sah er sich um und sah einige seiner Leidensgefährten, wie sie immer schneller aufeinander zufuhren. Viele waren von einem plötzlichen Windstoß gepackt worden, und ein Boot nach dem andern zerplatzte. Jetzt erfaßte der Wind auch schon das seinige. Kurz noch hielt es stand, gab dann aber schon bald nach und löste sich wie die andern in nichts auf. (Vor der Seeburg ist der See am tiefsten, während es bei der Roseninsel eine Stelle gibt, wo man, weitab vom Ufer, plötzlich wieder stehen kann.)
Auf die Erzählung folgt ein Gedicht: In des Wassers tiefen Fluten muß man sich beizeiten sputen. In des Wassers tiefen Fluten muß man sich vor Haien huten. Noch ein Gedicht: Meterweise Gleise, Gleise. Faszinierend wäre eine Reise, durch die lange, lange Schneise. Kilometerlange Kilometerschlange. Faszinierend glüht die Wange, endlich Ausbruch aus der Zange. Ein Gedicht muß auch noch ein Gedicht sein, wenn es durch die Zeilen durchgeschrieben ist. Deshalb muß sich ein Gedicht reimen. Deshalb mag ich meistens keine Gedichte. Ein Essen, das sich reimt, ist auch nicht unbedingt gelungen. Prosa, prosaisch.
Herr Dr. Zirngibl, wie stehen Sie (der Sie, kaum im Amt, gleich zwei Artikel der Schülerzeitung zensierten) zur Pressefreiheit? Was bezwecken Sie damit, an der Schule ein politisches Vakuum zu schaffen? Halten Sie die Erziehung der Schüler zu mündigen Staatsbürgern für gewährleistet, wenn ihnen gleichzeitig die Schulordnung ihre Grundrechte raubt? Wie können Sie Ihr zensorisches Vorgehen gegen die Schülerzeitung rechtfertigen?
Das ist Prosa, kein Gedicht. Ein Gedicht: Meine Füße, deine Füße. Schöne Füße, kleine Füße. Von dem Süßen an die Süße: Septembergrüße, Tiefseegrüße.
Daß wir es für ein schweres Vergehen wider die Vernunft und

gegen die Grundrechte halten, die Schüler in totaler politischer Unmündigkeit zu erziehen, da sich daraus zweifellos Duckmäusertum und obrigkeitsstaatliches Denken entwickeln. Daß aber gleichzeitig die Antrittsrede von Franz-Josef Strauß als Ministerpräsident offiziell am Schwarzen Brett ausgehängt ist. Genehmigte Drucksachen mit Reißnägeln an Pinnwänden. Zirngibl, Benders würdiger Nachfolger.
Schön ist es am Maisinger See, aber uns fällt nichts mehr ein. Flower Power, ohne Power ist auch so ein schlechtes Gedicht. Was treiben die *indischen Mädchen* in ihren Gewändern am Steg? Die Buben mögen keine Räucherstäbchen. *Die besten Stunden* des Jahres! Denke nicht ein zweites Mal, es sei *in Ordnung,* und schau, daß du es kriegst, solange du kannst und so weiter. So groß ist das Verstehvermögen nicht. Die *Neuankömmlinge* müssen die Möwen von den Kadavern derjenigen *verscheuchen,* die schon länger da sind.
Erkläre die kursiv geschriebenen Ausdrücke durch ein Synonym oder eine Umschreibung. Niemand lacht mehr über die Kufsteinfahrt, bei der der Gegenzug nicht durch zum Fenster herausgestreckte Schülerköpfe am Vorbeifahren gehindert werden durfte.
Niemand lacht mehr über die Szene, als ich mit verschränkten Armen neben Dorli stand, während sie sich sinnvoll besoff, während die Hunde (Bibou und Babsi, in diesem Haus sind ja selbst die zahlreichen Tiere ausnahmslos weiblich) bitter bellten. Sonst war es still. Daß die Stille genauso ein Geräusch ist wie die Null eine Zahl. Roste dahin wie Mehlstaub im Unterholz! Steche scharf wie Perchaer Wasser! Knarze wie Kempfenhauser Holz! Steche kurz wie scharfer Rost! (Die Schnapsidee.) Und das alles in unmittelbarer Seenähe, bei optimaler S-Bahnverbindung in die Landeshauptstadt.
Vater unser, gib uns unsere tägliche lernmittelfreie Hausaufgabe.
17a.) Eine Schimmelpilzkultur wird bei gleichbleibenden Bedingungen und während einer bestimmten Wachstumsphase (ungestörtes Wachstum, z. B. keine Selbstvergiftung) durch eine Exponentialfunktion beschrieben. Wieviel Gramm beträgt die Substanzmenge zu Beginn der Messung? Welche Substanzmenge liegt nach acht Tagen vor? Nach welcher Zeit hat sich die

Menge verdreifacht? Nach welcher Zeit beträgt die Substanzmenge zehn Gramm? Wann betrug die Substanzmenge ein Gramm? Welche Substanzmenge lag einen Tag vor Beginn dieser Zeitrechnung vor? Wie groß ist der Zuwachs in Prozenten ausgedrückt?
17b.) Die Polizei setzt speziell ausgebildete Scharfschützen ein, um Attentäter bei günstiger Gelegenheit kampfunfähig zu schießen. Die Beamten treffen mit sechzigprozentiger Sicherheit. Berechnen Sie unter der Annahme, daß alle Schützen gleichzeitig schießen, die Anzahl der Beamten, die eingesetzt werden müssen, wenn das Unternehmen mit einer Wahrscheinlichkeit von 95 Prozent erfolgreich verlaufen soll.
Bleibt mir eine Chance von fünf Prozent, das kann reichen!
Erich taucht hinein in die kaufende Menge, rennt, rennnt, rennnnt, bis er sich sicher ist, daß ihm niemand mehr hinterher ist. Wie ein immer noch Verfolgter klettert er eine Feuertreppe auf das Kaufhausflachdach, zieht sich vor bis zur Dachrinne und kotzt hinunter auf das gierige Geschiebe, das Aufplatschen hört er bis oben hin. Gerade kommt die Hauptstraße herunter eine dem Zirkus entlaufene Giraffe gestrauchelt. Nervös reißt sie die ganze, diesmal noch früher über die Straßen gespannte Weihnachtsdekoration mit sich. Torkelt weiter hinten in die Josef-Jägerhuber-Straße hinein, wird dort aber wieder gefangen, gefesselt, getötet, gehäutet und ausgestopft. Bereits am nächsten Tag soll sie als Vorweihnachtsattraktion auf dem Gehsteig stehen, um auf die Angebote einer gut sortierten Spielwarenabteilung hinzuweisen.
Schon Ende September, und ich weiß noch immer nicht, was ich schenken soll! Inkognito stand ich mit anderen am Straßenrand, wir haben abgewartet und dann erst den Tee getrunken, den Claudia dabei hatte. Als wir rechnerisch bewiesen hatten, daß sich Starnberg um die Sonne dreht und nicht umgekehrt, war ich wochenlang nicht ansprechbar. Mit Fieberträumen wälzte ich mich wund im Bett. Aus dünner Luft sank ich vorbei an allen Beleuchtungskörpern von Las Vegas. Langgezogen und langsam tauchte ich in das Stinkbett eines wohltemperierten Chlorsees. An einem seiner Ufer stand ein Synthesizer spielender Jüngling in langem Glitzerumhang. Hinter ihm bäumten sich wagnerische Felsenkolosse auf, und jede ihrer

Spitzen war von einer kühnen Seilbahnstation gekrönt. Riesige Mengen vergorener Nußschokolade quollen über abgewetzte Bergrücken. Doch noch bevor sie sich wieder mit der Chlorsülze vermischen konnten, schlugen mir plötzlich gewaltige Wellen entgegen. Wahrscheinlich wird die Fremdenverkehrs-Junta wieder die Wellenmaschine in Gang gesetzt haben. Vermutlich zu einer Uhrzeit, zu der sie das täglich tut. Zusammen mit einer halblebendigen Acryl-Imitation einer römischen Pieta wurde ich an das Ufer der einzigen Bucht des Chlorsees gespült. Die Pieta überlebte nicht lang. Beschäftigt nur mit dem Sortieren verschiedenfarbiger Mineralien, mußte ich hier den Rest meiner Pupertät verbringen.

Es regnet zum Spaß. Es regnet wie es will. Es regnet wie es kann. Es regnet wie Feuer. Das Wasser ist blau, weil ihm nichts anderes übrigbleibt. Ich, der Wasserspezialist! Ein Spezialist ist einer, der von sehr wenig sehr viel weiß, bis er schließlich von gar nichts alles weiß. H_2Oh! Tagelang das Alptraumdrücken, aber wirkliche Grenzüberschreitungen halten sich in Grenzen. Ich, der Seenspezialist! Bis der Maisinger See verlandet ist, muß ich alles über ihn wissen. Inkognito stand ich mit Rebekka auf dem Damm. Ist hier was los? Gehn wir woandershin? Voll ist es hier! War Raoul schon da? Gehn wir jetzt endlich? Kaufst du ein Eis? Gehn wir ins Jugendzentrum? Hast du dein Mofa da? Das Mofa? Weißt du ein Fest? Morgen handelt es sich um einen Samstag. Ich werde den Buchsee buchen, und du könntest die Nacht bei mir verbringen. Wir werden versuchen, jedem Bundesland seinen Ministerpräsidenten zuzuordnen, und alles wird vergeblich sein. Drei Mark in Maising, drei Mark dem Roman, fünf Mark in Maising, fünf Mark in Ambach, eine Mark Benzin, fünf Mark fürs Kino, fünf Mark in München, drei Mark Benzin. Null-Punkt-Sperre: Grundkurse des Wahlpflichtprogramms, in denen nicht wenigstens ein Punkt erbracht wurde, gelten als nicht belegt. Es wird vergeblich sein. Soll die Bundesrepublik Entwicklungshilfe leisten? Ist das allgemeine Wahlrecht eine vernünftige oder eine unvernünftige Einrichtung? Wünschen Sie sich Freiheit oder Führung im Unterrichtsgeschehen? Soll man ehrlich oder höflich sein? Welche Eigenschaften und Fähigkeiten erwarten Sie von einem Berufsberater, dem Sie trauen würden? Arbeitszeit: 7.40 bis 12.15

Uhr. Die äußere Form geht grundsätzlich in die Benotung mit ein. Drei Mark Benzin, zwei Mark für Filmklub. Vier Stunden und fünfunddreißig Minuten beim Thema bleiben! 275 thematische Minuten in der Hochstellung! Auf der Grundlage der christlich-abendländischen Kultur werden wir zu weltaufgeschlossenen und urteilsfähigen Menschen herangebildet und in Gottesfurcht, sozialer Gesinnung und Verantwortung für unsere Mitmenschen und die Gemeinschaft erzogen. (Auch die Schulung des Körpers ist in die Gesamtaufgabe miteingeschlossen. Die Erziehungsaufgabe soll den ganzen Menschen erfassen.) In der Diskussion wird festgestellt, daß die Qualität der Schülerzeitung sich ungünstig verändert hat. Ferner ist eindeutig und einseitig ein linksextremer Einfluß feststellbar. Davon abweichende Meinungen kommen offensichtlich nicht zu Wort. Die Zeitung reflektiert weniger Angelegenheiten der Schule als vielmehr linksextremes Gedankengut. Der Elternbeirat bittet Herrn Rowe mit dem zuständigen Lehrer, Herrn Schaepe, über eine qualitative Verbesserung der Schülerzeitung und Möglichkeiten hierzu zu sprechen. Gegebenenfalls soll auch ein Gespräch mit der Redaktion der Schülerzeitung stattfinden.
Auf hell werde hell, denn dein Licht ist da, der Lichterglanz des Herrn strahlt über dir auf.
Daß ihr Sohn trotzdem uneinsichtig blieb, ist ein enttäuschendes Symptom einer ganzen Schülergeneration, die unter äußerer Bindungs- und Beziehungslosigkeit und innerem Druck (Existenzangst) sich nicht anders entwickeln konnte. Das ist, verehrter Herr Nachleger, die Schuld von uns Eltern, ich nehme mich von dem unseligen Zeitgeist, der uns beherrscht hat, nicht aus. Das Schlimme ist die Respekt-, Scham- und Würdelosigkeit, mit der auf Kosten der Ehre und Gefühle anderer Rufmord zur eigenen Ehre betrieben wird. Hier gedeiht die Menschenverachtung, durch die der von uns allen gefürchtete Terrorismus erst entstehen konnte. Ich meine, daß es Aufgabe der Eltern, Lehrer und des Elternbeirats ist, in unserer Jugend die Achtung vor dem anderen und seiner Meinung wieder zu beleben.
Harald aber fragt sich, was die besten Scharfschützen denn überhaupt nützen, wenn sie nicht schießen. Schillers Räuber in folgender Besetzung: Georg-Friedrich, Kaiser; Alfons, Polizei-

präsident; Elmar, der Gerechte; Maximilian, regierender Graf vom Leutstettner Moor; Karl, Franz, Walter, seine Söhne; Bäumler der Erleuchtete; Gregor, der Anarchist; Garibaldi, italienischer Volksheld; Clara, das Burgfräulein; Michaela, Amalia von Edelreich; Anopheles, Malariaüberträger.

Montags bis zum Dampfersteg hinunter. Mit dem ersten Schiff nach Ambach hinüber, das mag sehr schön gewesen sein, so früh auf dem See. Vom Deck auch in den offenen Maschinenraum hinunterschauen zu können. Von Ambach mit dem dort abgestellten Fahrrad dann hinüber zur Baustelle nach Eurasburg. Es ist quasi eine Paßstrecke, Berg die Paßhöhe, von dort aus ins Loisachtal hinunter geht es praktisch nur noch bergab. Pässe hatte der Vater überwunden, um Häuser bauen zu können, so hoch wie Berge. Die Nähe von Wolfratshausen durfte er nicht fürchten. Daheim, auf dem Flur, errichteten wir einen Wolkenkratzer, aber Vater vergaß die Türen. Zwischen Starnberg und Wolfratshausen herrscht kein Penisneid, behauptet Ilse. Es sei nicht wie zwischen Florenz und Siena, nicht wie zwischen Freising und München. Seeneid sei es, was da schwelt. Da wird sie recht haben, denn noch in jüngster erdgeschichtlicher Vergangenheit waren beide Orte unter zwei verschiedenen Armen des Isar-Loisachgletschers begraben. Neulich, als der Gletscher endgültig abgeschmolzen war, hatten auch die Wolfratshauser ihren großen See. Dumm nur, daß durch ihren Ort Isar und Loisach fließen, beide allein schon viel kräftiger als die Würm. Zusammen waren sie erst recht kräftig genug, die quer im Weg liegenden Endmoränen wieder wegzuwaschen. Ein Wolfratshauser badet nicht im Starnberger See, sagt Ilse, sein Stolz erlaubt es nicht. Eher noch im Alpamare, in dem vom nächsten Meer ein paar Kulturen entfernten Bad Tölz. Die beiden Flüsse selbst sind nicht sehr geeignet. Viel Wasser fließt nur im verbotenen Kanal.
Freitags ist er wieder zurückgeradelt, hat in Ambach das Fahrrad untergestellt und ist mit dem letzten Dampfer nach Starnberg hinüber. Es mag sehr schön gewesen sein, so spät abends auf dem See. Oder es war ihm egal und er ist im Sitzen eingeschlafen. Oder es war ihm nicht egal, aber es hat so stark geschüttet, daß er froh war, drinnen sitzen zu können, vielleicht auch nur froh war, wenigstens stehen zu können im Berufsverkehr. Die Schiffe auf dem See haben im Nahverkehr eine Rolle

gespielt. Die Anlegestellen Sankt Heinrich, Niederpöcking und Feldafing wurden inzwischen aufgegeben. Es fehlen dort also diese großen Anlegestege, die ich so liebe, deren dickgebündelte Abschlußstempen mir immer besonders gefallen haben. Ein vertrockneter Rosenstrauß ist auch so ein schöner Anblick. Nicht zu vergleichen aber mit einer Gruppe weltlicher Mädchen, wie sie zusammenstehen und eine Traube bilden. Dem Auge kann wohl ein Zucker wachsen, wenn es nicht danebenschaut. Was die Promenade so bietet, verdanken wir der Eisenbahn. In die sumpfige Wildnis hinein wäre das Undosa nicht errichtet worden. Undosa: die Welle, ich weiß Bescheid, ich kann mich auch belehren lassen. Erstes Wellenbad der Welt, oder des Reiches, oder was weiß ich. Spätestens als Dutzende von Jahren danach die Tölzer in blindem Wellenbadneid ihr neumodisches Alpamare bauten, um Starnberg damit auszustechen, besteht eine Feindschaft auch gegenüber Tölz. Von meinem Vater war die Rede.
Gern ging er zum Garibaldi, einst am Niederpöckinger Dampfersteg gelegen und so genannt, weil dort die beim Bahnbau beschäftigten Italiener verkehrten. Garibaldi, als ihr Volksheld. Ein schöner Biergarten war einen Ausflug wert von Starnberg. Auch als längst keine Italiener mehr da waren, behielt die Wirtschaft ihren Namen. Sehr wohl kann ich mich in die Lage meines Vaters hineinversetzen. Weil die elterliche Dachdeckerei einen zusätzlichen Fahrer gut gebrauchen konnte, habe ich mit siebzehn schon den Führerschein bekommen. Eine Sondererlaubnis wurde ausgestellt. Sechs Jahre später, 1933, bin ich mit dem Ingenieursstudium fertig geworden. Kaum einer von uns hat sich eine Einstellung auch nur erhofft. Für die Errichtung ihrer ersten Kläranlage aber brauchte die Stadt einen Bauführer. Die werden halt mich genommen haben, weil ich ein Starnberger bin. Viele der anderen haben dann schon auch noch eine Arbeit gefunden, nicht nur in Starnberg. Irgendwie floß jetzt ein Geld, das vorher auch schon dagewesen sein mußte. Jedenfalls ist wieder viel gebaut worden. Der neue Bürgermeister hielt sich mit Aufträgen nicht zurück. Der Auftrag umfaßte auch die Kanäle und Schleusen für eine an die Kläranlage angeschlossene Fischzucht. Baufirma war Dyckerhoff und Widmann, aber ich war ja noch bei der Stadt. Danach,

auch in städtischem Auftrag, kam die Wassersportsiedlung beim Rambeck. Beim Bau der Würmbrücke nach Percha war ich schon bei Dyckerhoff, die hatten mich inzwischen übernommen, sie kannten mich ja bereits von der Kläranlage. Die haben in München schon Kasernen gebaut, an der Ingolstädter Straße die SS-Kaserne, das war die erste Großbaustelle. Bei Dyckerhoff bin ich dann auch geblieben, auch noch bei Kriegsausbruch. Vorerst waren die in der Baubranche Tätigen noch unabkömmlich. So bin ich erst 43 eingezogen worden.
Von Tölz war die Rede.
Einen Tag vorher schon mußte ich dort sein. Und einen Tag vorher schon stand ich tatsächlich auf der Treppe vor dem unfallkranken Haus. Bad Tölz, dieser Inbegriff von Krankheit. Die ganzen südlichen Unfälle, soweit sie nicht nach Murnau kommen, werden hier eingeliefert. Tante Hilde untersucht das Blut, das den Neueingelieferten abgezapft wurde. Das eigentliche Verhängnis dieser Stadt aber sind die Heilquellen, zu denen Kurgäste aus ganz Deutschland anreisen. Die, die es sich leisten können, kaufen sich ein Haus, ganz an der Quelle wollen sie sein. Auch die Drogenschlucker aus dem Oberland fahren extra nach Tölz. Hier ist etwas zu holen, Tölz ist die Quelle. Seit 1959 sind die Isar-Hochwasser ausgetrocknet. Am meisten hasse ich's, schon im voraus zu wissen, dann und dann mußt du ins kranke Haus. Die beiden Schrauben im Unterschenkel hatten mich nicht gestört. Genau dann und dann wirst du wieder krank sein. An dem und dem Ort. Das kranke Zimmer, ich kann die kranken Stunden zählen. Seit der Sylvensteinspeicher fertig ist, gibt es kein Hochwasser mehr. Die Isar gilt nicht mehr als Quelle für Verwüstungen im Vorland. Das weiß ich noch, die löschende Isar ganz in der Nähe, aber kein Wasser für den brennenden Durst in der Nacht. Keine Musik, nichts. Nicht mal Schmerzen. Nicht mal irgendwas. Es bleibt die Nacht gleich stehen. Keine Musik, die klopft. In Tölz steht das Herz ganz still. Kein Takt, ich kenne mich nicht gut aus mit kranken Häusern. Wenn der Vorhang offen ist, dann kann der Tag schneller kommen. Wenn das Herz offen daliegt, dann werden die Schmerzen auch bald einsetzen. Und schon kommen die Handlanger. Früh geht es los im Krankengewerbe! Die Angekündigten müssen fertig sein, bis die Unangekündigten eintref-

fen. Ein Gesunder darf nicht krank sein hier. Auf dem Bett schieben sie mich in den Operationssaal; als könnte ich nicht laufen. So gesund bin ich, daß sie Angst haben, ich könnt ihnen auskommen. Doch ich habe keinen Grund davonzurennen, denn ich bin nicht krank. Ich habe keinen Grund krank zu sein, denn ich bin gesund. Gleich bist du nicht mehr gesund, und schon hab ich den Rücken frei. Gerade sitzen soll ich. In das Rückgrat soll die Spritze. – Scheiße!, flucht der Narkosearzt, daneben hat er gestochen. Ein jedes Mal geht es bis in jede Körperspitze. Zweimal schrill und spitz und heiß. Es ist nicht das Lachen, das einen freut.

B wie Banalitäter, wie B.

Ein Appenzeller
ein Hamburger
eine Regensburger
eine Thüringer
eine Nürnberger
ein Stonsdorfer
ein Pilsner
ein Kasseler
ein Pariser
ein Emmentaler
ein Berliner
ein Krapfen
ein Tölzer
ein Tölzer Krapfen
ein Allgäuer Emmentaler
ein original Oberkrainer
kein Emmentaler Allgäuer
ein original Emmentaler Emmentaler
ein Pariser Hamburger
oder ein Hamburger Pariser
ein Appenzeller Hamburger am Dampfersteg. Ein Thüringer Starnberger beim Niederpöckinger Garibaldi. Der Vatter ist ein Lutherischer, der merkt sich Mutters Namenstag nicht. Der ißt den Appenzeller nicht vor dem Fisch. Der Garibaldi als Kantine von den italienischen Italienern. Bei der Verlängerung der Eisenbahntrasse bis nach Tutzing hinunter. Da Dämme aufschütten und dort Gräben graben. Mitten im Nichts, zwi-

schen den paar Niederpöckinger Villen und dem Nest Possenhofen, in der Wildnis sozusagen. Gerade da eine Wirtschaft, weil da ein Dampfersteg war. Nur so erklärt es sich, mitten auf dem verlorenen Posten. Weiterhin aber sind die Münchner lieber im angeberischen Tutzing oder im pausbackigen Leoni eingekehrt. Das waren Zechen! Sie ließen Garibaldi einen Helden sein. Später der Dietrich gleich daneben: Brathühner. Der Wienerwald-Jahn kauft den Garibaldi auf: auch Brathühner. Dieser weiße Fleck auf der Landkarte ist zweimal mit dem gleichen Angebot vertreten! Es war Jahns zweiter Wienerwald. Wenn es ein Geschäft werden soll, dann muß es der Starnberger See sein. Jeder wußte, daß die Dietrich-Hendln wesentlich besser waren. Aber die Bruchbude neben dem Gewächshaus machte einen schlechten Eindruck. Auf dem öden Brachfeld war es zum Hendlkrieg gekommen. Der Hendlneid um die Größe und den Geschmack. Dieser Krieg hätte auch anders ausgehen können. Der Jahn ließ den Garibaldi abreißen und ein Unhaus errichten. Mit Onkel Moritz zusammen half ich weiterhin zum Dietrich. Schön waren die Tage, an denen wir die knusprigen Häute vom weißen Fleisch zogen. Der Dietrich machte Schulden, riß seine Bruchbude ab und setzte selbst ein Unhaus auf den flachen Lehm. Da haben die Hühner das Fressen verweigert. Da sind die Zinsen in den Himmel geklettert. Keine Körner fielen vom Himmel. Der Jahn ist längst ein Weltheini. Einer Gaststättenkette reicht als Reklame allein schon der Trugschluß, daß etwas dran sein muß an Hühnern, die auf dem gesamten Erdball weiße Teller verschmieren. Dem Dietrich schwamm das Fett weg, der hat zugemacht. Der Hendlkrieg ging aus, wie es immer ausgeht. Das Rote Kreuz wollte den ehemaligen Dietrich aufkaufen, aber von dort aus wäre es zu weit zu den Unfällen im Würmtal. Die Andechser Suffautos steuern meistens in das Einzugsgebiet vom Herrschinger BRK. Unten, von Pöcking herüber, passieren zumindest den Sommer über keine Unfälle, da die Bademünchner am See entlang nur Schrittempo fahren können. Bliebe für den Westen nur die Olympiastraße, aber für die Unfälle dort ist es von vornherein zu spät. Bleibt der ehemalige Dietrich dem Zeitler, der eh immer alles kauft, was niet-und-nagelfest ist. Feldafinger Bier wird mir gespritzt, als Ausgleich für Erlittenes.

Wir müssen zu Starnberg helfen, damit Tölz nicht gewinnt. Das BRK braucht noch mehr Rettungswagen, aber das Benzin geht aus. In Tölz geht das Jod zur Neige, und der dortigen Luft wird jegliche Heilwirkung abgesprochen. Ohne faule Tricks wird es ein Sieg werden. Unser Landkreis und besonders seine undefinierbare Seenähe liegt den Gebieten zugrunde, die exakt als das Schlafzimmer Münchens bezeichnet werden. Darin kommt zum Ausdruck, daß einseitig die Münchner Geldwelt ihre Familiensitze in unserem Fünfseenland züchtet und andererseits eine gründliche Zahl von Eingeborenen tapfer und täglich an den Münchner Arbeitsplätzen erscheint.
Ob ihr es wahrhaben wollt oder nicht, so finden sich doch zahlreiche Betreuer, gemäßigt in der Zahl ihrer Bewegungen, vornehm in den Betten der Luft- und Raumfahrtgesellschaften, der chemisch-paramilitärischen Produktion sowie der mikroelektronischen Verbände. Unbeschadet ihrer Großspurigkeit, verhandelt man dabei zum Teil mit international renommierten Steuerschwindlern. Die Schwerkraft unserer heimlichen Wissenschaften liegt bei Handlangern und Spezialisten innerhalb der staatlichen Arbeitsvernichtungsprogramme. Ihr könnt mir ruhig einen weißen Vorhang vorschieben, ich werde trotzdem weiter aussprechen, was ich für richtig halte. Das, was ich längst nicht mehr spüre, soll ich also auch nicht mehr sehen können. Die Neuzugänge, wie sie einer nach dem andern hereingeschoben werden, aber darf ich wohl ruhig mitansehen. Die stumpfen Messer blitzen sehr. Steht nicht so stumm herum, ich will es weghaben! Noch im Januar vor dem Zweiten Blutbad zählten im Landkreis Starnberg Ärzte mit einem BMW von über 25000 PS zu den Prominenten. Besonders auffällig sind seitdem die Erfolgseingaben gestiegen, wie sich bei den Siegerehrungen zeigte. 1947 brachte man 0,3 Meter auf, heute bereits sind es knappe zehn Meter. Statistisch verdient dieser Verbund um so größere Bewunderung, weil diese Ehrung am häufigsten, wie man zunächst nicht annehmen möchte, entlang der Bewußtseinsebene von Krailling, Gauting bis Tutzing und auch in der Eigenbrötlerei im Rahmen von Gilching vorkommt. Ganz im Gleichschritt muß häufig die in München vereinnahmte Leidensfähigkeit als Wahn des Lustausgleiches, es gibt rund tausend solcher Fälle, im Zuge der Mystifizierungswelle wieder

zurückgezahlt werden. So erschien das monatliche Anlachen von Saaldamen im öffentlichen Bewußtsein schon als rote Zukunft.
Hier, und nicht etwa an anderer Stelle, liegt die soziologische Sonderfreude unseres Landkreises begründet. Oft machten sich gerade vermögende Spieler in unserem blutenden Seengebiet heimisch, deren Einsichten aber aus Quellen außerhalb des Landkreises stammen. Durch ausgezeichnete Verlegenheitsbewältigung können heute viele davon ihren Bankrott in München ausüben, ihre Familien aber in aller Seelenruhe im Würmtal oder im Seengebiet umlegen.
Entschuldigung! Ausgerechnet jetzt, wo Starnberg am Gewinnen ist, spritzen sie mir Hühnerbrühe. Das ist für danach, auf daß der Patient wieder zu Kräften kommt. Es heißt, ich sei fertig. So also war es ausgeheckt, darum der Vorhang, sie sind schon fertig, und ich wurde mit der Bierspritze ins Knochenmark nur abgelenkt. Die Weißkittel haben so ruhig gestanden, daß ich kaum weiß, was mit den Schrauben passierte. Daß sie schon draußen sein sollen, werde ich ihnen erst glauben, wenn nach fünf Jahren noch immer keine Rostlauge aus meinem Tölzer Unterschenkel schwitzt. Ich wette, in dieser Viertelstunde habt ihr mindestens so viel verdient, daß sich ein jeder von euch leicht drei Paar Wiener kaufen kann. Aber was weiß ein Arzt schon? Weiß er zum Beispiel, was außer mir nur noch die Dritte Ilse weiß? Weiß er, daß das Huhn aus Persien stammt? Wer mit Hühnerbrühe hantiert, der sollte schon auch so schlau sein und wissen, woher die Fleischeinlage dazu kommt: vom Metzger. Wenn ich an Döner Kebab als Ernährungsgrundlage denke, dann denke ich, daß ich mir Döner Kebab, neben Spaghetti mit Sugo, schon immer als Ernährungsgrundlage denken konnte. Ich dachte auch daran, daß der Islam den ganzen Orient hinter, auf der einen Seite sogar bis nach Marokko hinüber, verbreitet ist. Edenhofers waren letzten Sommer in Spanien. Wie zahllose andere deutsche Spanienurlauber auch, können sie anhand vieler Farbfotos beweisen, daß einst auch dort Moslems siedelten, sich an Stellen ihre Familienwohnsitze schufen, die inzwischen vollkommen in Tölzer oder Wolfratshauser Hand sind.
Als Arzt verkleidet würd ich im Fasching nicht gehen. Geht ein Arzt im Fasching als Arzt? Im Fasching darf einer schon mal

einen Witz machen, diese Jahreszeit scheint geeignet. An Fasching ist ein Arzt ein Scheich, und seine Sprechstundenhilfe ist bunt bemalt als Haremsdame. Einmal im Jahr mag ein Arzt schon der sein dürfen, den er das ganze Jahr über beneidet. Die verheulte Haremsdame muß das Maul halten. Es sind nämlich zwei Dinge, die den Wolfratshausern an den Moslems stinken. Das ist erstens die Sache mit dem Öl. Die haben eins und die Wolfratshauser haben keins. Es liegen diese Araber faul auf ihren Matten, und ihr praktischer Gott Allah läßt das Schwarze Gold nur so spritzen. Und zweitens das mit der Vielweiberei. Ein Wolfratshauser darf nur je eine haben und die Moslems zwar nicht mehr beliebig viele, wie früher, aber laut Koran doch immerhin noch je vier. Was bleibt da dem aufgeschlossenen Christenmenschen, als sich jahrhundertelang mit der Überlegung herumzuplagen, ob es sich bei den Muselmanen um nomadisierende Barbaren oder um barbarische Nomaden handelt? Aber was rede ich vom Fasching, jetzt Anfang Herbst. Es handelt gerade von meinem Tölzer Krankenhausaufenthalt. Die Ärzteschaft wollte mir gerade zum zweiten Mal Hühnerbrühe spritzen, da habe ich sie allesamt und völlig unbürokratisch als typische Isartaler Christen entlarvt. Im Moment bekommen sie von mir erzählt, daß Aladins Wunderlampe das erste Theaterstück gewesen sei, das ich je gesehen hätte (das eine, bei dem ich im Kindergarten selbst den Schwammerl spielte, nicht mitgezählt). Ihr bräuchtet nur Ilse zu fragen und sie würde euch erzählen, daß dort im jetzigen Irak die ersten Städte überhaupt gestanden haben. (Wer mit einem mongolesischen Neger vögelt, der war selbst schon dort.) Mekka war noch nicht darunter, ist doch der Islam die jüngste der Weltreligionen. Naja, auch die andern sind nicht so alt, wie sie tun. Erst 610 hatte ihn Mohammed erfunden. Auch die militärische Geschicklichkeit seiner Nachfolger hat dazu beigetragen, daß inzwischen 13 Prozent der Menschheit kein Schweinefleisch und keinen Wein zu sich nehmen sollen. Diese Genüsse sind ihnen tabu. Wissen meine schneidigen Tölzer Ärzte von diesem Haken auf der anderen Seite? Laßt mich aus, ich muß sofort nach München Hbf, mir eine Karte für den Orientexpreß kaufen. Er kommt von Paris, und dort hat er zwanzig Minuten Aufenthalt. Will Nachforschungen anstellen, was es wirklich auf sich hat mit den

arabischen Hühnerbeinen. Mit wahrer Unschuldsmiene erklärte mir eine schußsichere Schöne, daß schon seit Jahren in Bukarest Endstation ist. Soll das denn jetzt neuerdings schon im Orient liegen und nach exotischen Gewürzen duften? Komme also nicht mal bis in den Balkan, mit dem frischen Löcherpaar in den langen Knochen. Vor dreihundert Jahren waren die Türken bis nach Wien vorgedrungen. Oh, damals wäre das christliche Europa aber um ein Haar kastriert worden. Im zwanzigsten Jahrhundert hat die Stadt München nur eine Moschee, und die ist zwischen Kläranlage und Müllberg hinversteckt. Die Donaustadt Wien war zwei Monate lang belagert gewesen, 50000 türkische Armeezelte außenrum. Unmengen Kaffee hatten sich die Ketzer mitgebracht, siebenhundert schwarze Eunuchen bewachten 1500 Konkubinen. Ich muß das von Wien berichten, weil es dergleichen in München nie gegeben hat. Und während die Wiener schon ihre letzten Hühner schlachteten, entdeckten die Türken die umfangreichen Weinlager in Wiens Vororten. Nicht mehr konnten sie es sich verkneifen. Von seinem Passauer Exil aus rief sodann der Kaiser die gesamte Christenheit zum Kampf gegen die herumlungernden Barbaren auf. Es ging aus, wie es immer ausgeht: die eine Partei hat den Wein nicht vertragen. Schade nur, ich konnte nicht mitsaufen, denn von der Hüfte abwärts war alles gefühlstaub an mir, und ich war in dieser Gegend zu keinerlei Bewegung mehr fähig. Im Suff denken die andern erst recht nicht an mich. Mein Schwanz fühlt sich so pelzig an, als käme er gerade aus dem Wald. Das dauert noch Stunden, aber von den Zehen herauf kommt langsam das Gefühl zurück. Es ist nicht mehr so fremd, wenn es sich anlangt wie etwas eigenes. Die Betäubung läßt mich aus, aber ein Stechen bleibt mir noch für Monate. Rabenschlecht ist mir und es ist mit Kopfweh gepaart.
Mit fünfzehn lädt mich Mutter ins Residenztheater ein und ich speie es voll. Das Haushuhn, das die meisten Eier legt, wird *Deutsches Haushuhn* geheißen. Ich seh doch bloß das Abendland in der Abendsonne. Da soll ich nicht auf morgen warten. Morgenrot: Schlechtwetterbot, morgen bin ich schon draußen. Ludwig Thoma im Residenz-Theater, von Mutter zur Rückkehr aus dem kranken Haus. Mit der Theater-Gemeinde mit dem Bus.

Der Kaiserliche Baumschüler

Obwohl als Enkel, Neffe und Vetter dreier Dachdecker geboren, halten meine Dächer nicht. Die Ziegel auf den morschen Dachlatten des Kastanienhauses von Le Mura hat ein toskanischer Wintersturm verschoben, teilweise auch in die Tiefe gerissen. Die Biberschwänze, die in Gronsdorf so wirklich perfekt aufgedeckt waren, hat der große Hagel zerdeppert. Zu den thüringischen Schieferbrüchen von Lehesten, wo es angefangen hat, kann ich nicht fahren, darf ich nicht fahren, es liegt zu unmittelbar an der Grenze. Zumindest mein Onkel behauptet, nicht einmal eine ausdrückliche Einladung von dort wohnenden Verwandten würde mir etwas nützen. Er war immerhin eingeladen, doch ich bin nichtmal eingeladen, mich kennen sie gar nicht. Wenn Grenzen schon ein unerträglicher Schwachsinn sind, was soll ich dann erst zu dieser sagen? Auch viele der von mir reparierten Fahrradplatten haben nicht sehr lange gehalten. Das Dach vom Häusl war oft leck, aber hier mußte nur immer wieder eine neue Lage Dachpappe draufgenagelt werden. Das Häusl ist die stehengebliebene Bauhütte, auf deren Dach wir über die Gartenmauer und die Hainbuche des Nachbarn ganz einfach hinaufklettern konnten. Von dort oben herunterzuspringen war lange Zeit das Gewagteste, was der zusammengekratzte Mut erlaubte. Das Dach diente als höchste Erhebung des Thüringer Waldes und war mehr als doppelt so hoch wie die höchste Erhebung des Teutoburger Waldes. Die höchsten Zäune und Mauern sind nicht so hoch wie das Häusldach. Gefährlich ist auch das Herannahen von Wellen an den Ufern des Sees mit nur einem einzigen Plastikdampfer in der Hand. Das Herannahen von Wellen ist durch die Lektüre des Dampferfahrplanes einigermaßen vorherbestimmbar. Doch ich konnte noch nicht lesen, und später, als ich lesen konnte, war ich zu faul zum Lesen. Als ich endlich lesen wollte, konnte ich nicht mehr lesen.

Fürchterlich sind die Tage und die Nächte und die Dämmerung, wenn das Brot so weich ist, daß die Zähne ausfallen. Wenn also das Brot so weich ist, daß den Zähnen keine Bedeutung mehr zukommt. Wenn also die Zähne ausfallen, weil sie keine Bedeutung mehr haben. Dutzende von Berufszweigen sind schon ausgefallen. Einer nach dem anderen verloren sie langsam an Bedeutung, und schließlich fielen sie ganz weg. Das Dachdeckerhandwerk ist vorerst noch wenig betroffen, doch statt Schiefer sind jetzt eher Holzschindeln gefragt. I don't speak German! Wenn aber die Gegenwart (Zahnschmerzen) nichts taugt, bleibt mir nichts anderes, als gleich wieder die Zeiten (immer wieder Zahnschmerzen) zu wechseln. Nie wieder war ich so gescheit wie in der zwölften Klasse. Wenn ich zwar nicht wußte, was ich wollte, aber doch immerhin genau gewußt hätte, was ich nicht wollte, ich hätte nur noch schauen müssen, was übrigbleibt. 1979 hatte ich im Starnberger Abitur den 63. Platz gewonnen. Dreizehn Jahre hatte ich meine Hausaufgaben immer nur auf dem Boden gemacht, und jetzt ließ ich die Klinke ins Schloß fallen. Nie wieder war ich so dumm wie am Ende der dreizehnten Klasse. Jetzt, wo sich herausgestellt hatte, wie groß die Welt wirklich war, hieß es aufpassen. Nach Hausen bin ich gefahren und habe die dortige Schweinezucht entdeckt. Müde bin ich gewesen, und auf das neue, alte Sofa hab ich mich gelegt. Ich armer, alter Mann. Kaputt ist es gewesen, und ich dachte, ich müßte mich jeden Augenblick von ihm verabschieden. Um den Hausner Löschteich bin ich herumgefahren und zu den Brandmauern habe ich hinaufgeschaut. Rundum alles frisch eingedeckt, hier fliegt kein Funke über. Beim Seidl in Bauerbach aber ist es wie im Film gewesen. Afra, Michi, Karo und Markus saßen vieldeutig um den Tisch, und ihre Bewegungen liefen viel zu langsam. Die Luft war seit Generationen kein einziges Mal ausgewechselt worden. Auch sonst ist alles beim alten, nur an der Wand hängt jetzt ein Bild vom Sohn. Ein schwarzes Band quer über dem Bild, ein Autounfall quer über der Straße. Der Rest muß bleiben wie es war. Das Brot muß den Essig aufsaugen. Angenehm besoffen am Mittag, annähernd nüchtern am Abend. Sagen wir, es sei etwas Geld noch da, die Vorhänge würden nicht zugezogen und die Stühle nicht umgedreht auf den Tisch gestellt. Ein Konzert heute abend und morgen ein Fest. Auch so ist es recht, nur kein Leerlauf. Immer schalten, aber nie den Leerlauf. Hinaus muß es, als sei's ein Stück von mir.

Tagsüber sind Tom und ich Tante Hildes alte Schöner-Wohnen-Hefte durchgegangen, das muß noch früher gewesen sein. Es gab darin eine Seite, auf der graphische Arbeiten abgebildet waren, die man über den Verlag beziehen konnte. Kunstwerke also, die genau auf den von dieser Zeitschrift vertretenen Einrichtungsstil abgestimmt waren. Die winzigen Abdrucke davon schnitten wir aus, klebten sie auf Karton und hefteten sie mit Reißnägeln an die Wand. Die Nächte waren lang, doch sie wurden immer kürzer. Die Morgendämmerung im Sommer habe ich verschlafen, und die Morgendämmerung im Winter war dem Aufstehen, dem kurzen Frühstück und dem kurzen Schulweg gewidmet. Jetzt, im Herbst, drohen die Lehrerbemerkungen ins Klassenbuch. In der ersten Stunde, wer fehlt. Die, die jedes Jahr am gleichen Platz sitzen, sind nicht identisch mit denen, die immer am liebsten hinten sitzen. Die, die am weitesten hinten sitzen, haben es nach der sechsten Stunde besonders eilig, vor zur Tür zu kommen. Am Nachmittag spielt Üdüll. Tom und Sebastian kommen mit zur Aufnahme-Session. Es gab kaum andere als Aufnahme-Sessions, denn meistens haben wir gleich aufgenommen. Die Abenddämmerung gilt als Herbst des Tages, und zum Herbst hatte ich schon immer ein gutes Verhältnis. Nur in Französisch brauchte ich Nachhilfe. Bin zur Frau Feuereisen hinauf, in ihre vornehme Wohnung auf der Ludwigshöhe. Eine vornehme Umgebung wird für die französische Sprache schon angemessen sein. Oder zum Stefan nach Söcking hinauf. Das Diktat nämlich war der wunde Punkt. Immer hinauf also, damit die Fehlerzahlen hinuntergehn. Daheim lag das Diktatheft auf dem weißen Schleiflackschreibtisch, den ich von den weißen Schleiflackmöbeln, vor denen ich jetzt immer öfter davonrannte, als erstes hinausgeschmissen habe. Nicht nur meine Eltern und Verwandten, meinen Großvater kannte ich ja gar nicht, meinen Vetter kaum und meinen Onkel auch nur wenig, sondern auch die Familien meiner wenigen Freunde, sie alle waren irgendwie von Möbeln umgeben. Um jetzt Platz für die Instrumente zu haben, mußten wir sämtliche Möbel in eine Ecke schieben. Inzwischen hatten wir einen Stereo-Recorder, und Tom konnte inzwischen Gitarre spielen. Nach München waren wir gefahren, um zwei Mikrophone zu kaufen. Aus leeren Zigarrenkisten und gebrauchten

Saiten baute Tom ein Instrument nach dem andern. Nach der Aufnahme war jedes Stück für uns erledigt, bekam einen Namen und eine Nummer und wurde danach nie wieder gespielt.
So gut wie nie hatte es mir gefallen, wie sich irgend jemand anderes eingerichtet hat. (Madeleines Zimmer als die eine Ausnahme.) Und obwohl ich mit jedem Rausschmeißen eines Möbelstücks wieder einen neuen Schwung Schöner-Wohnen-Hefte im Garten verbrannte, war ich auch mit meinen eigenen Zimmereinrichtungen nie richtig zufrieden, obwohl doch immer ungleich mehr als mit allen anderen zusammen. Es dreht sich um etwas Wichtiges, denn es ist das Naheliegendste, hier kann es doch nicht schon aufhören. Mit was für Gräßlichkeiten sich alle ständig und letztendlich auch noch freiwillig umgeben! Die Geschmäcker sind verschieden, ich weiß, denn wie sonst könnte mir mein Geschmack auch so viel besser gefallen als der von irgend jemand anderem. Aber wenn die Geschmäcker so verschieden sind, dann muß auch die Leidensfähigkeit ganz verschieden sein, denn ich wollte mir mein Zimmer stets so schön wie möglich einrichten, um möglichst wenig darin leiden zu müssen. Kein Wunder also, daß jeder Zweite an der Einrichtung seines eigenen Zimmers zugrunde geht.

Auf dem Gebiet des Schieferdachdeckens hatte mein Großvater sehr viel geleistet. Zahlreiche unbeschädigte Schieferdächer im ganzen Oberland zeugen noch heute davon. Ein undichtes Dach kann die ganze Einrichtungsfrage sehr schnell überflüssig machen. Immer war ich jedem Leiden möglichst sofort aus dem Weg gegangen. Doch ab dem dreizehnten Lebensjahr begann ich auch unter schlechter Musik zu leiden. Ich sage das nur, weil es sonst niemand sagt. Ich konnte mir doch nur helfen, indem ich immer bessere Musik aufnahm und mir immer bessere Platten anschaffte. Unter schlechten Sportveranstaltungen habe ich nie gelitten. Ich erklärte die erreichten Leistungen immer sogleich für ausreichend, und so mußte ich derartige Veranstaltungen nie mehr aufsuchen. Erst als ich mit Kime und meinem Tennis spielenden Bruder zum Sportplatz gegangen war, fragten sie mich dort, wann ich denn selbst mit dem Tennisspielen anfangen würde, wo doch der Bruder so gut spiele. Später war es eine großmütige Geste, mir und dem Westenrieder im Verein

einen Platz zu machen. Westenrieders Mutter hatte ihm rotgeringelte Socken gestrickt. Gleich das erste Mal, als er mit ihnen das Vereinsgelände betrat, wurden wir auf seine Socken angesprochen. Der Veteran bestand darauf, daß es hier üblich sei, rotblau geringelte Socken zu tragen. So lief der Hase! Der Tennislehrer schnupfte dauernd aus der Dose und hetzte uns dabei gelangweilt von der einen in die andere Ecke. Wieder hatte ich keine Begeisterung für eine Sportart aufbringen können.
Wenn einer plötzlich alle seine Platten verkauft, dann hat das sehr wohl etwas zu bedeuten. Beim Kime würde es mich am allerwenigsten wundern, eines Tages zu erfahren, der sei schon seit fünf Jahren tot. Seine fotokopierten englischen Texte habe ich schon noch, und wenn ich will, brauche ich bloß die Kassette einzulegen, auf der ich so falsch neben ihm hergesungen habe. Oberhalb vom Tengelmann hat einmal einer gewohnt, der hätte berühmt werden können. Kime war nie ein Mitglied von Üdüll gewesen. Nach fünf vollgespielten Kassetten hatte Üdüll zu existieren aufgehört.

Das Brot, wie hatte es doch anders geschmeckt, noch von den Milchzähnen sorgfältig kleingemahlen! Die Milch, wie hatte auch sie anders geschmeckt, als ich sie warm durch die Zahnlükken hin und her pumpte! Inzwischen zähle ich nur noch Weisheitszähne, links und rechts und oben und auch unten. Fürchterlich sind die Tage mit offenen Löchern im ganzen Mund, und unnütz die Gedanken an viel schlimmere Plagen. Im Wartezimmer las ich von der Suche nach einem verwechselten Kind: Das Kind Angelika Edenhofer war in der Kinderkrippe Söcking untergebracht und wurde später in das Heim *Schau ins Land* bei Bad Tölz verlegt. Bei der Auflösung des Heims wurden die Kinder größtenteils von ihren Angehörigen abgeholt. Dabei wurde das Kind Edenhofer verwechselt. Anfang Juni dieses Jahres hatte eine Frau aus dem Heim *Schau ins Land* ein gleichaltriges Mädchen, das Siegrid heißen sollte, abgeholt und vermutlich nach Dachau gebracht. Nach Sachlage sei dabei fälschlicherweise das Kind Edenhofer ausgehändigt worden.

Die Ascheringer sind doch selber schuld, wenn sie sich den Dorfbach zubetonieren lassen. Die Sportler sind doch selber schuld, wenn sie sich in vollkommen abwegige Richtungen hetzen lassen. Die Dachdecker sind doch selber schuld, wenn sie reihenweise von den Dächern purzeln. Die Frauen sind doch selber schuld, wenn sie sich einbetonieren lassen. Der Schenz war doch selber schuld, wenn er im Manthal einen Platten nach dem andern fuhr. Meine Großmutter, welche nicht die Frau meines Thüringer Großvaters war, lebte wie eine Heilige, und wenn ihr die Glieder brannten, wußte sie immer jemanden, dem es gerade wesentlich schlechter ging. Mein gläubiger Großvater, ihr Mann, nannte seine Krankenschwestern christkatholische Mistviecher und blickte ungläubig seiner Heilung entgegen, die auch tatsächlich nicht mehr eintrat. Meine Großmutter, die nicht die Frau dieses Großvaters war, bewirtete stets viel Besuch, denn die Gegend, in der sie den Haushalt führte, galt als sehr reizvoll. Meine älteren Geschwister erkannte sie noch als ihre Enkel. Als ich dazukam, war sie schon tot. Otto von Habsburg bekommt einen Sohn.
Leider mußte ich auf die Baumschule gehn, doch zum Schutz vor vollkommen unnützer Arbeit war ich von Anfang an mit fruchtbarer Faulheit gewappnet. Regungen des Fleißes würdigte ich als rare Kostbarkeit und behandelte sie dementsprechend schonend. Nur nicht mit zuviel Einsatz zuviel Staub aufwirbeln!, dachte ich bei mir und zählte weiter die frischen Triebe an den jungen Apfelbäumen. Plötzlich kam die Klassenleiterin mit ihrem Vorschlag, jede Woche in Deutsch eine Diskussionsrunde mit einem Thema unserer Wahl abzuhalten. Waldi, der seit Monaten schon nur mehr von Geschlechtlichem sprach, schlug sofort das Thema *Sex* vor. In dieser einen Stunde sind wir aber nur bis zu dem Buchstaben *s* vorgedrungen. Das *ex* also mußte auf die Biologiestunde verlegt werden. Dort aber kam es nie an. Abgesehen davon, glaube ich auch heute noch nicht daran, und glaube es immer weniger, daß Zeugung irgend etwas mit Schwangerschaft zu tun hat. Unvorstellbar, wer nach dieser wüsten Theorie dann schon alles auf wem gelegen haben müßte.

Wenn im Garten vor der Dachdeckerei bei den Erste-Weltkriegs-Siegen der deutschen Wehrmacht die Flagge gehißt wurde, mußten Vater und Onkel daneben strammstehen. Hier liegt die Vermutung nahe, mein Großvater sei ein Militarist gewesen. Ich kannte ihn nicht. Auf den Fotos, bei der Arbeit und beim Bergsteigen, sieht er immer so fesch aus. Das kann ich schon behaupten, die Fotos kenne ich schwarz auf weiß. Kann das ein Militarist gewesen sein? Mutter wollte mich in einem Zimmer zur Welt bringen, von dem aus sie mir gleich den See würde zeigen können. Doch das ihr versprochene Zimmer war plötzlich schon besetzt. Die Enkelin des Königs von Sachsen, die jetzt also Königin von Sachsen wäre, hatte vom Enkel des Kaisers von Österreich-Ungarn, der jetzt also selbst Kaiser von Österreich-Ungarn und König von Ungarn wäre, ein Kind bekommen, welches also inzwischen selbst schon bald all diese feinen Posten innehätte, wäre nur der Lauf der Geschichte ein anderer gewesen. Es besteht natürlich eine geringe Möglichkeit, daß ich in dem allgemeinen Trubel des Klinikbetriebes mit diesem nur ein paar Jahre älteren Kind verwechselt worden bin, und also selbst, wenn nur der Lauf der Geschichte ein anderer gewesen wäre, in ein paar Jahren zum Kaiser von Österreich-Ungarn und zum König von Ungarn und sicher auch von Sachsen gekrönt werden würde, mit all den damit verbundenen Folgen.

Von dieser vagen Möglichkeit aber ist freilich doch keine Scheibe abzuschneiden, und ich war in meinem zukünftigen Leben einzig und allein auf meinen Fleiß angewiesen. Ich brauche da bloß an diese unseligen Wochen zu denken, die ich sinnlos damit verschwendete, durch dauerndes Bedienen der manuellen Fußgängerampel immer wieder den fließenden Verkehr an der Shell-Kreuzung zum Stocken zu bringen. Aber es nützte ja nichts. Wozu so viel Staub aufwirbeln, wenn es nichts nützt? Inzwischen hatte ich für die Villengärten der Umgebung Koniferen zu züchten und mir, wenn mich irgendwelche Bedürfnisse bedrängten, einen wurmstichigen Apfel in das zahnlose Maul zu stopfen. Bettina war die erste in unserer Klasse, die dann mit Behauptungen ankam wie jener, daß, wer sich vor Schlangen ekelt, eigentlich nur von Sexualängsten verfolgt sei. So wurden wir als pupertäre Baumschüler ständig von einer

Bedeutung in die nächste geschubst und mußten unsere Köpfe täglich in eine neue Windrichtung hängen.
Als die letzten Abfallkörbe mit den auf der gesiebten Erde herumliegenden Milchzähnen endlich geleert waren, blieb mir letzten Endes nur noch die Flucht zwischen meine beiden Lautsprecher, wo ich litt, oder aber auch weniger litt, denn manchmal fand sich doch eine ausreichend brauchbare Schallplatte.
Als ich Jahre später wieder aus Italien zurückkam, bat ich Klaus, mich doch schon kurz hinter dem Autobahndreieck aussteigen zu lassen, denn ich wollte es langsam angehen. Der Sus ein Abschiedskuß. Vorbei an der Straßenmeisterei, und schon begann ich Einzelheiten wiederzuerkennen. Ich verspürte den starken Drang, mich in einer Bodensenke zu erleichtern. Was zu Erde wird, muß auch immer schon Erde gewesen sein. Jetzt galt es, mehrere frischgepflügte Äcker zu überqueren, und dann erst kam die kleine Brücke über die Autobahn, an der die riesigen blauen Richtungsschilder befestigt sind, deren rechtestes hauptverantwortlich ist für die rastlose Überfüllung der beiden Seeufer, nicht nur an allen heißen Tagen. Niemand scheint mehr in der Lage zu sein, irgend etwas ohne ständige Wegweisung selbst zu finden. So liegt die Hauptverantwortung vieler Übel bei all denen, die sich dauernd als Wegweiser aufspielen und die anderen entweder in den historischen Abgrund oder aber in abgesteckte Naherholungsgebiete dirigieren. (Die einzige Individualität, die sich der moderne Mensch noch leistet, ist der Individualverkehr, der aber auch nur insofern etwas mit Individualität zu tun hat, als sich die Einzelpersonen, beziehungsweise Paare, beziehungsweise Kleinstgruppen, mechanisch unabhängig voneinander fortbewegen, während vor allem die Wochenendziele der einzelnen Teilnehmer dieses allgemeinen Fortbewegungsritus untereinander weitgehendst identisch sind.) Ein paar Stunden noch habe ich Zeit. Wenn es Nacht wird, dann ist der Tag vorbei und die Äpfel purzeln von den Bäumen. Großvater hatte auf der Walz nach der Lehrzeit Starnberg auch ohne Wegweisung aufgefunden. Fand es schön dort, was es damals auch noch gewesen sein mag, und ließ sich dort als Dachdecker nieder. Mein Vater fiel als Apfel auch wieder an diesen Ort, und

auch ich hatte es, wie gesagt, nicht weit zum Baumstamm und später auch nicht weit zur Oberbaumschule, erst den Kreuth, dann die Siglstraße und schließlich die Ferdinand-Maria hinunter.
Erst als ich so mitten auf der Brücke hockte und mich daranmachte, mit einem herumliegenden rostigen Zahnrädchen die Hinweistafel anzufeilen, kam mir, daß ich wohl noch nie so lange von hier weggewesen war. (Vor meinem Italienaufenthalt sei ich angeblich Mitglied einer militanten Gruppe von Separatisten gewesen, die für ein autonomes Fünfseenland kämpfte.) Jetzt mußte ich erst wieder üben, deutsche Sätze zu formen, um wenigstens die ersten Erledigungen unauffällig hinter mich bringen zu können. Nicht als ein Ausländer wollte ich ins Inland zurückkehren und trotzdem weiterhin blonde Haare tragen. Aber in Wangen riefen sie schon: Der Kaiser kommt! Der Kaiser kommt zurück! – Erfolgreich versuchte ich mich möglichst unbeachtet aus dem aufgewirbelten Staub zu machen und gelangte auch schnell über die abgemähten Wiesenhänge und die halbverwachsenen Pfade durchs Wildmoos nach Leutstetten. Kaufte dort einen halben Laib Schwarzbrot, dessen Salz und dessen Schwärze ich in Italien so lange vermißt hatte. Ich überquerte die Würm und schlich auf Wildwechseln den Kreisstadt-Koniferen entgegen. Mit den Wittelsbachern hatte ich schon südlich der Alpen abgerechnet, allein König Otto hatte überlebt. Jetzt konnte es nur ein Kinderspiel sein, auch noch die letzte Festung der Königstreuen zu nehmen. Unerkannt konnte ich über den Waldfriedhof nach Starnberg eindringen. Der Kaiser war zurückgekommen. Seine Rache würde fürchterlich werden.

Um 19 Uhr war ich in einem Ort angekommen, der zumindest äußerlich nicht mehr identisch war mit dem, von dem ich aufgebrochen war. Niemand stand am Straßenrand und alle Vorhänge waren zugezogen, alle Tore verriegelt. Bei dem Zustand, in dem ich die Kreisstadt vorfand, sah ich nur mehr drei Möglichkeiten:
1.) Quasi-Totalabriß (was über meine Abwesenheit an Verschonenswertem übriggeblieben war, das ließ sich an den Fingern meiner verstümmelten Hand ablesen).

Oder 2.) Aufhebung sämtlicher Baurichtlinien; endgültige Freigabe sämtlicher theoretisch bebaubarer Grundstücke zugunsten optimaler Gewinnmaximierung; Erteilung von Lizenzen für die Einrichtung von Nummernkonten an die Banken; großzügigste Verteilung von Spielbanklizenzen; Erklärung des gesamten Stadtgebietes zur steuerfreien Zone; Freigabe der noch nicht golfgenutzten Grünflächen der Umgebung zur Nutzung als gigantischer Verbundgolfplatz.
Oder 3.) Ausschreibung eines bestimmten Tages zum Fixpunkt: ab da Totalräumung des Stadtgebietes und direkte Umwandlung der kompletten Gebäudesubstanzlosigkeit in ein Freilichtmuseum (exemplarisches Dokument für die Nachwelt).

14. Verordnung zur durchschnittlichen Bewegungsfreiheit

Besser fühl ich mich in der Badewanne als hinten drauf auf einem schweren Motorrad. Wenn das die Freiheit ist, dann pfeif ich drauf. Wenn es mir eine Fliege ins Auge bazt, drückt es sie als Brei bei den Haaransätzen wieder heraus. Das also werden die Schuppen sein. Motorradfahrer sind besonders geplagt. Mein Helm hat ein Vordach, so will es mir wegen des Luftwiderstandes den Kopf abreißen. Zur Seite vor allem darf ich nicht schauen, nie wieder würde ich den Kopf nach vorne drehen können. Vom Fahrtwind tun mir die Augen so weh, am besten ich presse sie ganz zu. Durch einen Tunnel zu fahren könnte nicht viel anders sein. Bei dieser Geschwindigkeit werden mir meine eigenen Haare zu schmerzhaften Geschossen ins Gesicht. Nein, ich werde mir keinen dieser Integralhelme aufsetzen, ich betrachte sie als Unzumutbarkeit gegenüber der Freiheit meines Kopfes. Bin ich eine Blutwurst? Bin ich ein Wirsing im Dampfdrucktopf? Und selbst mit dem Essen spielt man nicht! So durchschneiden wir die Luft, und hinter uns kracht sie wieder zusammen. Erst in Andechs lassen wir es bleiben. Dunkel, wie das Wasser eines Moorweihers, ist die Maß. Wenn das Bier von Andechs also bloß das eingedickte Wasser des Klosterweihers ist, dann können wir jetzt jederzeit an einer Ringelnatter ersticken. Raoul hält die Gefahr nicht für gefährlich. Auch wenn ich noch zahlreiche andere Cembalobauer kennen würde, so wäre er doch der beste Cembalobauer unter ihnen, denn er ist der beste von ganz Bayern. Das muß längst nicht heißen, daß er noch immer solche Instrumente baut. Eher doch Tische mit dem Umriß des Starnberger Sees. Es gibt da eine Entsprechung zum Nierentisch. Er will seine Geländemaschine wieder verkaufen, denn es hat sich herausgestellt, die Hügel werden immer flacher. Vom Prost über die Prostata zur Prostitution! In Bangkok seien die Huren viel sympathischer, und viele Europäer würden dort von den angebotenen Dauerarrangements für die ganze Reise Gebrauch machen. Malaysia sei auf dem Land viel ärmer als Thailand. Eine hohe Geschwindigkeit ist mir auch bei anderen Fahrzeu-

gen oft zu hoch. Obwohl die erste Eisenbahn kaum schneller als ein Fahrrad gefahren ist, ist es den ersten Passagieren darin schlecht geworden. Einige sogar sind zusammengebrochen, sie konnten die so rasch vorbeiziehenden Eindrücke nicht verkraften. Wenn aber heute die Säuglinge bereits in ihren ersten Lebenstagen in ein Auto gepflanzt werden, so werden sie sich an das schnelle Leben schon gewöhnen. Egal welche Sache, alles ist Gewöhnungssache, es gibt schlimmere. Und ein Einjähriger wird sich heute vor einer anderen Einjährigen blamieren, wenn er noch nie in einem BMW gesessen ist. Freie Fahrt für freie Bürger! Freie Sicht auf die Ferienwelt neben den Autobahnen!
Kaum traue ichs mir zuzugeben: meistens geht es mir zu schnell, wenn ich in einem Auto nach Italien fahre, auch mit dem Zug. Kaum bin ich eingestiegen, muß ich mich auch schon wieder ans Aussteigen machen. Jenseits der Alpen, vielleicht schon nicht mehr auf dem europäischen Festland, weit genug jedenfalls, daß sich die dortige Bevölkerung längst mit einem ganz anderen Wortschatz verständigt. In etliche hundert Kilometer Landschaft hineinzufahren, um ein paar Stunden später schon in einer vollkommen anderen Gegend auszusteigen als jener, in der ich eingestiegen bin, das ist so eine Angelegenheit. Nichts ist selbstverständlich, und das ist selbstverständlich ungesund. Ein paar Stunden nur, und es riecht auch gleich ganz anders. Im Auto hatte es die ganze Zeit gleich gerochen. In den paar Stunden nur, die sonst bloß eine Nacht ausmachen, soll sich jeder der einzelnen Sinne auf einen neuen Eindruck einstellen, das ist zuviel. Jedesmal, nach solchen Fahrten, komme ich in einem dicken Nebel an und kann mich in den nächsten Tagen nur tastend zurechtfinden. (So kommt uns die Nivellierung letzter regionaler Eigenarten doch entgegen. Alles wird gleich aussehen. Es wird endgültig keine Umstellungsschwierigkeiten mehr geben. Es darf keinen Unterschied mehr machen, ob man in Frankfurt oder in Catanzaro aus dem Zug aussteigt.) Im Moment ist es recht, in Andechs auf der untersten Terrasse zu sitzen und sich stundenlang nur an den einen Blick nach Machtlfing hinüber zu klammern, höchstens mal das dritte Auge nach Südostasien abstechen zu lassen. Nach verschiedenen, glaubwürdigen Angaben und Berechnungen würde

das Wasser in einer Rinne von dem höchsten Punkt des Ortes Machtlfing nach der höchsten Spitze des Berges Andechs abfließen. Südostandechs. In meiner Funktion als Apostel also werde ich diesen bevorstehenden Winter auf dem Heiligen Berg Andechs verbringen, um mich in aller Ruhe besinnen zu können. Heute ist es eine Probelandung. Der sonnige Herbstnachmittag bietet keine realistischen Versuchsbedingungen. Geflogen bin ich noch nie. Wenn es schon so lästig ist, ein Mofa zu reparieren, um wieviel lästiger muß es dann erst sein, ein Flugzeug zu warten! Wahrscheinlich wäre ständig etwas daran kaputt. Wenn schon Technik, dann muß sie auch reibungslos funktionieren. Abgesehen davon, nur an einen Ort würde ich fliegen, von dem aus ich nach zwei Stunden schon wieder abfliegen könnte, dann würde ich mir sagen, es war nur ein Film. Aber der war sehr teuer. Die wilden Wolken einmal von oben zu sehen wäre nicht schlecht. Ich bin nicht gegen das Fliegen, aber sicher hätte der Vorderreifen einen Platten. Ich bin noch längst nicht für den Großflughafen im Erdinger Moos, bloß weil München-Riem unbedingt wegen Unverschämtheit geschlossen gehört.

Es gibt keine Dialekte mehr. Was über eine Generation noch an Dialekt herüberzuretten ist, kommt in der dritten nicht mehr an. Schenz, setz dich dazu, für einen wie dich wird die knappe Luft schon noch reichen! Vollkommen neue Zeiten für Kellner und Bedienungen. Wegen des ausschließlichen Gebrauchs von Taschenrechnern kann niemand mehr deren kopfgerechnete Rechnungen nachrechnen. Der Peinlichkeit, mit dem Taschenrechner nachzurechnen, will sich niemand aussetzen. Das freut mich für die Bedienungen und Kellner, wo doch ihr Beruf zu den unzumutbarsten überhaupt zählt. Wer die verbliebenen Bannwälder betritt, der wird gesteinigt. Die Standhaften, die Bankbetrug und Versicherungsschwindel noch immer für anstößig halten, sind um kein Haar weniger geworden, rücksichtslos schießen sie jeden über den Haufen. Doch Bruder Schenz redet lieber vom Wetter! Es gibt keines mehr. Es gibt nur noch ein Wetter. Es gibt eine Durchschnittstemperatur. Täglich etwas Regen, etwas Sonne und etwas Nebel. Gegen die verstärkte UV-Einstrahlung werden die Tage verdunkelt. Doch die Näch-

te sind sehr gut ausgeleuchtet und es empfiehlt sich, die wenigen Besorgungen, die außerhalb des Blocks gemacht werden müssen, nachts zu erledigen. Eine Erinnerung zeitlich einzuordnen ist schwierig geworden. Auf Kosten der Kälte des Winters wurden die Sommer immer kälter. Abweichungen von der festgesetzten Durchschnittstemperatur werden ausgeglichen. Gekühlte Sommer und beheizte Winter im großen Stil. Entwässertes Frühjahr und bewässerter Herbst. Nur sehr selten bricht das System zusammen, aber wenn, dann ist es gleich eine Katastrophe bisher unbekannten Ausmaßes. Alle in den Blockmärkten und sonstwo angebotenen Artikel werden von insgesamt zwei konkurrierenden Firmen hergestellt. Scheinbar aber herrscht eine schier unglaubliche Markenvielfalt. Nur durch großen Zufall, Bruder Raoul, ist Schenz und mir neulich eine schlecht verschlüsselte Liste in die Hände gefallen, aus der hervorgeht, welche Namen welcher der beiden Firmen zuzuordnen sind.
Eine Erinnerung räumlich zuzuordnen ist schwierig geworden. Bitte achtet in Zukunft darauf, daß ich mich demnächst möglicherweise hinter dem Namen Maurus Friesenegger verbergen könnte. Ich weiß zwar nicht warum, aber ich finde, dieser Name klingt nicht schlecht. Bald jedenfalls werden mein Name und meine alte Adresse aus der Zusenderegistratur der Post gelöscht werden.
Noch etwas: Könntet ihr mir, wenn es soweit ist, dieses Morgenstern-Gedicht mit der Wortlosigkeit, dem Wasser, dem Bier, dem Brot, der Liebe und der Treue und, ich glaube, dem Schweigen hierher schicken? Ihr wißt schon, welches ich meine, ich weiß nicht mehr genau, wie es heißt. Einer von euch wird den Band, wo es drin ist, ja noch haben.
Will wandern, bis der Schnee mich in die Mauern zwingt. So wie es aussieht, gibt es zwei Möglichkeiten. Entweder alle Menschen werden Brüder oder alle Menschen werden prüder.

Die letzte Weibersonne

Mit Walter Pause wandern: Im Frühjahr und Herbst am schönsten, auch noch im November! Beim Start an der Bahnunterführung, wo oben der leere Schnellzug nach Garmisch drüber saust, ist die Mühlstraße schnell zu finden. Auf ihr verlassen wir NW die Landhaussiedlung Königswiesen und sind schnell im Königswieser Forst. 40 m hinter dem letzten Grundstück, am Hochwald links das Forststräßchen genommen, dann volle 3 Kilometer geradeaus marschiert, genau westwärts! Wir sind im schattigen Wald, aber auch in uralter Kulturlandschaft, nicht zu fassen! Wir sind mit Walter Pause unterwegs und staunen an jeder Ecke. Und plötzlich, links, da kauert einer. Lothar in seiner letzten Decke sitzend und auf den ersten Schnee wartend: Schon längst ist Herbst und mein Volk ist weg!
Rückblicke nach Gauting und Tiefblicke in den von Laubwäldern ausgepolsterten Würmtalboden ergötzen uns, bis wir über dem Würmknie in eine auffallende Landkanzel geraten, den schanzenförmig vorspringenden sogenannten Schloßberg. Hier geht es plötzlich spitzwinklig, also NÖ zurück, dann steigen wir bei der Überlandleitung steil den Fußweg zur Würm hinab. Unter großen Buchen halten wir uns rechts, dann würmaufwärts bis zur kleinen Brücke den Forstweg hinauf zum Karlsberg steigen. An der ersten Weggabelung bleiben wir links. Endlich steht man hoch oben auf den freien Wiesen und stromert S einen Pfad durch die Einsenkung zum Buchenbühel, 592 m, hinauf mit dem einzigartigen Fernblick auf Würmmoos, Starnberger See und Voralpen.

Am 30. 10. 67
Wicht, Nase, Kopf, Tag, Gesicht, Straße, Augen, Adler, Kinder, Füße, Füße.

Ein Rabe, schwer und schwarz erhaben. Der hat Grund dazu, wenn nicht er, wer dann. Lothar, der letzte Indianer, spricht es nicht aus: Bury my heart at the Wuermknie. – Mit Leutstetten hört das Flachland auf. Gauting ist schon München. Ab Gauting reißen die Häuserketten nicht mehr ab. Wenn ich von München komme und in Mühlthal aussteige, dann lasse ich das flache Land hinter mir. Biege schon vor Rieden nach rechts den Waldweg ab und geh an der Wiese entlang. Baumfrüchte hat es dieses Jahr keine gegeben. Viele Äcker lagen heuer öde. Die Feldfrüchte, da der beständig kalte Regen die Ernte verzögerte, wurden von den Wildschweinen, deren vielfältig 10, 20 und 30 zusammen auf dem Acker gesehen wurden, und weder mit Hunden noch mit Schiessen abgetrieben werden konnten, so sehr verdorben, daß mancher Bauer zweifelte, ob er fürs künftige Jahr den Samen erhalten werde. Seit Anfang Oktober werden allgemeine Jagden angestellt und auch sehr viele Wildschweine gefangen. Auch ohne Nebel, tapp ich wie im Nebel, an diesem grellbunten Laubtag. Noch zwei, drei Stunden, dann wird er angewinselt kommen und über die abgekieften Wiesen buckeln. Die Einfechsung der restlichen Ernte war erbärmlich anzusehen, wo Menschen nebst ihrer auch zugleich Pferdearbeit thun müssen, mit Ziehen, Tragen und Schieben, wegen Abgang der Pferde. Auch das künftige Feld wird man ohne sie nicht bauen können. Einige hatten Mofas bekommen, der Westenrieder ein blaues. Mutters altes Fahrrad wurde bald mein Fahrrad. Schwarz war es, doch es sollte bunt seyn. Das Fahrrad sollte das Wahrzeichen seines Fahrers seyn und an den abgestellten Fahrrädern sollte man erkennen können, wer gerade da ist. Saskia, Dorli und Franziska halfen es anzumalen. Bunt sollte es seyn, wie der Herbst, die Jahreszeit der häufigsten Ausfahrten.

Wenn ich von München komme, dann werde ich gestern in einem Film gewesen sein. Seven years in one night, so schnell geht es nicht immer. Endlich war ich wieder achtzehn und könnte den Führerschein machen. Meinen Fahrlehrer hatte ich völlig überraschend abgestochen und war einfach mit seinem Auto bis nach Frankreich weitergefahren. Mein Geld würde für sieben Tankfüllungen reichen. Diese Franzosenautos mit ihren gelben Scheinwerfern, da hat es Godard natürlich leicht, beeindruckende Nachtszenen zu drehen. Es handelt sich um einen Farbfilm. Es handelt von einer jungen Frau, die mit Vornamen Carmen heißt. Die in einer Szene in der Küche steht und nur ein

T-Shirt anhat. Was wäre das nur schon wieder für ein Krampf, hätte sie kein T-Shirt an? Sie hat eigentlich nur ein T-Shirt an, das ist natürlich nicht die einzige Szene im Film. Ein rotes T-Shirt. Godard hat es leicht mit den Franzosen. Ohne die gelben französischen Scheinwerfer wären die nächtlichen Schnellstraßeneinstellungen sehr leicht nur ein weißrotes Einerlei, wie gehabt. Bis zu ihrem Auftritt bei der Bambi-Preisverleihung dachte ich, Maruschka Detmers sei es wert, wegen ihr quer durch Mitteleuropa zu rasen. Unvorstellbar ist die Vorstellung, eine Filmschauspielerin müßte, wie eine Theaterschauspielerin, ihre Rolle genausooft spielen, wie ihr Film aufgeführt wird, was zwar bei den meisten wirklich guten Filmen kaum ein Problem wäre, denn ein wirklich guter Film wird nur ganz selten oft gespielt, aber, gehen wir zumindest von einem mittelmäßigen Film aus, der zumindest in allen größeren deutschen Städten und ja womöglich auch noch in einigen anderen Ländern gespielt wird; auf jeden Fall läuft der Film vielleicht zwei, drei Wochen, ich mag das ja nicht ausrechnen, also der läuft je Kino dreimal am Tag, vielleicht auch nur zweimal, das gibt auf jeden Fall eine Anzahl von Aufführungen, die kaum einem einzelnen Darsteller zuzumuten wären. Oft dachte ich mir, falls du irgendwann irgendeine Rolle spielst, also eine gespielte Rolle, also eine künstlich gespielte Rolle, das heißt eine für ein richtiges Publikum gespielte Rolle spielst, das auch bezahlt und so weiter, du würdest das nur in einem Film tun, weil du nichts langfristig auswendig lernen kannst, weil du so froh bist, etwas hinter dir zu haben. Wenn ich etwas hinter mir habe, dann ist es vorbei, stelle ich mir vor. Anschauen würde ich mir den Film dann schon noch ein-, zweimal, aber es ist vorbei. Vielleicht noch nicht nach dem ersten Drehversuch, vielleicht wäre ich ja gar nicht so gut, daß die Szene gleich beim ersten Mal sitzt, vielleicht müßte man auch noch ein zweites Mal drehen. Aber vielleicht wäre ich eben doch so gut, daß die Szene schon beim ersten Mal unverbesserbar wäre. Bei Uniwörsl ist jede Super-8-Szene grundsätzlich nur einmal gedreht worden, weil wir mehr Geld nicht hatten. Nur eine Szene ist je zweimal gedreht worden, und das war die Stelle, wo Mike als Atomwissenschaftler in einer Situation, die so ernst wie keine andere war, hat lachen müssen. Ansonsten aber galt: jeder muß so schlecht spielen, daß es auf Anhieb authentisch wirkt. Wenn ich aber eine Theaterrolle spielen sollte, ich käme um vor Angst, ich würde etwas falsch machen, das heißt zu gut spielen, was ja auf der Bühne unverbesserlich ist, da es ja schon mitten ins Publikum hineingespielt worden ist. Ich könnte nicht einfach hergehen, abbrechen und die Szene einfach nochmal ansetzen, mich zusammenreißen und mich voll darauf konzentrieren, so daß es, beim zweiten Anlauf wenigstens, etwas schlechter wird und deshalb etwas mehr wie aus dem realen Leben gegriffen wirkt. Das Theater hat so viele Augen, die gleich schauen, während das Kino noch vielmehr Augen hat, die schauen aber nicht gleich. Ein guter Film muß auch draußen, vor dem Kino, noch weitergehn. Das Fernsehn hat am meisten Augen, aber die sehen nichts.

Alexander Kluge hatte Rebekka im Vorjahr versprochen, im Herbst 1979 im Filmklub Starnberg über *Die Patriotin* zu diskutieren. Jetzt ist sein Film noch gar nicht gestartet. Er ist in Zeitdruck.
Vor ihm sitzen Schüler ab zwölf Jahren, die den Film nachmittags gesehen haben. Es sind zwei bis drei Lehrer erschienen. Außerdem sitzt Habermas im Raum. Ohne nachzudenken, meint Kluge, orientiert er sich: 1.) an dem, was die Schüler sagen; 2.) an der Autorität Habermas'. Das ergibt ein sprachliches Durcheinander.

Unser Materialassistent ist in Starnberg gerade in einen Stau gekommen und verspätet sich zehn Minuten. Die Dreharbeiten für die *Weibersonne* kommen ins Stocken. Der Materialassistent hat Filmmaterial für etwa eine Stunde bei sich. Das Filmteam ist gewöhnt daran, auch mit Ausrüstung zügig zu laufen. Kamerafahrt: Von unserem Parkplatz aus gehen wir in dem schönen Wiesengrund, durch den der Maisinger Bach gurgelt, zunächst bachaufwärts, dann im schmalen, schattigen Waldgraben. Bachbrücke, Fußweg links, Bachbett, linker Arm, Straße, Maising, Brücke, Sägemühle, Hohlweg, Weggabelung, Gatter, Weidezaun, parkähnliche Fluren, Fichtenwäldchen. Walter Pause steuert eine Waldwiese an, trifft auf das Gasthaus am Weiher, setzt sich auf die Dammkrone zur Brotzeit und

blinzelt über die vielen lustigen Weiher-, Moos- und Waldkessel hinweg bis zur Zugspitze.
Im Abiturjahr 79 waren wir aus Schottland zurückgekommen, und ich bin nach Feldafing, den Hof anzustreichen. Edda, Dominique und Gernot sind nicht nach Feldafing zurück. An einem schönen Platz muß es nicht unbedingt auch schön zugehen. Sie hatten ihre Gründe, in den Bairischen Wald zu ziehen.
Einen Monat brauchte ich, den Hof zu streichen. Für diesen Oktober bekam ich tausend Mark. Jeden Tag lief ich den ungeteerten Weg vom Bahnhof herauf, Feldafing hat diesen schönen Modellsatz-Bahnhof. Der Himmel vier Wochen lang blau, an den Bäumen alles gelb, nur das Gras noch dunkelgrün. Und genau in diesen Farben strich ich den Hof. Blau die Fensterstöcke und die Fenster. Gelb die Fassade und grün die Läden. Peters Oma war zu Besuch, sie wollte mir das Radio zur Arbeit nicht gönnen. Die Pflanzen im Gemüsegarten, die noch nicht abgeerntet waren, hingen schon glasig weich über dem Boden, und auf der Wassertonne spannte eine dünne Eisschicht. Das machte den Lack zäh im Schatten.
Ein Jahr zuvor: Laub rechen mit Andrea in einem Villengrundstück auf der Maxhöhe. Buchenlaub auch mit Jogi. Ein Jahr davor: Zettelverteilen in Angerweiden-Briefschlitze, in Blumensiedlungs-Briefschlitze. Das Laub der Werbebranche darf nicht auf den Boden fallen. Und jetzt: Welt im kalten Dampf. Wieder trüb, trüb, das macht mich noch wahnsinnig, zu wissen, ein paar Dutzend Meter über mir scheint prall die Sonne. Die Müdigkeit vor meinem Elfstundenschlaf war eine andere, bestimmt aber keine schlechtere. Wenn der erste Moment beim Fixen wirklich bloß das gleiche Gefühl erzeugt, als wenn man in heißes Badewasser hineinrutscht, dann frage ich mich, wozu der ganze Aufwand? Nirgends denkt sich der Kopf so leicht wie im Dampf des Badewassers. Denken, bis mir die Haut weiß wird. Die Augen immer wieder zu und eine neue Müdigkeit füttern.
Zum Michi geh ich. In seinem Aquarium ist jetzt nur noch ein Fisch. Der wird sich freuen, wenn er jetzt so viel Platz hat; der wird sich ärgern, daß er jetzt alleine ist. Michis Russischer Wein hat Läuse, und seine Hündin fickt immer noch jedes erreichbare

Knie. Das ist mir lästig, solange ich erreichbar bin. Als wir die Moränenhügel beim Schmalzhof hinterlaufen, kann ich den Zoologen fragen, warum denn die Spinnen im Altweibersommer so vollkommen wahllos ihre Fäden in die Tauluft spannen. Rauf und runter und rauf, aber Berge, die über die Nebelsuppe hinausragen, sind es nicht. Michi ist das heute zu blöd, so nehmen wir uns vor, nachher in den Filmklub zu gehen. Über die Grausamkeit von Turnstunden sind wir uns einig.
Wenn aber alles auf Gegenseitigkeit beruht und diese Gesellschaft sich nicht für uns eignet, dann werden wir uns halt auch nicht für diese Gesellschaft eignen. Du mußt dir wie ein Aussätziger vorkommen, wenn du wegen einer einzelnen Schraube in eine Eisenwarenhandlung gehst. Es hat sich vieles zugetragen. Herbstspaziergänge können leicht in einen Jahresbericht ausarten: Als sei's erst vor zwei Wochen passiert, als sei's schon vor drei Jahren gewesen, als sei es nur in nachtschwerer Einbildung passiert. Und nichts davon ist wahr. Bin ich denn der leibliche Ölfleck, der breitgelaufen in der Neuzeit herumschwimmt? Wir sind die fünften Kinder unserer Väter. Bin ich die Tinte, die schwerer als Wasser in die Steinzeit sickert? Wir sind die ersten Kinder unserer Mütter. Unhörbar schleicht sich der Tag in die Dunkelheit. Die trüben Herbsttage kennen keine Tageszeiten. Die Zeit verstreicht nur noch, weil sie sonst nichts zu tun hat. Als wir zurückkommen, ist die Zeit entschieden zu weit gegangen. Auch wenn man den üblichen verspäteten Anfang abzieht, müßten wir in drei Minuten drunten im Filmklub sein. Wir bräuchten etwas Schnelleres jetzt als das Fahrrad. Da ist der Film inzwischen schon angegangen, vier Kilometer weiter östlich. (Den Staatsbürgern scheint es nicht egal zu sein, wie weit entfernt vom feindlichen Osten sie wohnen, da sie für die Grundstücke hier im Westen der Kreisstadt wesentlich höhere Preise zu zahlen bereit sind.) Unten im Gemeindesaal liegen sie jetzt schon auf dem Boden zwischen erster Stuhlreihe und Leinwand. Hier, in westlicher Sicherheit, bleibt uns nichts, als zu beschließen, uns mit Käsetoast zu trösten. Aber auch wenn wir an der Prinzeneiche sind, irgendwie ist es hier nicht so recht bourgeois. Ist nichts anderes da, außer Käse und Strom. Kein Toast im ganzen Haus, nur im

Keller noch eine Büchse Sardinen. Die sind hier die unpraktischste Familie der Kreisstadt, aber sie haben den praktischsten Büchsenöffner, den ich je gesehen habe. Niemand bekommt eine Fischvergiftung.

Am 9. 11. 67
Jahre, Welt, Tag, Nacht, Kopf, Tränen, Hand, Lichtchen, Ruhe, Grab, Plätzchen, Leben, Totenhemdchen.

Kann meine Finger nicht stillhalten. Bin dann heimgefahren. Habe alle Programme durchgeschaltet und konnte dann doch nicht einschlafen. In der langweiligsten Szene mußte ich meinen Arm nach Michis Kugelschreiber ausstrecken. Der hat oben eine dicke, runde Kappe. An der Kappe ist ein Lederband befestigt. Michi sagte, den soll ich mir umhängen, damit ich ihn nicht verliere. Es gibt eben zahlreiche Möglichkeiten, sich die Zeit zu vertreiben.
Zum Beispiel kann ich das Lederband in einer regelmäßigen Doppelspirale um den Stift wickeln. Ich sag, weil es stimmt: Die Freiheit ist unteilbar. – Ilse sagt: Das ist nicht auf deinem Mist gewachsen, das hast du aus einem Cowboyfilm.
Andererseits kann ich das Lederband, bis es nicht mehr geht, zwirbeln und dann den Stift loslassen und das Ganze auszwirbeln lassen. Dann sag ich: Woher soll ich denn einen Mist haben, mitten in der geschleckten Kreisstadt? Die Cowboy-Werbung zeig mir mal, wo so was wächst. – Dann sagt sie: Du, der du noch keinen einzigen Dollar auf ehrliche Weise verdient hast, willst mir sagen, daß du eine Fantasie hast, die über einen Cowboyfilm hinausgeht?
Ich kann das Oberteil der Kappe abschrauben und in den dann offengelegten Hohlraum das gezwirbelte Lederband hineinstopfen, was aber gar nicht so einfach ist. Dann sag ich, nicht mit voller Überzeugung: Ich behaupte, daß es eine Freiheit gibt, die über eine Cowboy-Werbung hinausgeht. – Dann sagt sie: Nein, die gibt es nicht, das ist das höchste der Gefühle, was Höheres findst du nicht.
Viertens kann ich das Oberteil der Kappe abschrauben und dann die Kappe verkehrt herum wieder auf den Stift stecken und so Rakete spielen. Dann sag ich: Was Höheres find ich

schon. – Dann sagt sie: Dann schau doch, wo du bleibst mit deiner Sucherei. In die Küche vom Teufel kommst du damit.
Fünftens kann ich den Stift selbst aufschrauben und dann Feder und Mine herausholen und anschließend alles wieder sachgerecht zusammenbauen. Dann sag ich: Ich bleib, wo ich bin, und schaue, wohin es mir nicht paßt! – Dann sagt sie: Die Freiheit soll ganz einfach das sein, wovon der Sozialismus das genaue Gegenteil sein soll, mit dem die SPD aber sowieso nichts zu tun hat, auf die wir eh scheißen.
Kann das Ganze *nicht* mehr sachgerecht zusammenbauen. Dann sag ich: Dann müssen es ja die christsozialen Demokraten sein, die uns die große kleine Freiheit servieren. – Dann sagt sie: Ja, das ist so ein Service, der allerdings etwas extra kostet.
Kann die Mine auch herausholen und die Feder vorne auf die Mine draufstecken, die Mine dann plötzlich loslassen, und schon wird sie zum schönsten Geschoß. Dann frag ich: Und die kommen uns dann mit den Cowboys? – Dann sagt sie: Genau, und die werden uns den Weg in die Regionen, die sich noch gegen die Freiheit wehren, schon freischießen. Die wissen noch, wo Gut und wo Böse liegt. Schon einmal habe ich das bei einer Wahlveranstaltung angebotene Bier genossen und für genießbar befunden.
Ferner kann ich das Unterteil der Kappe als Blasrohr verwenden, in das ich die verschiedensten Objekte stecken kann. Dann frag ich: Freibier gibt es dann immer? – Dann sagt sie: Ja, wo doch dann die Freiheit herrscht.
Ich kann mit dem Kugelschreiber auch ganz einfach etwas schreiben. Dann frag ich: Wie viele Freimaß darf dann einer haben, pro Tag? – Dann sagt sie: Das weiß ich noch nicht so genau, das wissen die selber noch nicht so genau, das muß erst noch besprochen werden. Mit der Lösung dieser Frage wird so manche Instanz beschäftigt sein. Die Freiheit will gut verwaltet sein.
Kann kleine und große Zeichnungen machen. Dann sag ich: Die dann wieder Arbeitsplätze schafft. – Dann sagt sie: Genau, die Freiheit muß inzwischen drei Millionen Arbeitslose beschäftigen.
Kann irgend etwas Vorhandenes damit durchstreichen. Dann

sag ich: Und zwei Millionen Cowboys. – Dann sagt sie: Zwei Millionen staatlich anerkannte Freiheitskämpfer.
Kann schließlich sogar etwas Vorhandenes damit unterstreichen. Dann würd ich fragen: Die schenken dann das Bier aus? – Darauf würde Ilse antworten: Genau!
Und ich mußte meinen Arm wieder einziehen. Hab die Augendeckel wieder zugeklappt. Augäpfel vom Baum im Schlaf.

Vierte und fünfte Einstellung: Die Findlinge hier kommen zum Teil bis aus den Zentralalpen, nix Wetterstein, sagt der Vater im dichten Laubwald hinter Söcking. Die Mutter sagt nichts im lichten Nadelwald vor Hadorf. Auch das Licht stellt sich wieder ein, und der Regen fährt nach München weiter. Text im Off: Jetzt muß ich keine Maulaffen mehr feilbieten. Im Licht, da fällt das Schweigen leichter, das mir sowieso immer leichter fällt. Richtig schlimm wird es erst, wenn sich die Mäuler doch wieder an die Tischecken hauen müssen, dann fällt ihnen das Schweigen wieder schwerer. Cadmium macht noch geschwätziger als das entkeimte Paprikapulver zum Zigeunerschnitzel. Das Cadmium ruht tief auf dem Grund eines sogenannten Wilderereintopfes (25 Mark 90), aber wehe, es taucht ein Wilderer auf aus dem Wald, aus dem sie den Topf herausgeschossen haben. Auf den lichten Waldwiesen ist das Wild dem Cadmium am nächsten. Und wehe, es taucht einer der Zigeuner auf, die hinter Erdwällen neben dem Müllberg hausen. Zigeunerschnitzel will sagen, daß mindestens eine halbe Packung Paprikapulver in der Soße schwimmt. Im Kindergarten mußte ich in der Ecke stehen, weil ich einmal den Apfelbutzen nicht richtig abgekiefert in den Papierkorb geworfen hatte. Gleichzeitig wurde uns von sämtlichen bunten Reklametafeln herunter ständig eingebleut, doch möglichst wahllos drauflos zukonsumieren. Alles also schien darauf ausgerichtet, das junge Ich in möglichst viele, sich gegenseitig bis aufs Blut bekämpfende Fraktionen aufzuspalten. Auch die Eltern konnten den Sohn nicht retten.
Natürlich will ich wieder Mittelpunkt sein, nur mag ich mir den Anlaß dazu selbst ausgesucht haben. Wilderer möchte ich wieder sein, auch wenn der inzwischen Wilddieb genannt wird. Natürlich bin ich vergnügungssüchtig, aber das heißt noch lange nicht, daß ich mir vorschreiben lasse, was ich als Vergnügen

ansehe. Nein, das Herz, das mag das Maul nicht. Das Herz, das ist der Wilddieb, und das Maul behauptet das Gegenteil. Nach Mexiko möchte ich wieder, in echt.
Erste mexikanische Einstellung: Ein Korbhändler redet einen Touristen schwach an, weil der sich einbildet, fünfzig Körbe würden weniger kosten als fünfzigmal ein Korb. Text aus dem Off: Wenn es früh ist, sagt er dir, daß er dann ja gar nicht mehr weiß, was er für den Rest des Tages auf dem Markt machen soll, wenn er um diese Uhrzeit schon alle seine Körbe verkauft. (Das leuchtet ein.)
Schlußtitel: Wer einmal in die Mördergrube gefallen ist, dem glaubt man nicht.

Deutschland im Herbst: 1977
USA, 1977: erste Talking Heads
Olaf trauert um das schöne Pellet-Kino. Vater sagt, im jetzigen Schuhlinse sei auch mal ein Kino gewesen.
Pelletmayer-Kino: Streit um die Logenplätze.
Filmklub: möglichst weit vorne sitzen.

Altweibersommer: Der Laubfeuerrauch ist das Wichtigste. Da hatte ich die Spinnweben schon wieder glitzern sehn. Nina war sichtbar auf der Weide gestanden. Letzte Laubbäume waren noch grün gewesen. Haben die reifen Tollkirschen gesehen, haben keine davon angerührt. Die färben sicher gut, was stimmt und mehr. Der Holler war reif, und nach der Reife kommt die Fäulnis. Die erzeugt Wärme. Laubfeuerrauch zieht über die Wiesen. Verbranntes Laub verfault nicht mehr. Rauch.
Jungweiberwinter: Es soll das letzte Mal warm sein, aber nachts schon Bodenfrost haben. Von der Auflösung der Morgennebel bis zu ihrem Untergang soll die Weibersonne scheinen, was zu keiner Jahreszeit so wichtig ist wie jetzt. Im Schatten sind die Finger klamm. So ist es mir recht, und es ist nicht ganz windstill. Das ist noch treibender als das Frühjahr, weil es zu Ende geht. Bei einer Konzert-Zugabe muß ich auch jeden Ton doppelt hören, denn gleich ist es aus. Die Luft roch so sehr nach Jauche, die letzten drei Tage. Das Licht ist es auch. Das Licht ist es ganz besonders, so wie sonst nie. Im schrägen Licht fällt mir das Schweigen am leichtesten. Alle Wege sind ganz bazig aufge-

weicht, mit tiefen Bulldogspuren eingeprägt. Nur im Schatten sind sie fest. So flach kommt das Licht, daß es mittags schon blendet. Im Mittelhochdeutschen war *Landschaft* nur ein topographischer Begriff, während *Landschaft* als Bezeichnung für den schönen *Naturraum* erst im Spätmittelalter in der Malerei erscheint. Bis hier herüber schielt der Turm vom nahen Kloster. Nie sind die Blätter so lebendig wie kurz vor ihrem Absterben. Das ist ein Tanz, der fliegt, so wie die leuchten und schaukelnd zu Boden gehen. Dabei hatte es schon mal draufgeschneit, recht dick und auch schwer. Der Novemberschnee hat die alten Äste von den Bäumen gebrochen. Der fließt jetzt immer noch die Nordhänge runter. Die Bäche sind ganz voll davon. Und wie es pflatscht bei jedem Tritt! Große alte Eiche steht in großer junger Pfütze. Das sehe ich alles mit den Augen und die Nase ist ganz voll davon. Den Mund voll nasser Erde und die Ohren weit offen. Die Seen sind strotzend blau, und auch die Moorweiher halten sich dran. Blinkend gelbe Blätter auf diesem blau spiegelnden Wasser, das paßt zusammen. Gelbe Haare, aber die Augen sind nicht blau. An der Nase schwingt kein Tropfen. Laubfeuerrauch streckt sich lang über das spiegelnde Wasser, da habe ich etwas nachgeholfen. Mein Feuer ist das nicht, aber es brennt von meinem Zündholz. Weniger werden die Geräusche, das macht die wenigen noch lauter. (Niemand wäscht Fässer vor, niemand sägt Eis.) Nur das Rascheln nimmt zu. Die Viecher wühlen sich durchs zerbrechliche Laub. Das gelbe und das orange, das rote und das braune. Karpfen hechten in die Luft, oder eine Ente kippt sich kopfüber ins dunkle H_2Oh. Habe nichts gesehn, habe nur das aufspritzende Wasser gehört. Wieviel praktischer wäre es doch, wenn die Ente nach Insekten schnappen würde, der Hecht nach Plankton, aber das Pflatschen der beiden ginge ab. Gesehen habe ich nichts, vor lauter Bunt sehe ich gleich gar nichts mehr. Jeder einzelne Meter ist besoffen von diesem Licht. Nur die Wiesen getrauen sich noch grün zu sein. Die Sumpfwiesen nicht, die Bäume nicht, die Sträucher nicht. Die männlichen Stockenten tragen auch im Jungweiberwinter noch ein paar grüne Federn am vornehmen Kopf. Aber sonst tragen nur die Wiesen Grün. Kaum mehr Kühe drauf, manchmal Pferde, selten Rehe. Die Kühe sind nicht so sportlich. Die Rehe sind nicht so praktisch. Am vornehmsten sind die Rehe. Am vornehmsten ist das gelbe Blatt auf dem blauen Samtwasser. Die Maulwurfhügel sind noch schwärzer als die Löcher, aus denen sie stammen. Ein Großteil der Maulwürfe und ein Großteil der Wühlmäuse müssen in ihren Gängen ersoffen sein, heuer. Aus den tiefer liegenden Gangöffnungen läuft das Schmelzwasser. Die vom Torfspaten aus dem Torfstich ausgestochenen Torfziegel sind schon weggebracht, aber vom Moosrand tropft es auf seinen moorwäßrigen Grund. Nordseitig liegen ganze Bäume flach und ihre Wurzelstöcke fingern in die Luft. Die werden dann zu Torf, und die Bauern stechen Ziegel draus. Ein abgestorbener Bauer wird zu Erde und brennt nicht. Abgeerntet sind sogar Maisfelder schön. Das ist so ein Schlachtfeld. Lange Punktreihen laufen rauf und laufen runter, hier hat er strammgestanden und die Fetzen liegen dazwischen. Hier säbelte ein Krieg, aber zum Mais habe ich auch nicht geholfen. Den Machtlfinger Bauern war die Ewigkeit versprochen worden, wenn sie die Kaiserlichen unterstützen. Als Futterrüben stecken sie noch in ihrem Element. Das Element vom Herbst ist die Erde, keine Zeit sonst ist so erdig. Ich sehe keine Totenhemdchen. Der Herbst riecht nach Erde, so ist das, und die Erde riecht nach Herbst, das ist auch so. Die Gerüche gehen nicht unter, wenn die Sonne untergeht. Nur die Farben gehen unter. Langsam, vom Farbfilm zum Schwarzweißfilm, wie bei Fellini, nur umgekehrt. Blässe schleicht sich ein und die Füße frieren schon. Ich kann mir ein Totenhemdchen anziehn und mir vornehmen, den Winter im Kloster zu verbringen. Der Andreastag am 30. November steht an der Schwelle des neuen Kirchenjahres und hat deshalb heidnische Jahresanfangsbräuche auf sich gezogen: die Andreasnacht ist die erste der Klöpfelnächte. In der Andreasnacht kann man die Zukunft oder seine zukünftige Braut sehen (bei solchen Orakeln um Mitternacht ist kultische Nacktheit vorgeschrieben). Später am Zaun des großen Schießplatzes entlang, also N; wo der Weg aufhört, 100 m nach rechts, Ö. Hier schleicht man N wieder in den Wald. Kein Laut weit und breit, kein Mensch, aber immer wieder ausbrechende Rehe.

Ich also mittendrin, die ganze Zeit, die ganze Nacht. Nackte Hasen, nackte Schnecken. Der schiebende Nebel ist das Totenhemdchen auf den gehäuteten Körpern. Die letzte Herbstnacht spuckt die Haut aus. Nackte Zukunft. Ich werde meinen Weg nach Weilheim und Polling nehmen und unterwegs Dinge sehn, die kaum auszuhalten sind. Mir werden Kinder begegnen, deren jedes mit seinem Päckchen daherweint; Mütter, die mehrere Kinder, zwei auf dem Rücken und eines auf den Armen, daherschleppen; Männer, die ihre Karren mit Kleidern und Nahrungsmitteln, mit Kranken und Kindern beladen, mühsam dahinziehen, oder ein oder mehrere Stücke Vieh vor sich hertreiben.

Öttlinger war kein Starnberger!

Wir und unsere Gesundheit
Unser Körper ist ein Wunderwerk Gottes. Der Kopf ist der Denker. Im Rumpf liegt das Herz. Es ist eine Maschine, sie treibt das Blut durch den Körper. Magen und Darm verarbeiten die Nahrung. Die Lunge nimmt die Atemluft auf. Die Wirbelsäule hält den Körper aufrecht. Die Beine sind die Lastenträger. Die Hände sind Hände.

Am 13. 12. 67
Kopf, Herz, Blut, Darm, Rumpf, Körper, Denker, Magen, Nahrung, Lunge, Gesundheit, Wunderwerk, Maschine, Atemluft, Lastenträger.
Es weihnachtet sehr
Nur noch elf Tage sind es bis zum Heiligen Abend. Da gibt es noch viel zu tun! Mutter bäckt den Stollen und vielerlei Plätzchen. Es duftet im ganzen Haus. Auch wir Kinder richten heimlich kleine Geschenke her und sind besonders brav!

Liebes Christkind!
Ich wünsche mir eine Märklin-Eisenbahn und eine Rennbahn mit scharfen Kurven, und der Christbaum soll schön geschmückt sein.
Viele Grüße vom Andreas.

Schnee ist schön weiß. Meine Mutter trinkt Kaffee. Ich trinke aber Kakao. Da ist der Starnberger See. Auf dem Beet blühen Rosen. Der Sack vom Nikolaus ist leer.

Auf dem Beet blühen Rosen, also keine Tulpen am Winteranfang. Der Schnee ist ganz schön naß. Beim Schlittenfahren heißt es aufpassen, es hieß, bloß nicht auf die Siglstraße hinausrutschen! Nicht gegen das Hydrantenschild an der Bozenerstraße rasen! An Nikolaus sind wir in die Dachdeckerei hinunter. Jedes Kind sollte ein Gedicht aufsagen. Neben dem *schwarzen* Buckligen, dem *roten* Bärtigen mit dem *goldenen* Buch in der

Hand, ein nettes Gedicht. Ich beließ es bei Advent, Advent und den vier Lichtern. Die anderen machten sich größere Mühe. Und im Kindergarten: Nikolaus. Da kam auch der fette Landrat dazu. Und die Zunge, mit der ich die pelzig-eisige Klinke vom Gartentor abschlecken wollte, blieb kleben dran. Ich riß sie wieder los, da hing ein Fetzen Zungenhaut am unfreundlichen Metall. So was macht man nur einmal, und es muß gar keine heiße Herdplatte sein. Hoch wuchsen die Berge vom weggeschaufelten Schnee. Gänge in die Häufen hineingegraben und Kerzen hineingestellt. Was erst schmilzt wird nachher Eis. Es glitzern die Gänge im flattrigen Licht. Endlose Gänge, weil ich in alle Richtungen will. Schneestraßen auf gestampften Dämmen sind durch Einsatzfahrzeuge ständig freizuhalten! Wir sehen die Bobbahn zur Rechten: ein blauer und ein roter Bob. Die Bahn muß in bestem Zustand sein, stets also vereist. Die scharfen Kurven sind eine Herausforderung, über die leicht einer hinausschießt. Zeit der Dachlawinen, frische Gebirge zur Linken. Dort sollte ich nicht hin, unter den Dachvorsprüngen sei es jetzt zu gefährlich. Am Vierundzwanzigsten regnete es wieder, und ich konnte es nicht erwarten. Ich sah durch die fette Milchglasscheibe, hinter der sich verschwommene Farbflecken bewegten. Ich verkroch mich unters Sofa und tobte dort gegen die Zeit an. Es war ein Hinhalten bis zu einer bestimmten Uhrzeit. Baiern war jetzt schon seit vier Jahren in den Spanischen Erbfolgekrieg verwickelt und vier Starnberger Anwesen war bereits der Pechkranz aufgesetzt worden. Nach der Bescherung gibt es Saure Zipfel mit Zwiebeln und Semmeln. Gedünstet sind die Zwiebeln nicht mehr scharf. Die Würste kommen mit der Post aus Ansbach.

Berüchtigt wurde der Spanische Erbfolgekrieg vor allem durch die mörderische Sendlinger Bauernschlacht am Weihnachtstag 1705, wo etwa viereinhalbtausend aufständische, hoffnungslos unterbewaffnete Bauern von den Österreichern niedergemacht wurden. (Wenn wir ein wenig Rückblick halten, wie es sich zum Jahresende ziemt, dann dürfen wir, glaube ich, sagen, daß wir uns bisher redlich geplagt haben. Sie, Ihre Kinder, wir Lehrer, und daß wir es doch eigentlich ein Stückchen weitergebracht haben. Wir haben uns aufeinander eingestellt, wir haben die

Probezeit, den englischen Lautkurs, die ersten Enttäuschungen, die ersten Erfolge hinter uns: für Ihre häusliche Mitarbeit und Ihr Verständnis bei allen unseren Unternehmungen danke ich Ihnen herzlich. Ich wünschte, Sie könnten manchmal miterleben, wie ungezwungen wir im Unterricht schon Englisch plaudern, wie aufgeschlossen und kritisch Ihre Kinder im Deutschunterricht sind, wie sie voller Energie und voller Ideen stecken, die in der Gemeinschaft erst zum Tragen kommen.) Auf die Soldaten, von denen wir jetzt frei waren, folgten wieder die Wölfe und Mäuse in großer Menge, die unsern Plagen kein Ende seyn lassen. Wenn es schneit, schaue ich hinüber nach Percha. Wenn ich die Lichter von Percha nicht erkennen kann, dann schneit es genug. Wenn die Lichter von Percha, trotz Schneefall, noch bis hier herüberleuchten, dann schneit es zu wenig und gleich hört es auf. Harte Winter locken die Wölfe aus den Wäldern.

Heiße Michaela am autofreien Schneesonntag. Mit dem Turnverein sind wir zum Skifahren an den Spitzingsee. Während der Ölkrise, und nur Busse durften fahren. Sonntagsfahrverbot, und es wollte nicht mehr aufhören zu schneien. Oben war es noch kälter, aber geschneit hat es dort nicht. Wie wild kreiste die Heiße Michaela ihre eingepackten Arme, das warme Blut in die Hände zu pressen. Es war meine einzige Ausfahrt mit dem Turnverein, aber ich habe mich nicht getraut. (Was ich nicht wissen konnte: von Krailling fuhr Sus gleichzeitig mit Schlittschuhen auf gefrorenen Straßen nach Planegg.) An den Querverstrebungen des Balkongeländers las ich die Schneehöhe ab. Noch immer geistert übrigens die Geschichte herum, ein Starnberger namens Öttlinger, damals Landpfleger zu Starnberg, habe im Spanischen Erbfolgekrieg aufständische Bauern, die gegen das von den Österreichern besetzte München zogen, an die Österreicher verraten und dadurch die Niedermetzelung von über 4000 Baiern durch die Österreicher in der Christnacht 1705 verschuldet. Nachforschungen des Stadtarchivs München, auf die sich das Starnberger Heimatbuch bezieht, haben aber eindeutig ergeben: 1.) Johann Joseph Öttlinger war *kein Starnberger.* 2.) Vordem ein kurkölnischer Controlleur, war er auf Bewerbung hin am 1. 11. 1703 als Pflegskommissar im Pflegegericht Starnberg installiert worden. 3.) Der Name Öttlinger, eine Umbildung von Ettlinger, ist einer jener Namen, die zu jener Zeit den vom Land in die Städte Zuwandernden gegeben wurden; man gab ihnen dabei den Namen des Heimatortes, der Landschaft, oder des Stammes ihrer Herkunft. Demgemäß stammten die Vorfahren J. J. Öttlingers entweder aus Ettling im Kreis Ingolstadt oder aus Ettling im Landkreis Landau an der Isar; von welchem der beiden ist nicht mehr erforschbar. Jedenfalls waren die *Öttlinger kein Starnberger* Geschlecht. Der besagte Öttlinger wurde übrigens 1715 wegen groben Amtsmißbrauchs seines Amtes entsetzt und starb später in Armut. Viele Menschen sind nicht ganz heilig und rein, wenn sie sterben. Nichts Unreines kann in das Himmelreich eingehen. Deshalb kommen ihre Seelen zuerst an einen Reinigungsort, den wir Fegefeuer nennen. Dort müssen sie warten, bis sie rein sind. Sie leiden, weil sie nicht bei Gott sind. Sie freuen sich, weil Gott sie gewiß zu sich in den Himmel nimmt.

Am 8. Januar 68
Allerlei Krankheiten: Husten, Schnupfen, Grippe, Halsweh, Durchfall, Brechen, Masern, Scharlach, Windpocken, Mumps, Mundfäule, Keuchhusten, Lungenentzündung, Tollwut, Gelbsucht.

Automarken: Mercedes, Opel, Ford, Volkswagen, Fiat, BMW (Bayerische Motorenwerke), Porsche.

Was hast du zu Weihnachten bekommen? Eine Cowboybank, einen Lastwagen, einen Legokasten, ein Legohaus.

Weihnachtsgeschenke, Weihnachtslieder, Weihnachtspaket, Weihnachtsbäume, Weihnachtsfreude, Weihnachtsplätzchen, Weihnachtsfeiertage, Weihnachtsfest.

Was der Postbote alles bringt: viele Briefe, Rechnungen, Drucksachen, Postkarten, Ansichtskarten, allerlei Zeitschriften, Bücher, kleine Päckchen.

Liebe Frau Lehrerin!
Sie wollen sicher wissen, was wir gerade lesen. Wir lesen die Geschichte vom roten Auto. Sie ist sehr lustig. Schade, daß es so ein Auto nicht in Wirklichkeit gibt. Im Rechtschreiben hatten wir eine Probe über den Advent. Es kam das schwierige Wort *Weihnachtsplätzchen* darin vor. Gute Besserung!
Ihr Andreas.

Mit dem Januar ist eine ungewöhnliche Kälte eingefallen. So haben den Eingang des Jahres die Wölfe überlästig gemacht, deren es eine Menge gab, die Wege und Stege unsicher machten und den Menschen, einheimischen und wilden Tieren vielen Schaden thaten. Da die Bauern vielfältig zur Jagd berufen wurden, ist es öfters geschehen, daß sie mehrere Tage bei der größten Kälte und ungestümsten Witterung ohne Brod verbleiben mußten. Den 4. Januar hat der Jäger von Traubing mit unsern Netzen und Leitern zwey große solche Bestien gefangen, die er uns zur Schau zuschickte und die fürchterlich aussahen. Man muß sich verwundern, wie sich die Wölfe vermehren und überhand nehmen. Sie haben von der Klosterherde 8 Lämmer und 1 Schaf zerrissen, wie von Andern Kälber und Füllen. Niederwildpret ist gar nicht mehr anzutreffen, man weiß nicht, haben sie solches versprengt oder ganz aufgefressen. Diese wilden Fleischfresser mögen wohl einem Cameralisten den Gedanken gegeben haben zu dem Projekt des Fleischpfennigs. Am 3. Januar schließlich hat es so viel geschneit, daß fast alle Wege und Straßen unpassirlich geworden waren, und die Aeltesten sagten, daß sie niemal solchen Schnee gesehen haben. Ungeachtet dessen, schnallte ich mir tags darauf die Schneebretter an und brach noch einmal auf. In der Nacht war es sehr windig gewesen und hatte nochmals ganz leicht geschneit. So also lag viel verblasener Neuschnee in den Vertiefungen, die Erhebungen aber waren mit verharschtem Altschnee überzogen. In so eine Mulde fuhr ich hinein, und ausgerechnet an dieser Stelle wollte ich eine Kurve ansetzen, allein, ich hatte nicht genügend Tempo, um mit neuer Richtung wieder aus der Vertiefung herauszukommen. Plump verließ ich die Senkrechte, mein Winkel zur Schneefläche wurde immer spitzer. So tauchte ich als Sack in den unruhigen Schnee. Weh hat es nicht getan. Aber ich merkte es schon, das linke Bein mußt du mit den Händen aus dem weißen Dreck herausziehen, dort kommt kein Befehl mehr an. Am Licht sprang es mir gleich ins Gesicht: böse verdreht hing der Unterschenkel am vertrauten Oberschenkel. Der Skischuh zeigte schon in eine Richtung, die sonst eine unmachbare Verrenkung verlangt hätte. Ungünstig lag die Unfallstelle an einem breiten Hang der Zentralalpen. Umständlich wurde der Abtransport: ein Akja, ein Sessellift (abwärts), ein Schlepplift (aufwärts), eine Gondelbahn (wieder abwärts), endlich ein Krankenwagen (hauptsächlich abwärts). Freilich konnte ich mich jetzt mit dem Gedanken trösten, was aus mir geworden wäre, hätten sie mich nicht rechtzeitig gefunden. Spätestens mit der Dämmerung wären die Wölfe über mich hergefallen. Fünf davon hätte ich mit meiner Pistole niederstrecken können, aber der sechste hätte mir im Morgengrauen, kurz bevor ich doch noch entdeckt worden wäre, solche Verletzungen versetzt, daß mir eine schleichende Blutvergiftung geblieben wäre. Ich hätte jetzt gewußt, daß ich höchstens noch ein paar Monate zu leben haben würde. Vermutlich hätte ich so getan, als sei nichts, obwohl ich insgeheim schon alles für mein nahes Ende einrichten würde. Als Buddy Holly 1959 abgestürzt war, hatte ich bevölkerungsstatistisch seine Nachfolge angetreten. Ohne größere Verzögerung löste ich ihn ab. Für Billie Holiday, die fünf Monate später starb, bin ich leider nicht mehr zur Verfügung gestanden. Jetzt, bei mir aber, ist es nur ein Beinbruch. Beinbrüche lösen keine bevölkerungsstatistischen Verschiebungen aus. Im Illanzer kranken Haus bekam ich die Große Spritze, das war der beste Rausch von allen. Kam auch schon die Narkoseschwester mit den krakigen Schläuchen, der hab ich alles gesagt, was ich wußte. Sie weiß es jetzt, und ich habe weiterhin nur eine vage Ahnung davon. Anfangs, als ich mir selbst noch zuhörte, muß ich ihr von Michaela erzählt haben, der sie nicht ähnlich sah. Es wurden zehn Tage mit einem kurzen Blick hinüber zum Vorderrhein, über die graubunten Dächer einer Stadt. Fühlte ich mich heldenstolz, wie ein Verwundeter aus einer siegreichen Söldnerschlacht, als ich mit gepanzertem Bein in die Kreisstadt zurückkehrte? Wäre ich nicht schon blöde genug gewesen, für eine Uniform?

Ins Skilager, das mir so wichtig war, bin ich erst recht mitgefahren. Hatte das Gipsbein meine Wirkung auf die Mädchen etwa günstig beeinflußt? Ich bin doch nicht so blöd, daß ich nicht merke, wo ein Interesse wächst in Westendorf. So ist es ein Honig, ich meine, es ist nicht unerheblich, wenn sogar Carola ein Lächeln an mich verschenkt. Drei Kiebitzeier gebt mir ein, doch darf ich nicht im Zimmer sitzen.
Vom Vater erzählte ich passend, der in einem der Kriegswinter seinen ersten Unfall gehabt hatte. Mit Schlitzblenden vor den Scheinwerfern war er von München heraus unterwegs. Jeder einzelne war dazu aufgerufen, durch geeignete Vorkehrungen es den alliierten Bombern zu erschweren, dicht besiedelte Gebiete und Straßen leicht zu erkennen. Der so verkleinerte Lichtkegel konnte nicht viel mehr bewirken, als sich den entgegenkommenden Fahrzeugen anzukündigen. Er kam von München aus der Arbeit, und an diesem Tag hatte es arg geschneit. Nur bis zur Gemeindegrenze von Percha allerdings war geräumt gewesen. Es reichte das Licht nicht aus, den so plötzlichen Straßenzustandswechsel rechtzeitig zu erkennen. Diese Fahrt endete im Graben. Alle reden vom Wetter, nur wir sitzen richtig drin. Auch andere Köpfe redeten sich heiß, Fino sprach vom Holzklau in Zug. Böse Nachricht kommt von draußen. Als wir uns endlich in den Schnee hinaus trauten, zogen schon fette Wehen über den schmalen Weg.
Wie wirklich jedes Jahr, sollte das Skilager mit einem Bunten Abend abgeschlossen werden. Jedes Zimmer hatte einen Programmpunkt beizutragen. Unser Zimmer spielte eine Rockband. Von Kassette ließen wir In-A-Gadda-Da-Vida laufen. Jeder von uns stellte einen Musiker dar. Ich stellte Rick Wakeman dar, den ich toll fand. Wie auf einem Foto von Wakeman abgebildet, stellte ich mir etliche halbvolle Bierflaschen auf eine Kiste, die als Synthesizer diente. Auch bei den Mädchen von der anderen Klasse kam unser Auftritt gut an. Frau Dilley wollte Nutbush-City-Limits hören. Fräulein von Blücher war eher damit beschäftigt, die roten Tücher wieder zu entfernen, die wir gegen das schrille Licht um die Deckenlampen gewickelt hatten.
Als der Vollgips wieder herunten war und durch einen Unterschenkelgips ersetzt wurde, zeigte sich auch schon, was übrig-

blieb von Augenpaaren und von Mädchenmündern. Die Schrauben hätte ich ihnen nachschmeißen sollen, was leider nicht ging. Es ging nicht. Blöde Weiber!, es gab Ausnahmen.
Wenn der See am Rand zugefroren ist.
Wenn es noch grober Unsinn ist, schon vor dem Strandbad quer nach Percha hinüberzuwollen.
Wenn der See zuzufrieren beginnt, steh ich allein am Ufer. Nur in strengen Wintern wandelt sich die Seefläche in festes, nicht nur Fußgänger, sondern auch Pferde und Wagen tragendes Eis. Auch dann wird sie, wie zur Sommerzeit, ein Zielpunkt der Residenzbewohner, nur daß diese dann nicht mit Segel und Ruder, sondern noch viel schneller, mit dem an die Füße geschnallten Stahlschuh, die starren und gebannt unter diesen still liegenden Wellen durchschneiden. Wenn der See zugewachsen ist, stehe ich mit der Kutte über dem Hemdchen am Ufer und halte die flache Hand an die Stirn. Ganz hinten, in langem Bogen, dehnt sich das Ufer gegen Sankt Heinrich aus. Ungefähr in der Mitte dieses Bogens hat der See seinen stärksten Zufluß durch zwei Bäche. An einem derselben befindet sich die Mühle von Seeshaupt. Beide Bäche sind sehr fischreich. Hier ist zu bemerken, daß während des vorhin erwähnten Erbfolgekrieges ein Teil der österreichischen Armee, welcher sich zwischen Seeshaupt und Sankt Heinrich über den zugefrorenen See wagte, durchbrach und nebst dem Train und der Kriegskasse im See verschwand. An solchen Tagen stehe ich als Strich auf dem Eiswasser des Hafens und versuche mir vorzustellen, diese ganze riesige Fläche wäre nur eine einzige zugeschneite Wiese, was zum Heulen wäre. Nach kurzem Tauwetter unternahmen wir einen zweiten Versuch, Richtung Süden vorzustoßen. Etwas südlich des 48. Breitengrades aber nahmen wir wieder Eis wahr. Und schon auf der Höhe von Ammerland wurden wir vom Eis fast ganz umringt und eingeschlossen. Wir machten uns wieder los, und weil wir vor Eis nicht weiterkommen konnten, auch auf dieser Seite unseren Wunsch, eine Durchfahrt aufzufinden, vereitelt sahen, begaben wir uns etwas nördlich zurück, immer am Eis entlang, so dicht es möglich war wieder hinüber zum Westufer (nach Amerika), um hier abermals unser Glück zu versuchen. Es gelang uns aber an diesem ebensowenig wie am Ostufer (asiatische Seite), und weil Kaptain Cook vermutete,

daß beide Ufer bei Seeshaupt zusammenhingen, und seine Vermutung dadurch bestärkt wurde, daß die Meerenge auf der Höhe von Sankt Heinrich nur noch ungefähr dreißig deutsche Meilen breit ist und wir hier nur 22 Faden Wasser fanden, so gab er alle Hoffnung auf, in dieser Gegend einen Durchgang nach Süden zu finden.
Dieser Mißhelligkeiten ungeachtet, bekamen wir in den zwischendurch angelaufenen Häfen immer wieder die Post an Bord. Besonders sahen einige von uns darauf, ob nicht auch welche dabei wäre von der sagenhaften Insel Nihau, an deren Küste wir vor einiger Zeit zwei Wochen geankert hatten. Mit eifersüchtigen Augen wurde der verfolgt, der endlich Nachricht von dort erhielt. Lange schon hatte ich umsonst gewartet, als schließlich einer der Bögen mit dem ersehnten Absender auch an mich adressiert war. Hastig machte ich mich daran, ihn zu öffnen, und folgender Inhalt offenbarte sich mir:
Heißgeliebter Andilii!
Dies wird die erste Liebeserklärung an Dich – weitere folgen. Dein sanfter Blick, dein, dein .... Wir können nicht weiter, unserer Erregung sind keine Grenzen gesetzt. Dein Glanz steht in unseren Augen. Merkst du nicht, wie wir abends im Bett liegen, Cat Stevens hören; Kerzen lassen unsere Sehnsuchtstränen nach Dir laufen. Unsere Hoffnungen sind endlose. Schon deine Stimme versetzt uns in Ekstase. Auf Festen fühlten wir deine starken Arme um unsere faszinierenden Körper. Also: Gib uns Lichtblicke! Gib unserem düsteren Seelenleben einen Hoffnungsschimmer.
Deine dich unvergessenden, unbekannten Liebenden.

Tapetenstunden

Wo ist das Land des Morgens? Der eisige Wind hat mir den Gewürzduft verblasen. Und ich hab wohl die Orient-ierung verloren. Kann mich nur noch an das Klassenfest in Nirschls Keller erinnern. An unseren ersten Auftritt mit richtigen Instrumenten. Kuhfladen hießen wir zusammen mit Reinhold, noch nicht Üdüll, zusammen mit Sebastian. Nicht beim Auftritt in Ekstase, erst auf der Heimfahrt sind mir meine Tonbongos zerbrochen. Natürlich wollte ich auch Gitarrespielen lernen. Und ich holte mir ein Gitarrenlehrbuch, nach dem man schon auf Seite sechs das erste komplette Lied spielen konnte. Der Griffwechsel blieb ein Problem. Auf Seite vier riß die Geduld. Überhaupt stellte sich sehr schnell heraus, daß ich zu keiner Art von Melodie-Instrument tauge, daß mir jegliches Feingefühl zur Unterscheidung von Tönen abgeht. Das Singen laß ich bleiben. Eher halte ich mir einen alten Tennisschläger als Stratocaster und zeige mich dem Spiegel, der nicht lacht.

Kann mich auch noch an das Pfadfinderfest erinnern. Mit Kinga stand Rebekka schon eine Weile geschwätzig in der Ecke. Ich fand, daß sie sich wie Autoren anonymer Briefe verhielten. Jetzt war es danach, daß sich etwas tut. Die viel zu schnellen Platten, die Reinhold auflegte, konnten aus dieser Situation keinen Ausweg schaffen. Ruhiger kommt es erst mit Led Zeppelins *Stairway to Heaven,* so was ist ein lyrischer Anfang! Prompt nimmt Rebekka die Chance auch wahr und fragt mich. Ja, ja, ich wollte. Wir haben einen Schieber geschoben und langsam immer mehr geschoben. Ich dachte wohl, das ist es jetzt. John Bonhams Schlagzeugeinsatz war ein erster Strich durch diese Rechnung. Jimmy Pages Gitarrensolo, kurz danach, war das Ende von einem Lied. Auf den verdoppelten Rhythmus geht es nicht mehr langsam zu tanzen. So geht eine Umarmung auseinander. Dieses Solo verträgt sich nicht mit einem Schieber. Jürgen wird sich wohl anschmiegsamer verhalten haben, mit ihm sind wir hinauf zu einem Söckinger Fest. Dort war ich nicht mehr gefragt.

Roman meint jetzt, mein Ansehen habe möglicherweise darunter gelitten, daß ich selbst nie ein richtiges Fahrzeug besaß. Es gab keinen Beifahrersitz, auf den sich ein Mägdlein hätt setzen können. Wenn, dann war es immer ich selbst gewesen, der auf Beifahrersitzen saß und sich irgendwohin hat mitnehmen lassen. Weit wär es mit mir auch nicht gekommen, nach Machtlfing höchstens, nicht nach Garmisch in ein Café. Ich glaube nicht, daß ich deshalb den Führerschein gemacht habe. Ich dachte mir nur, eines Tages machst du ihn ja doch, denn er wird doch bloß immer teurer und bloß immer schwerer. Und er wurde auch immer schwerer, und er wurde immer teurer. Hoch lagen die zur Seite geschobenen Schneehaufen, die Zeit war ja zu eh nichts anderem reif. Genau wie der Klassendietmar hatte der zweite Fahrlehrer nach Salbe gestunken, nach einer penetranten Seife vielleicht. Mit rotem BMW fuhren wir durch die Kreisstadt, die von soliden Straßen durchzogene Bausubstanzlosigkeit, das sogenannte Mittelzentrum. Der BMW war ein Werbegeschenk von BMW, auf daß jeder Fahrschüler nach bestandener Fahrprüfung nichts Geringeres als einen BMW fahren will. Einen BMW, der das Letzte ist, aber als das Höchste gilt. An schlechten Tagen hing die Februarsonne durch. Ab fünf war es immer dunkel, so wurde die Nachtfahrt aus dem Pflichtprogramm gestrichen. Dem Einordnen und Abbiegen, dem hölzernen Einparken und Ausparken zum Ausgleich diente eine Foto-Tapete mit gewaltigem Alpenmotiv an der Wand des Fahrschulzimmers. Sie war der Hintergrund, vor dem uns die Theorie einleuchten sollte. An den Anblick jener Naturreservate sollten wir gewöhnt werden, die wir sicher bald mit unseren BMW's würden erreichen können. Meine geheime Aufmerksamkeit galt dem Gletscher in der Tapetenmitte. Stur fixierte ich das Eisgeschiebe, und die rauhe Zunge schob sich tatsächlich langsam in den Raum. Niemand ahnte davon, nur ich wartete unruhig auf den eisigen Kuß. Gleich aber, bei dermaßen viel Rot auf den zurückgegebenen Übungsbögen, zweifelte ich wieder an der listigen Wirklichkeit. Gleich war es wieder wie in der Schule, wo mir auch lauter rote Ampeln auf zurückgegebenen Rechenproben und zahllose überhebliche Zollbestimmungen die freie Fahrt zum Brückenbaumeister verstellt hatten. Der Geruch von Salbe und von angeberischen Armaturen verklebte mir die Sinne, und bald

schon sollte Prüfung sein. Hinten ließ sich breit ein Ex-Offizier nieder, plärrte haltlos rechts und plärrte links. Gleich war mir die Lust vergangen, so einen wie den Präsidenten durch die starre Landschaft zu chauffieren. Beim Forsthaus Mühlthal muß er es wohl gemerkt haben. Ich hätte sehr schlecht gewendet, behauptete er lautstark. Das entsprach ja der Wahrheit und es entsprach meiner Absicht. Ich sei jetzt durchgefallen, sagte er noch. Trotzdem, ich sollte den Lautstarken gefälligst den ganzen Weg wieder zurückfahren. Die Theorie aber hatte ich vormittags schon, neben Houdeks Schlachthof, bestanden. Vor dem Prüfungszimmer wurden aufgeschlitzte Schweineleiber an Schienen hin und her geschoben. Bin ich eine Radaufhängung, daß ich mich im Technischen Überwachungsverein begutachten lassen muß? Kälberhälften rollten uns entgegen, und die darüber kreisenden Möwen gierten meckernd nach fleischlichem Abfall.
Tage im Matsch, Tage in Räumen.
Vor der zweiten Prüfung stieg ich um auf Automatik-Kadett. Der war viel blecherner als der BMW, und ich konnte jetzt wenigstens spüren, ob ich über eine schwarze Katze gefahren war oder ob ich ihr noch rechtzeitig hatte ausweichen können. Jetzt, da Schalten und Kuppeln wegfielen, hatte ich bei der Überlandfahrt endlich Zeit, mir die ausgesperrte Matschlandschaft anzuschaun. Der zweite Prüfhund war mir auch nicht lieber, aber ich wollte mich jetzt zusammenreißen. Meine Unterwerfung wurde anerkannt und ich bestand. Jetzt war es der Gesalbte, der meinte, ich sei zu gut dabei weggekommen. Jetzt war es endgültig soweit, daß mir die Restlust aufs Autofahren zwischen den Fingern zerrann, wie Sand, wie Mehl. In der Folgezeit noch dreimal mit fremden Autos unterwegs, brachte mir das völlig unfallfreie Fahren keine versicherungstechnischen Vorteile.

Ein schönes Indianerkostüm. Es ist schwarz. Hose und Bluse sind mit Bildern bemalt. Grüne Filzfransen verzieren die Hose, den Blusenrand und die Ärmelausschnitte. Eine Bordüre verziert den Halsausschnitt. Der Federschmuck ist bunt. Es ist ein schöner Indianer.

Hundescheiße in vereisten Altschnee eingebettet. Die hat sich schon ein gutes Stück hineingeschmolzen, sich eingepaßt. Da ist reichlich grober Rollsplitt drübergestreut, zum Teil hineingesunken. Eigentlich ist es nicht verboten, auf den Almeidaberg hinaufzugehen und von oben herunterzuschaun über die aufgereihten Dachhäuser, über Satteldächer hinein in den aufgeklappten See. Das ist erlaubt. Und die bunten, gelben, grünen, blauen und hauptsächlich roten Fetzen von explodierten Silvesterknallkörpern sind die Blumen auf dem Matschrasen im Vordergrund. Der Schnee gibt seine physikalischen Eigenarten auf und richtet sich nach den Gesetzen der Schwerkraft. Faschingsfarben rudern die Alpen träg im Föhn. Dreist und leichtsinnig versuche ich zufällige Passanten auf den wahren Grund meiner entstellenden Verkleidung aufmerksam zu machen: Mir stünde ein Prozeß wegen Fahrerflucht bevor, da ich vor einigen Jahren zwar vorschriftsmäßig den Führerschein gemacht hätte, danach aber kaum mehr Auto gefahren sei, geschweige denn, daß ich mir je ein Auto, einen BMW, gekauft hätte. Ein weiterer Vorwurf würde lauten: Umzug mit Tieren.

Am 23. 2. 68
Wer läuft da auf der Straße? Ein magerer Neger, ein dummer August, eine alte Hexe, ein dicker Kaminkehrer, ein hübsches Rotkäppchen, ein langer Hanswurst, eine schöne Gänsemarie, ein Schwarzer Peter, ein schlauer Kasperl, ein roter Indianer, ein lustiger Bäcker.

Unsere Buben heißen: Albert, Andreas, Bertil, Bernhard, Bernd, Christian, Dietmar, Dieter, Georg, Günter, Hansi, Herbert, Hermann, Manfred, Michael, Reinhard, Richard, Robert, Thomas, Walter, Wolfgang.

Es kommt wieder ein Frühjahr, was ist das? Noch ist nicht mal März und noch alles offen. Papier als Konfetti, Ärzte als Scheichs. Bin verfolgt vom dümmlichen Verlangen, mich wildfremden Menschen anzuvertrauen. Aber im Grunde wußte ich sehr wohl, daß nichts der Wahrheit so unverdächtig ist wie die Wahrheit. Was auch für diesen winzigen Ausschnitt davon gilt, der der Wahrheit vollkommen entspricht.

Als ich an die Nacht dachte, fiel mir ein Haus am Waldrand ein, das ich am Vormittag erst gesehen hatte und das einen sehr unbewohnten Eindruck machte. Dort beschloß ich etwas später hinzugehen und zu versuchen, ob ich hineinkäme. Am Waldrand angekommen aber sah ich im Garten schon alles niedergetrampelt und eine Schar von Menschen in Aufregung. Zwei am Zaun stehende Mädchen klärten mich auf. Nachbarn war aufgefallen, daß in der Umgebung des Hauses, das einer achtzigjährigen Witwe, die Windhunde züchtete, gehörte, im frisch gefallenen Schnee seit Tagen keine Spuren zu sehen waren. Auch zwei auf dem Grundstück stehende und bisher noch benützte Hundezwinger waren leer. Nach Aufbrechen der Haustür seien Polizei und Feuerwehr von 18 wütend bellenden Hunden empfangen worden, die erst mit Hilfe von herbeigeholten Helfern des Tierheims eingefangen werden konnten. Im Haus seien einige angefressene Hundekadaver herumgelegen. In der Wohnküche wurde der angefressene Schädel der Frau gefunden, in den anliegenden Räumen andere Leichenteile, während einige Körperteile überhaupt fehlten. Blitzschnell zogen mich die beiden Mädchen um die Ecke und führten mich hinter dem Haus an ein Fenster. Durch einen Gang sah man in einen Wohnraum. Alles machte einen völlig verwahrlosten Eindruck. Kot und Dreck lagen so hoch, daß der Polsterbezug eines Sofas nicht mehr zu erkennen war. Staatsanwaltschaft und Gerichtsmediziner seien kurz vor mir erst gekommen, um durch Obduktion zu klären, ob die Frau von ihren eigenen Hunden angefallen wurde oder ob sie durch andere Umstände zu Tode gekommen war und dann erst von den eingesperrten Hunden aufgefressen worden ist. Vermutlich hatte die Frau die Hunde wegen der großen Kälte vor einigen Tagen ins Haus genommen.

Am 31. 2. 68
Wer ist das? Er rauft auf dem Schulweg. Er grüßt nicht. Er läßt die Mütze auf dem Kopf. Er drängt sich vor. Er schlägt die Türe zu. Er rennt und schreit. Bist du das?

Alle Leute waren lustig. Auch unser Bello hat sich gefreut. Er hatte eine rote Schleife um den Hals, eine graue Schleife an dem einen und eine rote an dem anderen Bein, eine rote Schleife am Schwanz. Auf dem Kopf hatte er ein lustiges Hütlein.

Friedrich-Krohn-Gedächtnis-Jagd

Friedrich Krohn, Mitglied des Germanen- und auch des Wälsungenordens, baute im Lauf des Jahres 1918 eine Art faschistisches Institut auf. Zu diesem Zweck stellte dieser Starnberger Zahnarzt seine Privatbibliothek von etwa 2500 Bänden zur Verfügung. Von 1919 bis 1921 benützte Hitler diese Bibliothek sehr häufig. Krohn gehörte zu den geistigen Vätern der Bewegung. Als Mitglied der beiden Orden, des Freicorps Oberland und der Thule-Gesellschaft, wirkte er auch bei der Gründung der aus der Thule hervorgegangenen *Deutschsozialistischen Arbeiterpartei* mit und war maßgeblich an deren Programmgestaltung beteiligt. Mit der Verkündigung ihres Programms im Februar 1920 erfolgte gleichzeitig die Namensänderung der DAP. Laut Krohn, das heißt laut Franz-Willing, der sich auf Krohn beruft, wählte man dabei den lauten Namen *Nationalsozialistische Arbeiterpartei,* weil man die DAP dadurch scharf von den international-marxistischen Arbeiterparteien unterscheiden wollte.
Schwer bewaffnet ist eine Rothaut, es wird ein versprengter Rotgardist sein, in Richtung Schmalzwiesen unterwegs. Über Aschering will der falsche Apostel zum Heiligen Berg.
In seinen Entwürfen hatte Krohn das linksgerichtete Hakenkreuz vorgeschlagen, erarbeitete aber gleichzeitig auch noch einen Alternativvorschlag mit einem Hakenrad. Da Hitler, der für die Öffentlichkeitsarbeit der Partei zuständig war, sich jedoch für das rechtsgerichtete entschied, änderte Krohn seinen Entwurf dementsprechend. Bei seinem Vorschlag für eine Fahne wählte Krohn bereits die späteren Farben Schwarz, Weiß und Rot. Nach diesem Entwurf ließ er seine Frau die erste Hakenkreuzfahne anfertigen. Als er die Starnberger Ortsgruppe gründete, hängte Krohn diesen Prototyp an das Rednerpult, wo die Fahne zum ersten Mal in der Öffentlichkeit erschien. In dem Moment, als Anton Drexler, der extra aus München gekommen war, den Saal betrat und das Rednerpult sah, rief er: Da haben wir ja unsere Parteiflagge! – Am anderen Tag wurde vom Münchner Parteiausschuß mit Zustimmung des Werbeobman-

nes Hitler die Flagge übernommen und wurden nach ihrem Vorbild auch die Parteiabzeichen angefertigt. Erst später bezeichnete sich Hitler selbst als Schöpfer der Fahne. Er selbst, als Führer, habe nicht sofort mit seinem eigenen Entwurf an die Öffentlichkeit treten wollen, da es ja möglich war, daß ein anderer einen ebenso guten oder vielleicht auch einen besseren bringen würde. Vielleicht auch wegen dieses Urheberstreits war Krohn ein Gegner der Hitlerschen Vormachtstellung innerhalb der Partei, und so zog er sich 1921 auch von Hitler zurück. Weiterhin stand er eher Feder, Röhm und Strasser nahe. In einem Brief vom 24. 5. 1935 ließ sich Friedrich Krohn von Drexler bestätigen, daß die Partei die Hakenkreuzfahne von ihm übernommen hatte.
Den Bittbrief um diese Bestätigung und seinen Schreiber möchte der herumstreunende Bewaffnete in seine Finger kriegen.

Ich denk mir, machst eine Verschnaufpause, setzt dich hin, schaust einfach den rinnenden Hang hinunter, über gutbürgerliche Dächer hinüber, dann brauchst du nichts andres zu tun, dann brauchst du keine Alimente zahlen. (Das ist auch so ein Beweis für die Unfähigkeit der Sozis, daß sie die Weiterverwendung des unverschämten Begriffs *National-Sozialismus* nicht verhindert haben, ja ihn sogar hirnlos fleißig selbst benützen.) Unterlagen die Apostel schon dem Zölibat? Alles, was ich bis jetzt weiß, will ich versuchen, auf meinen aztekischen Kassettenrecorder zu diktieren. Bespielte Kassetten kommen zurück in die Schachteln. In memoriam des bayerischen Königs, oder war es ein Herzog?, der vierhundert uneheliche, aber auch schon zwölf eheliche Kinder hatte. Vierhundertundzwölf Prinzen und Prinzessinnen! Sei vorsichtig mit deiner Axt, Gänsemarie! Eine der Prinzessinnen muß ja fast zwangsläufig Marie geheißen haben. Deine Mutter ist aus Litauen, war alles andere als eine Königin, und uneheliche Kinder des Königs können niemals Prinzen oder gar Prinzessinnen seyn. Ich, die Prinzenrolle, möglicherweise Kaiser von Österreich-Ungarn und König von Ungarn und Sachsen, Apostel indianischer Abstammung, suche Prinzessin. Da muß ich mir die standesgemäße Frage stellen, ob Caroline oder ob Stephanie hübscher ist. Das sind die Fragen,

an denen das Schicksal ganzer Nationen hängt. Wie also entscheidest du dich? Ich tu nur so, als hätt ich mich nicht schon längst entschieden. In Monaco war ich gerade an der falschen Adresse. Ein Illustriertenreporter schickte mich weiter in die französische Hauptstadt, wo ich ja vor kurzem schon mal war. Auch das Urmeter liegt schwerbewacht in Paris, und wem es gelingt, die Sperren zu durchbrechen, der hat alles in der Hand. Nur um einen zehntel Millimeter müßte einer das Urmeter verändern, und schon bräche die gesamte Zivilisation hilflos in sich zusammen. Ich wäre es, der dann die ganze Welt neu vermessen würde. Und weiß Gott, ich würde gnadenlos Gerechtigkeit walten lassen. Das Unterste würde ich zuoberst kehren, und das ganze Universum könnte aufatmen, daß die letzte Bastion des Unrechts so unbürokratisch gefallen ist (gehe ich doch davon aus, daß zum Beispiel schon auf dem Mond bis 1969 absolute Gerechtigkeit herrschte).
Kaum schneeregnet es nach tagelanger Trockenheit ein paar Sekunden, schon entfalten die Passanten ihre Regenschirme. Über den Tagen des schüchternen Sonnenscheins stand ihnen zwar stets der Schatten der kleinen Unbequemlichkeit, den das ständige Bereithalten des Regenschirms verursacht, aber schon die erste schirmbewappnete Schneeregenviertelstunde machte alle Mühen auf der Stelle wieder wett. Ich bräuchte bloß in ihre Hochglanzillustrierten schauen, und schon sollte auch mir die Sonne wieder scheinen. (Sei meine Prinzessin und laß mich deine Prinzengarde sein!) Mit brennendem Kopf stehe ich vor dem Schaufenster und trete von einem Bein aufs andere. Er möchte so gern ein Kind jetzt haben, es gibt so schöne Spielsachen. So schönes Spielzeug gibt es inzwischen. Neu im Angebot ist ein Trapper-Paket von Lego. In memoriam meines Urgroßonkels, der in Alaska Pelztierjäger war. Ich geh hinein und erkundige mich nach den Marktneuheiten. Caroline muß draußen bleiben. Es ist kalt in Alaska. Die Stephanie nehm ich. Das ist mein Glück, die nimmt nur einen Rennfahrer. Einen Radrennfahrer aber müßte sie nehmen. Zahlreiche Feldwege gibt es, auf denen ist noch niemand so schnell gefahren wie ich. Knöcheltief durch den Morast. Unaufhaltsam über entmündigte Moorleichen. Kurzentschlossen rase ich den Prinzenweg hinter, vorbei an der eher mickrigen Prinzeneiche, von der ich

keine Notiz nehme. Kalt ist's in Alaska beim Schmalzhof, und morgens liegt dicker Rauhreif auf den Schmalzwiesen. Einen schönen Gruß auch vom Pelztier. Jetzt ist es eh schon nur mehr ein einziges Pelztier, das übriggeblieben ist. Kann meinen aristokratischen Jagdeifer jetzt ganz allein auf dieses eine Pelztier richten, aber ich erwisch es einfach nicht. Richtung Maxhof wird es sich schon nicht verkrochen haben und dort militärische Bremsleitungen anknabbern. Das Pelztier wird sich denken, der hat keine Geduld mit seiner schwarzen Hose, womit es meine Spendierhose meint. Da täuscht es sich aber, denn meine doppelläufige Flinte ist ganz nach Anleitung aus dem aktuellsten Legobaukasten zusammengesteckt. Wenn es kein Marder ist, dann muß es ein Wolf sein, aber ein Wolfspelz ist nichts wert. Wenn es kein Wolf ist, dann muß es ein Bittbrief sein. Ich bin ein fanatischer Anhänger der *Aktion Rette dein eigenes Leben*. Bin ich blöd und laß mich als Akademiker verheizen? Bin ich blöd und zünd die Fackel nicht an, wenn ich bis in die Nacht noch nicht mal eine einzige Spur gefunden habe? Prall bläht sich der trächtige Nachthimmel. Abgesehen davon, daß sie freilich nicht stehen, stehn mir die Sterne heut recht günstig, nur der Große Wagen macht sich flink davon. Bin ich blöd und mach mir keine Prinzessin an? Da schau her, Leonora, ich hab dir auch den Kleinen Bären mitgebracht. Selbstlos ist der Mann im Mond. Und der Mond ist aufgegangen, will leuchten wie noch nie. Gegenüber steigt der Windige Schwan auf, vom Roten Indianer dicht gefolgt. Ganz hinten die ungezählten Laurence Sterne. Lange Schatten, blitzende Brotmesser. Das ganze Universum blinkt schon vor zeitloser Gerechtigkeit! Willst dein Brot mit Butter oder lieber mit ohne Butter? Jetzt sprech ich schon zu Marie, unserem Kind. (Denk aber bei mir, schau besser abwesend über die Dächer hinweg und sag nichts von einer Salami, dann brauchst du nicht in den Alimentari zu gehn.) Monatelang schon spart es auf einen Schleifstein. Wenn sich die Katze ständig in den Schwanz beißt, dann will sie auch mal beim Kopf ankommen. In memoriam König Ottos, der sich bei Ottobrunn von seinem Vater verabschieden mußte, um nach Griechenland zu ziehen. Das heißt, damals war er noch gar nicht König, wurde aber gleich anschließend König von Griechenland. Das heißt, Ottobrunn war nur ein Brunnen im Perlacher Forst, wurde aber gleich anschließend Ottobrunn. (Seit auch ich blaues Blut in mir fließen spüre, steigt mein Interesse am Schicksal der Monarchen.) Der blutige junge König aus Baiern ließ in Griechenland einige Brauereien errichten, soll insgeheim aber ständig auf das erstbeste Abdankgesuch gewartet haben. Wo die Liebe nicht hinfällt, da wächst kein Gras mehr. In der deutschen Sprache aber ist die Sonne, wie gesagt, weiblich, und so konnte ich ihr, von der skandalsüchtigen Öffentlichkeit quasi unbeachtet, ständig hinterherlaufen. Gleich nach Sonnenuntergang, wo ich meist auf westwärts geneigten Hängen hockte, rannte ich, sooft ich konnte, mit zahlreichen Fackeln ausgerüstet, Richtung Osten, um sie möglichst früh wieder aufgehen sehn zu können. Wenn ich aber dem Mond dermaßen verfallen gewesen wäre, all die verklemmten Passanten hätten sich das Maul zerrissen. Was sagen die Griechen dazu? Und was erst die Spartaner? Nie hätte ich etwas anderes als ein Deutscher sein können. Nie hätte ich es gewagt, il sole zu meinem Geliebten zu machen. Nie hätte ich es fertiggebracht, le soleil zu begehren, niemals hätte ich mich auf die Esserei mit Stäbchen eingelassen. Ich konnte keine andere Sprache finden, zu deren Gebrauch ich so selten in einem Lexikon nachschlagen muß. Die deutsche Literatur füllt zahllose Seiten, zum Teil auch mit geistreichen Gedanken. Und auch in meinen Adern fließen jede Menge Liter arisches Blut. Gleich schneide ich mir meine Fingerkuppe ab und sauge die deutsche Vergangenheit aus mir heraus und somit auch gleich wieder in mich hinein. Das ist das tückische Schicksal, nur der kurze Moment im Mund entscheidet, was daraus wird. (Das ist auch wieder typisch: hier kommt ein Heimatbuch nach dem andern heraus und auch die ganzen faschistischen Jubiläen werden brav publizistisch nachgefeiert, aber unser zeichnender Zahnarzt, der doch das interessanteste daran wäre, taucht dabei nicht wieder auf.) Kaum regnet es, werden die deutschen Kleider nicht naß. Auf der Brücke stehend, sehe ich die Brücke nicht mehr, aber ich habe Geduld abzuwarten, bis die Würm vom anhaltenden Tauwetter anschwillt. (Erst stauen sich die abgetriebenen Schollen an den Engstellen.) Jetzt habe ich die Geduld, in mich zu gehn und mein Blut rauschen zu hören. Komm, Marie, stich schnell zu, aber triff nicht den kindischen

König von Ottobrunn, ausgerechnet der kann nichts dafür. Die deutsche Geschichte hat einen langen Hals. Ich habe keine Geduld mehr. Ich bin Jungfrau und laß keine mehr an mich ran. Wir waren sehr wahrscheinlich die letzte Generation, die eine geringe Chance hatte, diese reichtumsverblödete Kreisstadt halbwegs, viertelwegs, oder wenigstens achtelwegs unbeschädigt zu überstehen, und trotzdem ist außer ein paar Super-8-Filmen nichts daraus geworden. In memoriam auch des Messerschleifers, der dampfbetrieben noch zu meiner Zeit entlang der Bozenerstraße seine Dienstleistungen anbot. In memoriam auch des letzten Pelztiers, welches das letzte war. Ach Alaska, es schneit.

BAUM IM KIES

Nackend

Anfang letzten Jahres waren wir auf Eis in Menge und mehr als zuvor getroffen. Wir hatten hier, an diesem und dem Westufer (nordamerikanische Küste), wieder viele Seerosse, Seekühe, auch etliche Seebären erlegt, und Tran davon gesiedet. Wir kreuzten hin und wieder, und wo wir eine Öffnung fanden, stießen wir mutig hinein. Es gab aber keine Möglichkeit, über die Höhe von Tutzing hinaus, uns Seeshaupt zu nähern, denn wieder wurden wir mit der *Discovery* ganz vom Eis umringt und eingeschlossen. Wir saßen fast zwölf Stunden fest, die *Resolution* kam wieder glücklich aus dem Eis heraus. Zum Glück erhob sich ein südwestlicher Wind und zerteilte das Eis wieder, wodurch wir in den Stand gesetzt wurden, der *Resolution* zu folgen. Die *Discovery* wurde im Eis schwer beschädigt, und wir mußten Tag und Nacht, bis wir Ende des Monats wieder in Feldafing (Kamtschatka) in den Hafen einliefen, das Wasser auspumpen. Herr Clerk war drei Tage bevor wir dieses Land erreichten, an einer Auszehrung gestorben. Wir begruben ihn auf jenem Platz, wo, nach Angaben der Popen, die Kirche angelegt werden soll.
Dieser Mißhelligkeiten ungeachtet, hatten wir seinerzeit doch jede Nacht von den Frauenzimmern Besuch auf den Schiffen bekommen, die bei uns übernachteten; nur fanden sie sich nicht in solcher Menge wie zuvor ein, denn damals mußten öfters mehrere ohne Schlafkameraden wieder an Land schwimmen. Es wurde zwar das Verbot über den Umgang mit den Schönen, das erlassen wurde, als wir damals die Roseninsel Nihau zum ersten Mal besucht hatten, nicht ausdrücklich aufgehoben, weil aber durch die angestellten Untersuchungen sich zeigte, daß schon vor unserer Ankunft unreine Krankheiten aufgetreten waren, wurde gern durch die Finger gesehen.
Wie es diese Frauenzimmer trieben und wohl noch treiben, wenn sie so durch den Frost von der anderen Welt abgesperrt sind, davon, Roman, kannst du dir ein Bild machen, wenn du die verschiedenartigen Vorkehrungen betrachtest, welche ihren Verkehr im Winter ermöglichen. Liegen auf dem gefrore-

nen See dichte frische Schneemassen, so binden sie sich sogenannte Fußsteige um, Reifen, die von mehreren Schnüren durchkreuzt sind; Schneeschuhe, wie sie die Lappen im hohen Norden tragen. Dadurch wird die Last des Körpers auf eine größere Fläche verteilt und das Einsinken erschwert. Liegt kein Schnee, sondern kommt das Eis, den Sonnenstrahlen ausgesetzt, klar zutage, so treten verwickeltere Verhältnisse ein. Bedenke vorerst, daß dieser so ungeheuer tiefe Voralpensee, dessen Wassermenge einen lang andauernden Austausch zwischen erkalteten und wärmeren Schichten zuläßt, Monate braucht, bis er sich mit Eis bedeckt; vor Ende Januar oder Anfang Februar fast nie. Das ist aber eine Zeit, in welcher die Sonne schon wieder hoch steht und deshalb Kraft genug hat, während der Mittagsstunden die Oberfläche des Eises aufzutauen, die sich aber dann nachts wieder mit einer dünnen Kruste belegt. Es entstehen dadurch gefrorene Wassertümpel über der eigentlichen Eisdecke, deren Rinde aber selten dick genug ist, um einen Darüberschreitenden zu tragen. Dieser wird vielmehr einbrechen und erst unter ihr auf der Seedecke wieder Fuß fassen. Solche Tümpel nennen sie Schlampen. Um sich nun beim Einbrechen in diese Schlampen nicht fortwährend die Füße bis weit über die Knöchel herauf in dem eisigen Wasser zu durchnässen, binden sie sich ein Schamerl unter die Sohle und klappern mit diesen über den harten Kristall getrost fort.

Allein, jene vergebliche Forschungsreise im Winter letzten Jahres scheint mir jetzt wie eine fast unwirkliche Verschnaufpause vor Zeiten größter Bedrängnis. Über den folgenden Sommer und den Herbst hatte sich schon manch Unheil angekündigt, aber die endgültige Finsternis brach erst, seit ich in Andechs bin, mit dem jetzigen Winter über uns herein. Obwohl sich die Ereignisse in diesen Wochen förmlich überschlugen, so will ich doch versuchen, alles der Reihe nach zu schildern. Ungeachtet der gewaltigen Schneemaßen, wie sie die Aeltesten noch nie gesehn, hatten die Feinde die Donau auf dem Eis übergesetzt, und waren in Unterbajern eingefallen, wo sie ungeheuren Schaden und Beute machten und auch viele Gefangene wegführten. Auf einmal und ganz unverhofft war ein warmer Wind aufgekommen und löste das Eis der Donau auf, und nun war den schwedischen Reiterhorden der Rückweg abgeschnitten; und nicht Wenige, die sich noch dem Eis, als ihrer einzigen Ausflucht anvertrauten, ersauften sammt ihrer Beute in der Donau. Eine Woche später hatte es wieder geschneit, und ohngefähr 7 Uhr morgens that es einen fürchterlichen Blitz, bei welchem das Gotteshaus wie in einem Feuer stand, und gleich war ein schrecklicher Donnerknall erfolgt, der aber nichts anders als einen üblen Geruch in der Kirche und dem Thurm hinterließ. Nicht nur in Bajern, sondern auch in Schwaben war eine fürchterliche Viehseuche ausgebrochen, die aller Orten sehr viel Vieh und noch mehr Pferde wegraffte; und nicht genug, man fand auch in den Wäldern vielfältig todte Hirschen, Schweine und anderes Wildbrät. Da der Krieg immer fürchterlicher zu werden, und uns näher zu kommen schien, war in unserer ganzen Diöcese ein 40stündiges Gebet anbefohlen worden. Es war von unserm Churfürst eiligst die junge Mannschaft von 18-40 Jahren geschrieben worden, und von Erling 8 Buben ausgehoben, die sich kurz darauf zu stellen hatten. Von unten herauf hatte der Feind schon wirklich Regensburg, Landshut, Mosburg und Freysing besetzt, und aller Orten mit unerschwinglichen Schatzungen, Verwüsten, Brennen und Morden übel gehaust. Zur Ueberzeugung dieser Wahrheit sah man alle Nächte von Weitem 4, 5 Feuer und noch mehr Feuersbrünste. Der Hr. Prälat trug die hl. 3 Hostien auf seiner Brust nach München. Die folgenden Tage und Wochen wurden in lauter Jammer, Furcht und Elend zugebracht. Alles war mit Vergraben, Einpacken und Flüchten beschäftigt gewesen; bald hieß es, der Feind habe schon Donauwörth, Augsburg, Friedberg besetzt, ja er habe schon die Amper passirt, befinde sich schon in Seefeld. So brachten die Erlinger die Nächte meistentheils in den Wäldern zu. Die Woche darauf waren früh Morgens 16 Reiter vor das Thor des Klosters hl. Berg gekommen, und da sie nicht gleich eingelassen wurden, hieben sie das Thor mit Hacken und Gewalt ein, und nur mit Mühe retteten sich die, die da waren, durch den Garten in das Kienthal und nahmen die Flucht weiter an den See, wo schon eine Menge Leute und Kinder weineten und heulten, nach Dießen. Der Eine trug ein Brod, der Andere ein Bett, die Mehrern nichts als weinende Kinder. Um 9 Uhr waren mehrere andere Reiter gekommen, raubten mehrmal, und wurden von einigen Reitern, die von Weilheim kamen, in die Flucht gejaget und zwey davon getödtet. Die Weilheimer zogen als Sieger in's Kloster Andechs ein, raubten mit, und gingen von Wein und Bier voll getrunken nach Haus, und überließen Kloster und Dorf ihrem Schicksal. Das Gotteshaus war voller Gestank und Pferdemist gewesen, auf den Altären Ueberbleibsel von Futter, die Opferstöcke alle zerbrochen, und die Grabstätte des Stifters geöffnet. Jedoch waren die Altäre und die Bildnisse derselben alle unverletzt, ausgenommen das Bildniß des heiligen Raßo, das, gestümmelt und mit Koth befleckt, außer dem Gotteshaus gefunden worden war. Noch elender als im Kloster, hatte es in Erling ausgesehen. Das obere Wirthshaus, das schöne Richterhaus, das neue Schulhaus, in allem 43 Häuser, fast das ganze obere Dorf lag in der Asche, und niemand durfte retten, alles Bitten, alles Heulen war fruchtlos. Wie die Behausungen, so waren auch alle anderen Haus- und Baufahrnisse hin gewesen. Kein Wagen, kein Pflug im ganzen Dorf. Von 140 Pferden waren einzige 3, von 400 Stück Hornvieh nur 4 mehr übrig. Schafe, Schweine und das gesammte Geflügel war ganz und gar verloren. Von dem Elend, Hunger und Schrecken der Einen durch drei Wochen, bei nassem Wetter in den Wäldern, und von Schlägen, Verwundungen und Mißhandlungen der Andern im Dorfe nichts zu melden, muß man sich nur über die sonderbare Grausamkeit der Feinde gegen die Alten, Presthaften und Einfältigen wundern, die sie aller Orten gezeigt hatten. Von derlei Gattungen Menschen waren zwölf Personen ihre Schlachtopfer geworden, die sie nach vielen Plagen und Martern getödtet, deren die Einen über 60, 80, auch 90 Jahr alt und presthaft, die Andern aber sehr einfältig und gut waren. Unter den Lebenden waren die Einen verwundet, die Andern presthaft geschlagen, die meisten vom Hunger abgemergelt. Zum Beispiel dienet die That in Traubing mit einem Mann und Weib, das sie abscheulich geschändet und darnach verstümmelt, dem Mann aber die Augen ausgestochen und darnach Beide ins Feuer geworfen hatten. Um diese Zeit war aller Orten die höchste Theuere der Sachen gewesen. Ein Bauernpferd kostete 40-50 fl., ein Kalb 5-7 fl., ein Schäffel Waizen 25 fl., Roggen 14 fl., Gerste 15 fl., Haber 10 fl. Welche Theuerung, da oft in

10 Häusern nicht ein Kreuzer Geld war. Da die Freybeuter immer Pferde geraubt, und wieder verkauft hatten, so war durch ein allgemeines Landgebot verboten worden, von einem Soldaten ein Pferd zu kaufen, unter Verlust desselben, um denselben die Gelegenheit zu nehmen, solche zu rauben. Sie waren aber schon am dritten Tag mit einer ziemlichen Anzahl Vieh von allerhand Gattung zurückgekommen; traktirten die Weiber im Dorfe sehr übel, nahmen die Heerde Schafe, die der Hirt verwahrloste, und zu hl. Berg die Heerde Schweine mit sich nach Hersching, nachdem sie sich zu hl. Berg wohl bezecht hatten. Unter der Zeit thaten sich die Machtlfinger Bauern mit mehr Andern in der Gegend zusammen, versahen sich mit Waffen, und wollten die Berauschten und schlafenden Freybeuter zu Hersching nächtlicher Weile überfallen, morden, und die Beute ihnen abjagen; allein die Herschinger drohten der Gewalt mit Gewalt zu widerstehen, und für ihre besten Freunde und angenehmsten Gäste, wie sich die Schweden nannten, zu streiten, und schickten die Bauern nach Haus. Und in der That lebten die Herschinger vielfältig von der Beute derlei Freybeuter und Räuber die es überall genug gab, um wohlfeil Geld. Bald hernach war ein Herschinger gekommen und begehrte Bier für neu angekommene Schweden, die bald nachkommen werden, mit den größten Drohungen für den Weigerungsfall; die Andechser packten wieder zusammen und die Erlinger flohen in ihre Wälder. Und nach der Hand erfuhr man, daß es nichts als ein abgeredeter Handel und ein Gewette unter einigen nassen Zechbrüdern gewesen war, ob sich noch einer ein Bier vom hl. Berg zu erhalten getraue. Was die Freybeuter zerstreut und weggeworfen hatten, nahmen einige Weiber von Erling, die vorher meistens von Almosen des Klosters lebten. Ohngefähr waren einige Kroaten von Polling her gekommen; da sie im ganzen Dorf keinen Menschen fanden, gingen sie ins Kloster, trafen dort die Schweden mit den Weibern, die ihnen kochen mußten, beim Essen an, gaben auf sie Feuer, nahmen 6 gefangen, und führten sie sammt ihrer Beute nach Polling zurück. Einige waren entflohen, und 2 hatten sich auf den Getreidkasten verschlossen, sind aber nachmal von den Bauern gefunden, zu Boden geschlagen, und vom Kasten in den Hof hinabgestürzt und einer todt und der andere lebendig mit ihm

begraben worden. Mehrmal war Quartier angesagt gewesen; denn 3000 Reiter marschirten aus dem Elsaß zur Armee des Johann Wörth; und alsobald flüchtete sich ganz Erling wieder in die Wälder, und alle Häuser standen leer. Sie waren aber über Starnberg marschirt, und Erling war befreit, und alle nahegelegenen Orte Böking, Traubing, Berchting und Frieding waren voll und litten nicht wenig. Seitdem die Kaiserlichen in Bajern eingerückt, und hauptsächlich den Distrikt zwischen Isar und dem Lech besetzt hatten, so wünschte Jedermann die noch bessern Schweden. Wer sich nicht schon vorher weit hinweg geflüchtet hatte, der mußte sich jetzt in Wäldern und finstern Abwegen verbergen. Weder in den Häusern, noch auf den Wegen entging Jemand ihrer Barbarei und ihrem Muthwillen. Sie raubten, plünderten und marterten, ohne zu bedenken, daß sie Menschen sind und mit Menschen umgehen. Ohne Unterschied des Alters und des Geschlechtes banden sie die Menschen, entblößten sie ganz und schändeten die Einen zu todt und die andern jagten sie mitten im Winter ganz nackend von sich. Solche Bestien macht der anhaltende Krieg aus den Menschen! Generalissimo Altringer hatte nach 3 oder 4 berittenen Männern verlangt, die der ganzen Revier und aller Ortschaften zwischen der Amber und dem Würmsee wohl kundig waren, weil er des andern Tages mit seiner Armee der ersten Armee hinterhermarschiren mußte. Eines Dienstags hatte früh um 9 Uhr der Durchmarsch begonnen, und wir sahen vor Nacht kein Ende. Cavallerie, Infanterie, Stücke und Bagage folgten auf einander. Obwohl die Rekruten kaum Kriegs-Exercitium verstanden, so verstanden sie sich doch auf das Rauben und Pressen. Nun im Dorfe, wo die Soldaten nichts als leere Häuser gefunden hatten, war ein schrecklicher Anblick. Das ganze Dorf schien im Feuer zu stehen. Sie nahmen Stühle und Bänke aus den Häusern, und trugen Dächer ab, und füllten alle Gassen mit fürchterlichen Wachtfeuern, und das ganze Dorf mit Schreien und Heulen an, wie sonst nur Hunger und Verzweiflung zu thun pflegt. Kein einziger Erlinger, der von weitem zusah, versprach sich mehr sein Haus auf den andern Tag. Am nächsten Tag hatten die Soldaten die Wälder durchstreift, und manches für den künftigen Hunger und Elend dort Verborgene gefunden. Wen sie auf dem Weg oder Feld angetroffen hatten, dem nahmen auch sie Kleider, Schuh und Strümpfe, ließen ihn auf Eis und Schnee bei größter Kälte hinlaufen. Das thaten unsere Freunde, unsere Hilfstruppen! Und was hätte der Feind anders thun können, als vielleicht besser seyn! Das machte, daß sich nach der Hand kein Mensch mehr auf die Straße getraute, um etwas auch höchst nothwendiges zu besorgen. Eine Woche darauf waren wieder 3000 Berittene von den Unsrigen unter Anführung des Obersten Schaftenberg in Starnberg eingerückt, die sich in die umliegenden Dörfer vertheilten, und überall übel hauseten. Bei ihrem Abzug am 3ten Tag hatten sie Pferd und Vieh, was sie kriegten, mit sich fortgeführt, und hinterließen nichts als Schandthaten. Wehe dem, der sich ihnen widersetzte. Zu Berchting hatten sie einen Mann getödtet, und einem Andern Nase und Ohren abgeschnitten. Zu Utting nahmen derlei Räuber alles Vieh und Pferde weg, und da die Bauern wieder einiges mit Geld einlösen wollten, sagte ein Redlicher ihnen, sie sollten es nicht thun; denn über ein kurzes werden andre kommen, und es neuerdings abnehmen, und dessen wird so lange kein Ende seyn, als ein Huf übrig seyn wird. Und so hatte es sich an allen Orten gezeigt. Gleichzeitig war zur Ergänzung und Herstellung unserer Armee eine Kriegssteuer ausgeschrieben worden, so daß der vierspännige Bauer 2 fl., der zweyspännige 1 fl. 30 kr. und alle Uebrigen 15 kr. hätten zahlen müssen. Um diese Zeit war auch das schrecklichste Donnerwetter gewesen, das alles unter und über sich zu kehren schien; wobei Jedermann geglaubt hatte, daß jener Tag des allgemeinen Erdbebens und des Untergangs für Teutschland angebrochen sey, den ein falscher Prophet vorausgesagt hatte. Kurz darauf besuchten unsere beiden Durchlauchten mit ihrem 8jährigen Prinzen Ferdinand-Maria und mit höherm und zahlreicherm Gefolge wie sonst, von der Jagd von Starnberg her, Andacht halber den hl. Berg, und reisten andern Tags Abends wieder nach Gauting, wo Höchstdieselben übernachteten. Viele Leute lebten schon von Kräutern, und bei noch mehrern war Nachmehl und Kleienbrod die beste Speise. In der Früh hatten etliche Soldaten unsern Bauernkindern ihr Mus und weniges Brod genommen. Zu Erling war nichts mehr in den Häusern gewesen, als Noth. Die Hälfte Häuser lag in Asche, die andern hatten vielfältig kein Dach und keinen Mantel, welches Alles die Wachtfeuer verzehrt hatten. Zu dem war die unerschwingliche Kriegssteuer auf die Höfe gekommen, die aber nichts mehr geben konnten. Zu allen diesen Übeln waren auch noch unerhört schreckliche Winde gekommen, die mehrere Tage wütheten, daß die Bäume und Häuser stürzten und verwüsteten, und zu Erling auch den Pfarrthurm mit großem Schaden der Kirche einstürzten. Indessen war die Sage herumgegangen, daß die Bauern ein Complot machen und gleich den Peitingern, die noch bessern Schweden von Augsburg gegen sie um Hilfe rufen. Die Colonelen ließen schreckliche Drohungen ergehen, alle Bauern samt Weib und Kindern niederzuhauen, und das ganze Dorf zu verbrennen, sobald sich die Schweden würden sehen lassen. Nachdem Jedermann den Aufbruch der Unsern hart erwartet hatte, war jetzt der Befehl da gewesen, daß sie noch länger zu verbleiben hätten, weil noch nirgends ein Winterquartier ausgesteckt gewesen war. Himmel! man sah jetzt schon Bauern und Soldaten nur halb bekleidet, von Elend abgebleicht, von Hunger ausgemergelt, mit bloßen Füßen bei der größten Kälte umhergehen. Und was würde dieß in der Länge werden! Die Soldaten aßen Hunde und Katzen und gefallenes Fleisch, und die Bauern hatten oft mehrere Tage keinen Brocken Brod. Viele suchten im Klostergarten die Krautstengel und die überwinterten Salatstengel, Wurzen, Kräuter und Schwämmlinge zusammen, die sie gesotten und roh aßen. Bald darauf schon hatten wir 4 Armeen um uns; die bajerische und kaiserliche, die schwedische und französische. Nun war von Dachau bis an die Alpen von ihrem Rauben und Plündern, von ihrem Schwert und Feuer nichts mehr sicher. Welche Erwartung der Dinge, die da noch über uns kommen werden! Uebrigens war es hart zu bestimmen, welche Partei die ärgere wäre. Es kamen Rotten an, gingen wieder ab, ohne zu wissen, wer sie waren, Freund, oder Feind; freilich keine ohne Schaden. Die Generale und hohen Offiziere hatten an dieser neuen Station, an der Anmuth unserer Gegend und an den schönen Waldungen sehr viel Vergnügen, und wollten darum ihre Siege feiern, und ihrem Waffenglück manches Fest geben. Sie hielten fürstlich Jagden, wozu alle höheren Offiziers eingeladen, und eine Menge Gemeine zu gegen seyn mußten. In der Wärme eigens dazu hergerichteter Hütten, hatten sie Mahlzeiten und

ähnliche Recreationen. So arg, als es bisher uns allhier gegangen war, hatten doch die Schwaben gesagt, die öfter auf ihrer Flucht zu uns kamen, daß wir noch im Paradies seyen. Ende Januar war wieder eine ungewöhnliche Kälte eingefallen, welche die armen und elend gekleideten entweder in ihren Häusern zu verhungern oder im Bettel zu erfrieren drohte, welches letztere einem Knaben und einem Mädchen von Erling in der Gegend der Isar begegnet war.
Ganz zu Anfang des Februars waren wahrhafte Frühlings- und Sommertage. Zu Ende desselben wütheten schreckliche Winde mit unglaublicher Kälte. Trotz dem Schnee gab es eine ungeheure Menge Mäuse von verschiedenen Gattungen und Farben. Letztes Jahr schon hatten sie desto größeren Schaden gemacht, je weniger die Ernte war. Vielen Bauern hatte es die Mühe des Schnittes nicht gelohnt, sondern sie gruben dem Raub der Mäuse in ihren Gängen nach. Jetzt fand man in einer einzigen Fuchshöhle eine Menge Mäuse, die leicht 4 Metzen gemessen hatte. Daher wurde von höchster Stelle verboten einen Fuchsen zu fangen, denn sie müssen den Dienst der Katzen versehen, welche von den Spaniern und Welschen rein aufgezehrt waren. Inzwischen erfrechten sich ungefähr 400 berittene Schweden, sich bis an die Stadtmauer von München zu wagen. Die folgende Nacht überfielen 200 der Feinde das Schloß Starnberg. Zu Bernried nahmen die Soldaten zu 200 Stück Vieh weg, wobei 4 von den Soldaten, und 8 oder 9 von den Bauern todt auf dem Platze geblieben. Da die Bauern endlich sahen, daß es wirklich darauf angesehen sey, ihnen Alles zu nehmen, und sie dem Hungertod zu überlassen, schlachteten die meisten ihr übriges, weniges Vieh selbst, und wollten lieber ihren Hunger, als den der Soldaten damit stillen. Hiemit schien in Erfüllung zu gehen, was der General Altringer einst gesagt haben soll: daß eine Kuh, die man nach diesem Kriege noch in Bajern finden werde, in Silber gefaßt werden soll. Da in Augsburg Pferde, Hunde und Mäuse aufgezehrt waren, und die Leute mit Abscheulichkeiten im Munde auf den Gassen todt umfielen (man sagt, daß sie sogar Kinder- und Menschenfleisch gegessen), so fürchtete man einen allgemeinen Aus- und Ueberfall, von dessen Veranstaltung man sicher wissen wollte. Das Elend dieser Tage bei uns läßt sich wahrhaft nicht beschreiben! Im Kloster befanden

sich über 1000 Menschen. Alle Zimmer waren voll gestopft, einer lehnte sich an den andern. Es war ja Winter, und kein Ofen, kein Bett, und oft in 3 und 4 Tagen kein Brod, indessen die eben so hungrigen Soldaten immer bei uns um Brod baten. Indessen behauptete der Prior, ihm thäte der Abgang des Brodes lang so wehe nicht, als der Mangel des Weines zum hl. Meßopfer, denn sie mußten oft ohne Messe seyn. Aus dem Dorfe hörten die Erlinger nichts als lärmen, schlagen und hämmern, wobei man ihre Häuser einriß, um Holz zu dem Feuern zu bekommen. Das Dorf stand ganz im Unflath und Wuste, alles zum Grausen, und für Menschen unbegreiflich. In den Häusern wie auf den Gassen lagen nichts als abscheuliche Lumpen, zerschlagener Hausrath und mehrere todte Körper. In den Häusern waren nur Stube, Kammer und Kuchel aus Stein bewahrt, das übrige davon hatte kein Dach, keinen Mantel, keine Mittelwand und keinen Balken, und meistens standen dieselben nur auf 4 Säulen. Die Zäune, Planken und schönsten Obstbäume in den Gärten waren alle verbrannt. Auch aller Hausrath von Bänken, Kästen, Bettgestellen, Waschgeschirren, und die Baufahrnisse von Wägen, Pflügen, und was immer von Holz war, gingen in Flammen auf. In der Frauenkirche brannten stets zwey Feuer. Alles hölzerne Kirchengeräthe mußte hiezu dienen. Das Gemäuer war voll Rauch und Ruß, und der Boden voll Unrath. Auf dem Friedhof konnte man vor Menschenunflath keinen Fuß mit Ehren setzen, und die Sakristei brauchten sie für ihr geheimes Ort. In der Kirche zu Unsrer Lieben Frau lagen auch 4 unbegrabene Todtenkörper, die man außer der Kirche auf der Nordseite, wo schon mehrere lagen, in ein Grab zusammen warf. Haberbrod war eine Delicatesse der Vermöglichen, die Andern hatten wenig Kleienbrod oder gar keines. Daher lagen in allen Häusern Kranke aus Elend und Noth, besonders in der Ruhr, auch starben viele, und wie konnte es anders seyn? Keine Medicin, keine Labung, kein Brod, kein Bett, kein Stroh, kein Ofen, kein Holz, und dieß bei der größten Kälte, die vom November bis zum Februar anhielt, wobei die Häuser allen Winden und Witterungen offen standen. Das Beste war dabei noch, daß alle Kranken und auch alle Gesunden nichts anders verlangten, als zu sterben. Es war auch kein Wunder; denn alle Wohnungen und Ställe waren so voll

Menschen angefüllet, daß oft ein- oder zweyhundert über einander lehnten, ohne sitzen, vielweniger liegen zu können. Man stelle sich dabei vor das Elend, das Schreien der Kinder, das Jammern der Aeltern, den Hunger, den Gestank! Die Krankheiten bestanden in gänzlicher Entkräftung, Dissenteria, ungarischem Fieber, ungewöhnlicher Hitze, Gliederschmerzen und Geschwulsten. Zudem wurden mehrer Erfrorne auf den Wegen und Feldern gefunden. Da die Menschen sich auf vielfältige Art wider Gott vergehen, meinte da der Prior, sucht Gott dieselben auf vielfältige Art wieder zurecht zu weisen. Was das Uebel vermehrte, war, daß die Kranken Niemand mehr besuchen, und die Todten Niemand mehr begraben wollte. Unter denen, die die vergangene Nacht gestorben, waren zwey, die vor ihrem Hungertode ihre Arme angebissen und ihre Finger abgenagt haben. Schon Manche verließen Haus und Gut und suchten ein Brod im Auslande, besonders in Oesterreich mit Betteln. Die jungen ließen sich als Soldaten anwerben, und viele starben auch. Wieder war Musterung des Welsch-Spanischen Regiments, und da war ein Spektakel zu sehen. Mehrere nur halbvolle Compagnien, schwarze und gelbe Gesichter, ausgemergelte Körper, halbbedeckte oder mit Lumpen umhängte oder in geraubte Weibskleider einmaskierte Figuren, ebenso wie Hunger und Noth aussieht. Beinebens aber waren die Offiziere ansehnlich und prächtig gekleidete Leute. Indessen erkrankten und starben auch viele von den Soldaten vor Hunger und Kälte, so daß ihr Feldpater in einem Tage, ihrer 30 Kranke zur Beicht hören mußte. Und das machte uns alle denTod, das Ende aller Uebel fürchten und hoffen. Die Colonelen befahlen von nun an alle Tage ihnen weißes Semmelbrot, Fleisch und Gemüse auf die Tafel zu liefern, auch Honig, Oel, Eier und Kerzen, wo nicht, so begehrten sie alle Tage wenigst über den andern Tag eine Kuh von den Bauern zum Verkauf, um sich weißes Brod zu verschaffen; denn die Güter der Bauern, sagten sie, gehören den Soldaten so gut, als den Bauern selbst, und also haben sie das Recht davon zu leben und mit diesem Recht forderten sie alle Milch und Butter von den letzten Kühen. Die Unsern machten überall Beute und gingen über die Isar zurück, und ließen München und unsere Gegend dem Feind über. Die folgenden Tage sahen wir überall Feuer.

Wie Feuer, Wasser und Luft, so mangelte auch die Erde nicht, uns ihre Plagen fühlen zu lassen. Auf die Soldaten, von denen wir vorübergehend frei waren, folgten die Wölfe und Mäuse in großer Menge, die unsern Plagen kein Ende seyn lassen. Bei einer Wallfahrt will einer 1200 Bettler aus der ganzen Umgegend gezählt haben; wenigst sagt man, daß eine Person, die das Gelübte that, auf dieser Wallfahrt keinen Bettler ohne Almosen zu lassen, nur von Grafrath bis Hersching 10 fl. in kleiner Münze verbraucht habe. Zu Kerschlach lagen 8 oder mehr Personen über sechs Wochen todt in einem Hause, deren einige schon von Hunden angegriffen und halb gefressen waren. Endlich fand sich ein Vagant mit seinem Weibe, der sich als Todtengräber gebrauchen ließ; allein beide, nachdem sie Einen begraben hatten, wurden selbst Opfer des Todes; und da wurde die Sache schlimmer als zuvor. Genug, daß in diesem Jahre bereits in Erling allein über 200 Menschen elendiglich gestorben. Vorhin, in bessern Zeiten zählte dieß Dorf über 500 Seelen, zu Ende dieses Monats waren noch 190 übrig, und aus 87 Ehepaaren lebten noch 20. Zu allem dem läßt sich das Ende aller dieser Uebel noch gar nicht absehen; denn da beim Mangel der Pferde, der Pflüge, des Samens, weil fast Niemand im Stande war zu dreschen, kein Feld für dieses Jahr wird bestellt werden können, so läßt sich die Rechnung recht leicht auf ein noch so hungriges Jahr machen. Nach Tagen fing es an zu regnen. Das Ammersee-Eis war schnell dahin und als auch noch der Würmsee zu brechen begann, stand ich nicht weit vom Ufer und stapfte tief in trüben Gedanken, ein Zeichen des trüben Abschieds, in den vollgesogenen Schnee. Die Eisdecke des Sees lag da. Das Auge der Landschaft war tot wie das eines Menschen, wenn die Linse im Star milchweiß erstarrt. Meine bläulichen Spuren zogen sich in die Fläche hinaus; die Roseninsel Nihau (manchmal auch einfach Fraueninsel genannt), ragte dunkel aus den frostigen Hüllen. Hier und da waren auf der dünn beschneiten Eisfläche dunkle Flecken zu sehen. Dort stand Wasser, von der Sonnenwärme der vergangenen Tage erzeugt. Es konnte aber die eine oder andere jener Stellen auch zu den durchgehenden Öffnungen gehören, welche das Volk der Ufer Dampflöcher nennt. Laue Luft weht über verwitterte Eisflächen. Kann schon in die Sonne sehn, denn die Dünste verzerren ihr

Licht. Mattgelbe Ampel. Und wie bereiten wir uns auf Ostern vor?
Wir üben uns im Verzichten: Ich verzichte auf manche Süßigkeit. Ich gehe nicht so oft zum Fernsehn. Ich hole keinen Freund. Ich höre nicht immer die Kinderstunde.
Wir üben uns im Guten: Ich teile mit meinen Freunden. Ich helfe meiner Mutti. Ich mache meine Hausaufgaben schneller. Ich will daheim und in der Schule keinen Ärger machen.
Wir gedenken der tierliebenden Witwe am Waldrand und stehlen keine Pferde.

Ich nahm meinen Weg nach Weilheim und Polling, und sah unterwegs Dinge, die kaum auszuhalten waren. Die Dörfer waren schon alle von ihren Einwohnern verlassen. Ich sah Kinder, deren jedes mit seinem Päckchen daher weinte; Mütter, die mehrere Kinder, zwey auf dem Rücken und eines auf den Armen daherschleppten; Männer, die ihre Karren mit Kleidern und Nahrungsmitteln, mit Kranken und Kindern beladen, mühsam dahin zogen, oder ein oder mehrere Stück Vieh vor sich hertrieben. Ich traf viele Haufen flüchtender Elender an, die sich mit ihrem Vieh, Kindern und kleinen Habseligkeiten unter Bäumen und Hütten gelagert hatten. Wenn ich sie fragte, wohin sie ziehen wollten, (und ich fragte nur Einmal, die andern Fragen unterdrückte der Schmerz), so war die Antwort: Wo Gott und unser Schutzengel uns hinführt; wir wissen es nicht. – Und so mag es wohl auf allen Straßen ausgesehen haben, und vielleicht noch erbarmungswürdiger auf den Straßen nach München, wo sich so viel Landvolk zusammenhäufte, daß es die Stadt nicht mehr faßte. Auf meinem weitern Weg von Polling nach Benediktbeuern, Mittenwald und Scharnitz Richtung Innthal traf ich alle Ortschaften voll von flüchtigen Elenden an, die sich den Bergen und Alpen näherten, wo uns doch nichts als Schnee und wieder der Winter erwartete.

Pferdediebe

Sind wir Pferdediebe? Wie wir es gemacht haben, haben wir gar nicht anders gekonnt. Über siebzehn Flüsse eine Richtung zu verfolgen ist nicht gerade einfach. Doch es ist gewagt worden, für einmal und für immer. Es ist das erste Recht, für Nahrung einzustehen, gestern wie morgen und dazwischen. Wir wollen bloß ein Stück von einem Kuchen abschneiden, nicht nur einmal und nicht nur dreimal. Auch viermal ist zuwenig. Als falscher Apostel unter Mönchen muß einer schon mühsam erlernen, was die Ernte der geschröpften Bauern ist. Auch wenn er sich zuletzt den Bauern anschließt, bleibt ihm am Ende nur die Flucht. Auch sechsmal ist zuwenig. Hast dein Seelenglück zum Talgrund hinunterkugeln lassen, wie den Sack mit den jungen Katzen und dem Stein drin? Wie soll es je ein Glück werden, wenn es noch nie eines gewesen ist? Auch nicht zehn- oder zwanzigmal: Immer. Keine Bucheckern vom letzten Jahr, nichts. Ist das Magenzwicken kurz ans andere Ufer hinüber, dann kam es doppelt zurück. Wie mit dem Echo auf halber Strecke. Schon hinauf, aber nicht mehr hinunter, dann aber doch. Ist einer im Sumpf versunken, dann haben die andern geplärrt, um den war es eh schon zu spät. Immer wieder hin und zurück, das will einmal ausgehalten sein. Wieder eingebrochen, aber dann doch wieder hinaus, das ist so ein Zipfel von einer Hoffnung. Halt dich fest daran und du wirst trotzdem fallen. Hinaufschaun zum Himmel ist gemacht worden. Hineinschaun in die klaffenden Abgründe, die die Hölle bedeuten können, ist gemacht worden, alles ist gemacht worden. Gebetet haben die, Hände ringend, wie die Kühe im Windschatten beim Gewitter haben sie sich daran geklammert. Weiter, weiter, hat es geheißen. Es gibt zwei Möglichkeiten, hat es geheißen. Hast deinen Sack nur mehr am Boden schleifen können, und schon ist er dir aufgeschlitzt. Ja nicht am Boden schleifen lassen, hat es geheißen. Das war das eine, und das andere ist anders gewesen. Wie es kommt, so geht es nicht wieder. Etwas Grün war ganz unten schon, aber weg war es, wie nichts. Ein stehendes Wasser auch, aber es war trüb von Würmern. Ein Tuch nach hinten, ein

Tuch nach vorn. Dazwischen war nicht viel, das hätte aufgerechnet werden können. Jetzt kann fragen wer will, warum das ganze Zählen und Ziehen. Durch einen mit Steinbrocken übersäten Wald weitergekommen. Ist es jetzt eine Rechnung, die aufgeht? Von einem Tannenzapfen ist noch keiner erschlagen worden, aber vielleicht hat er ihm nicht gereicht, als Nahrung für einen ganzen Tag. Wir haben hinaufgestarrt zu den Gletschern, im letzten Tageslicht, und sie sind untergegangen, wie es hinter uns keiner mehr hat sehn können. Von den Hiesigen wußten wir, daß es Gletscher sind, denn da oben war längst noch alles gleichermaßen weiß. Es war eh schon so ein Glück, so ein großes Glück, sonst geht es um diese Jahreszeit nie, so früh noch im Jahr. Heuer aber hat es einen Wärmeeinbruch gegeben, das kann ebenso schnell wieder umschlagen. Das Licht zog die Schneewände hinauf, und es waren eben auch Eiswände, und es war weg. Nach ein paar Minuten schon hat es wieder zu leuchten angefangen. Einer, der es gewußt hat, der nannte es den Widerschein. Wie orientalische Musik haben wir es gehört. Und es ist keine direkte Sonneneinstrahlung mehr gewesen, und es war sehr schnell wieder vorbei in seiner Röte. Wie eine türkische Musik, hinein in den aufgebrochenen Magen. Wir sind es gewesen, die die schmale Spur in die Altschneefelder getrampelt haben, dazwischen das Geröll. Es hat sich gelöst und neues kam nach. In der Nacht noch dicker Frost, aber tagsüber ist es wie in der Nacht. Wir haben Glück gehabt, für Ende März. Was nicht heißt, daß nicht alle Kilometer einer liegengeblieben ist, der war weg. Jetzt ist es höchstens noch Moos, aus dem unsere Schritte das Wasser pressen. Die Pferde müssen es sich mühsam lecken, wo es kommt. Mehr ist es nicht. Der weitverbreiteten Vorstellung, daß die Bajuwaren über die Further Senke aus dem Böhmerwald in ihren späteren Siedlungsraum eingewandert sind, widerspricht Bosl. Er faßt die Ergebnisse von Mayerthaler wie von Hartung als Bestätigung seiner These vom Nichterfolgtsein einer germanischen Einordnung aus dem Osten, von einem romanischen Substrat des Baiernstammes, der ein Mischstamm ist, und vom Autochthonentum der Bajuwaren im Frankenreich auf. Er sei vor allem darüber befriedigt, daß das noch im achten Jahrhundert belegte Romanentum im bairischen Stammesgebiet, der provincia

Baivariorum so fest im Ursubstrat der Stammeswerdung verankert und zu verankern ist. Da er die entscheidende Rolle der Alemannen nach den überzeugenden Darlegungen von Hartung anerkennt, werde er in Zukunft von einer Bosl-Kronsteiner-Mayerthaler-Hypothese sprechen. Man könne also nur mit allem Vorbehalt, mindestens nur mit halbem Herzen und Verstand, von der Zugehörigkeit der Baiovaria zur Germania Magna sprechen, sondern man müsse vom keltischen, römischen, keltoromanischen und protoladinischen Ursubstrat der Süddonaulande sprechen; dazu treten die Alemannen, neben anderen germanischen Splittern, als germanisches Substrat; in größerem Umfang vor allem seit der Wende vom fünften zum sechsten Jahrhundert nach den Siegen Clodvigs über sie. Zweifellos ein historischer Schnitt. Ohne Zweifel ist der Großvater als Dachdeckergeselle auf der Walz vom Thüringer Wald, seiner Herkunft, nach Baiern geraten, nicht allerdings nur nach Baiern gekommen, sondern bis in die Schweiz, aber letzten Endes am Starnberger See geblieben. Wir aber ziehen weg von dort und es ist keine Walz, es ist ein Walzen. Nein, so geht es nicht weiter. Es ist aber gesagt worden, es geht weiter. Hinüber sei kein Gutes, so früh schon. So tief jedoch sitzt es im Willen, daß es dabei bleibt. Von Vegetation kann keine Rede mehr sein, das ist allemal zu sehn. Der Wind drückt von Nordosten. Wenn die Augen tränen vor Staub und verwehtem Neuschnee, dann ist es etwa Mittag. Wie der letzte Bach sich windet, er fließt nicht mehr! Bald ist es der Lunghin-Paß, ich weiß nicht warum. Hier sei eine doppelte Wasserscheide, was mehr als selten ist. So etwas gibt es oberhalb vom Maloja-Paß. Daß sich dort entscheidet, ob das Regenwasser ins Mittelmeer fließt, oder ins Schwarze Meer. Oder aber, es fließt in die Nordsee. Rhein-Inn-Po. Zum Atlantik führt kein Weg von hier. Da oben bin ich wirklich, und es will mich in alle Richtungen ziehen. Jedem geht es anders, aber wir sind endlich oben. Wie also die Blase drückt, weil es sich endlich herausstellen muß. Wie wir sehen, ist nicht viel näher an den Himmel heranzukommen. Weiter unten blockieren Behelmte den Weg: Wer in die Fremde zieht, in einen entfernten Ort Deutschlands, oder gar ins Ausland, nähme ein Bild in seinem Herzen mit, das ihm immer gegenwärtig bleibt. Manchmal sei es wohl nur das Heim der

Eltern und die Straße, in der sein Elternhaus stand, die in seiner Erinnerung immer wieder auftauchen; oder es sei das kleine Dorf, wo er aufgewachsen ist; oder eine Gruppe stattlicher Berge, die er täglich vor Augen gehabt hat. Die Heimat vergesse niemand, so weit ihn sein Lebensweg auch in die Fremde verschlagen mag. Leicht ist es, dem Blasendruck nachzugeben, und schon geht es ab in drei der vier Himmelsrichtungen, das kommt so leicht, so schnell nicht wieder. Von ganz oben kann es nur wieder hinuntergehn. Wie die müden Glieder tragen, es ist ein Hin und es ist ein Her. Wie werden die Pflanzen da unten ausschauen, wenn es also Sommer geworden ist? Wir müssen es wissen, wenn wir einige davon züchten wollen. Andere haben es ähnlich. Einige haben geplärrt, hier versinkt uns keiner mehr im Sumpf. Es war alles voll großer Erwartung. Vor der Hütte im dicken Pelz sitzt der Hirt. Genügsam raucht sein Herd. Für uns kaum mehr verständlich spricht er vom letzten Sommer. Und davor sei die Eisige Wand wieder jahrelang gewachsen, Angst mußte er haben, um seine Hütte. So also sieht ein Gletscher von nahem aus. Dem wäre dieser hohle Holzstoß sicher kein Hindernis auf seinem Weg. Doch der letzte Sommer hat dem Hirten das Herz wieder um fünf Meter freier gemacht. Eine Milch für zwei muß reichen für alle, um diese Jahreszeit hat der noch nichts zum Hüten heroben. Nach all dem Hineinfallen und Heraustreten ist der Rückweg schon verstellt. Wem die Gefolgschaft verwehrt ist, der hat am Ende das Brot nicht in der Hand. Wem die neuen Wörter nicht vertraut sind, dem geht es wie den andern: Als zweiten, unverlierbaren Besitz habe jeder seine Muttersprache. Wenn wir irgendwo in der Welt den vertrauten Klang der deutschen Sprache oder eines deutschen Liedes hören, dann schlüge unser Herz höher, dann wüßten wir, daß es Menschen aus unserem Vaterland sind, die hier sprechen oder singen. Seine Heimat kenne jeder gut. Es trat ein, womit niemand rechnete. Mein Urgroßonkel war in den Stubaiern beim Edelweißpflükken abgestürzt. Vater hat eine Postkarte, die den Friedhof zeigt, auf dem er begraben liegt. Als der Erdrutsch den Longarone-Stausee verschüttete, spülte das Wasser dieses Sees fast den ganzen Ort Longarone in die Piave und das Mittelmeer. Wir waren auf dem Zirmerhof, und die Zeitungen waren voll davon. Als wir in Hintertux ankamen, wurde uns erzählt, daß die beiden letzten Sommer dort heiß waren. Davor sei der Gletscher der Eisigen Wand wieder gewachsen und man hatte schon Angst gehabt, er würde das Tuxerferner-Haus ganz einfach wegschieben. An diesen Kasten hätte ich bestimmt keine Träne vergeudet. Eher wuchs mir der Wunsch nach einer Reihe richtig kalter Sommer. Die Völker wechselten die Kontinente wie die Taschentücher. Wenn ich noch Fragen habe, kann ich wieder in meiner Seydlitz-Erdkunde von 1959 weiterblättern: In einem Motorboot fahren wir auf dem Stausee, dem größten Deutschlands, 28 km flußaufwärts. In der Tiefe unter uns floß einst die muntere Saale. Bauernhöfe mit ihren Fluren und zahlreiche Mühlen lagen an ihren Ufern. Sie alle wurden dem künstlichen See zum Opfer gebracht, die Menschen siedelte man anderswo an. Etwa 30 km unterhalb der Bleiloch-Staumauer erhebt sich eine noch höhere, die Talsperre von Hohenwarte. Doch nun beginnt unsere eigentliche Wanderung auf dem Kamm des Gebirges, dem Rennsteig. Es ist ein uralter Grenzweg zwischen Thüringen und Franken, von der Saale bis zur Werra. Es wandert sich leicht hier oben durch den hohen Fichtenwald in 800 bis 1000 m Höhe. Hin und wieder kann man hinausblicken in ein freundliches Tal mit saftigen Wiesen und Weiden; Ackerland gibt es in dieser Höhe kaum. Das Holz ist der Reichtum dieses Landes, dazu kommt Quarz für die Glasbläser. Die guten Zeiten der Köhler und Bergleute sind freilich vorbei. Oft machen wir einen Abstecher nach rechts und links, um ein Dorf oder ein Städtchen zu besuchen. Dächer und Hauswände sind mit schwarzgrauen Schieferplatten belegt. Man braucht einen guten Wetterschutz, denn die Wolken regnen sich gern hier oben ab! Die Häuser sehen aber gar nicht unfreundlich aus, weil die hellgestrichenen Fenster, und besonders die Blumen davor, nur um so vergnügter leuchten. Bei Lehesten besichtigen wir die großen Schieferbrüche. Aus den Platten wird der Dachschiefer gespalten und zurechtgeschnitten. In allen Dörfern sind viele Menschen mit Heimarbeit beschäftigt, manches Dorf hat sogar eine kleine Fabrik. Wir weben einen Text. Wie Spinnen ihre Netze, so zogen die Machthaber aller Zeiten Grenzen durch die Kontinente und durch so manches Dorf. Andächtig hatte ich immer geglaubt, zwischen dem deutschen und dem österreichischen Zollhaus läge tatsächlich Niemandsland, läge ein kilometerbreiter Streifen, den tatsächlich keine Nation für sich beansprucht, der nur von der Loisach durchschnitten wird. Muß wohl die Blechschilder dazwischen übersehen haben. Doch jetzt, wo sich herausgestellt hat, wie groß die Welt wirklich ist, heißt es grenzenlos denken. Obwohl das sicher zusätzliche Grenzschwierigkeiten mit sich brachte und es die Engländer nicht werden wahrhaben wollen, so war doch England, auch noch zu Zeiten, als schon längst Menschen sammelten und jagten, nur eine Halbinsel des europäischen Kontinents. So war die Themse nur der Oberlauf eines Flusses, der inzwischen in der Nordsee versunkenes Land durchlief, der zwar klares Wasser führte, aber doch nur ein Nebenfluß des damals noch viel mächtigeren Rheins war. Jahre später erschien das Titelfoto einer englischen Zeitung: da steht ein Haufen junger Frauen am Quai, sie winken ihren Männern und Freunden, die gerade mit dem Schiff zum Krieg um die Falkland-Inseln aufbrechen, und eine von denen lupft den Pullover über ihren Busen. Drunter stand: Cheerio lads, and here's something to remember! – Auf den Schildern in der Maisinger Schlucht stand: Militärischer Sicherheitsbereich. Vorsicht Schußwaffengebrauch! – Auf den Schildern am Rand der Schlucht bei Neuschwanstein stand: Stehenbleiben, Todesgefahr! – Auf den Tafeln in der einsturzgefährdeten Wieskirche stand: Betreten des Mittelschiffes verboten, Lebensgefahr! – Auf einer der Votivtafeln im Seitenschiff der Wieskirche wünschte sich jemand, daß die Richtigen die bevorstehende Wahl gewinnen. Die Richtigen, das sind immer die Falschen. Todesgefahr oder Lebensgefahr? Dan wollte genau wissen, womit ihm diese Tafeln drohen. Ob dort, an jenen Stellen, die Gefahr herrscht, daß er zu Tode kommt oder daß er zu sterben aufhört. Ein Ausflug in diesem Land wäre kein Ausflug gewesen, wenn dabei nicht wenigstens zwanzigmal mit Gefahr gedroht worden wäre. Mit großer Begeisterung wurde ständig darauf hingewiesen, hier und dort sei das Leben in Gefahr, um davor abzulenken, daß es sowieso ständig in Gefahr ist. The todesgefahr is the gefahr, that I forget to live. The lebensgefahr is the gefahr, that I forget to die. Es gibt also keine Gefahr in diesem Zusammenhang. Die größte Gefahr ist die Gewöhnung an solche Tafeln. Wie erkläre ich einem englischen Amerikaner einen deutschen Sachverhalt, den zu erklären meinem Kopf sogar dann schwerfällt, wenn ich nicht englisch reden muß. Tafeln, Taafeln, Taaafeln. Vor Tafeln hatte ich mich auch im Kiental, dicht neben dem Heiligen Berg Andechs, nicht mehr retten können. Jener Berg, an dessen Abhang ich den Anfang eines Geheimganges gefunden hatte, der ins Kloster führt, wurde in der Legende hoch gefeiert. Es ist dies begreiflich, wenn man sich die Gnadenschätze vergegenwärtigt, welche er in sich birgt. Von nicht weniger als einer halben Million Heiliger ruhen die Knochen in seinem Inneren, und unter den kräftigen Reliquien befinden sich einige von den Silberlingen, um welche Judas den Herrn verriet, eine Haarlocke der heiligen Anna und sogar Milchtropfen aus der Brust Mariä. Auch das Erzeugnis des Bräuhauses erfreute sich einst weit und breit in der Gegend eines guten Rufes. Seit dem vergangenen Winter aber frage ich mich, warum dort kein Berg allein für sich als heilig gelten konnte, höchstens als Tragesel für ein Bierkloster auf seinem Rücken. Nachdrücklich trete ich jetzt ein für die Heiligsprechung auch des Meßnerbichls, des Baderbichls, des Normanhügels und des Bäckerbichels! Dort bräuchten jetzt keine Tafeln mehr aufgestellt werden wie diejenigen in Andechs, auf denen zusätzlich noch vermerkt war, wie viele es ins Kiental hinunter schon erwischt hatte. Noch im Fallen konnte sich dort ein jeder, den es erwischt hatte, ausrechnen, der wievielte er ist, den es erwischt. Auf den einen kam es auch nicht mehr an, im Suff stürzt man leicht, oder aber nie. Viel häufiger jedoch war der Tod mit dem Auto, der nicht direkt dort stattfand. Der fand statt auf den Ausbaustrecken hinaus in den Landkreis. Der fand statt wie ein Ritual, und diesem Ritual wurde stattgegeben. Wie oft schwebten wir in akuter Lebensgefahr, als wir durch das Allgäu gefahren waren? Konnten wir das Eis lutschend auf einer Aussichtsterrasse vor dem Schloß überhaupt erahnen? Was kümmerte es uns, ob der gekleidete Wittelsbacher in Todesgefahr schwebte, sobald er eines seiner schläfrigen Schlösser verließ? Dan, Andrea, Eckhard und Andreas, was kümmert es uns, ob der König beim Onanieren Schuldgefühle hatte oder nicht? Die Andechser Mönche waren auf das Bierbrauen gekommen, wogegen nichts einzuwenden ist. Visconti war auf die Idee gekommen, die Szenen seines Films möglichst an den Originalschauplätzen zu drehen. Eine Biographie endete im Würmsee, dessen Wellen dem Hauptdarsteller keine Träne nachgeweint hatten. Wie soll ich bloß auf englisch die Zusammenhänge der Welt erklären? Was ist die eigentliche Ausgangssituation, wo fangen die Anfänge an? The Amper has flown from Stegen via Maisach towards Dachau. Die Amper war von Stegen über Maisach gegen Dachau in ihr heutiges Ursprungstal geflossen, wobei sie nach Osten viele Teilströme abzweigte. Der Ur-Lech zog über Pfronten nordwärts ins heutige Wertachtal. Laut Simon, S. 80ff., durchströmte das heutige Lechtal von Peiting ab die Ur-Ammer, die es von Rottenbuch her erreichte. Die Urloisach zog sich über den jetzigen Murnauer Sattel und Weilheim gegen die heutige Ammerseefurche, floß aber auch in Richtung Karpfenwinkel, gegen die Ur-Würm ab. Zur Zeit der Ausgestaltung dieses Talsystems bestanden im Alpenvorland noch keine Seen. Mit der eintretenden Eiszeit aber änderten sich die Verhältnisse grundlegend. Die Gletscher, die sich in der Altsteinzeit durch die Taltore in die Ebenen ergossen, folgten naturgemäß den alten Vorlandtälern und streckten in ihrem Bereich ihre Zungen am weitesten vorwärts. Das während der Eiszeit erfolgte Zurücksinken des Alpenkörpers hatte zur Folge, daß das alte Talsystem von Grund auf gestört wurde. So wurden die Flußläufe teils abgelenkt, teils trugen sie zur Ausfüllung der durch die Gletscher neuentstandenen Senken bei. Einzelne Talstücke wurden wurzellos und verloren, wie die Würmfurche, die unmittelbare Verbindung mit ihren Gebirgstoren. Nach der Hebung des Murnauer Sattels floß die Loisach nach dem jetzigen mittleren Isartal hin weiter. Die Ur-Isar selbst floß schon bei Tölz durch den Teufelsgraben zum Inn ab und benützte erst später die von der Loisach vorgebahnte Furche Richtung München. München an der Loisach?; so alt ist es nicht. Die Würmeiszeit war es, die die alten Talformen zwar durch ihre Gletscher umgestaltete, sie aber gleichzeitig vor der Zerstörung durch die Wassererosion schützte. Nach dem Rückzug dieser vorerst letzten Vereisung hatte sich zwischen die wohlausgestalteten Alpentalöffnungen und die nicht weniger deutlichen Täler nördlich des Moränenkranzes ein ganz unregelmäßiges Mittelstück geschoben, das hauptsächlich aus riesigen Wasserflächen mit reicher Strand- und Inselgliederung bestand. So war zum Beispiel der damalige Wasserspiegel des Würmsees um mehr als zehn Meter höher als heute. Sein alter Umfang reichte von den Endmoränen bei Leutstetten bis hinauf an den Molassezug von Frauenrain, wo er nach Osten in mehreren Kanälen mit dem Wolfratshauser See in Verbindung stand. Auch der Wolfratshauser See reichte bis zur Molasse von Frauenrain, wo er in den alten Kochelsee überging. Wesentlich größer als jetzt war auch der Ammersee, der von Polling bis nach Grafrath reichte. Außer dem Wolfratshauser See gab es noch eine ganze Reihe anderer Seen, von denen heute auch nichts mehr übrig ist. Oberhauser See, Rottacher See, Tölzer See. Sie alle wurden später entweder von Süden her zugeschüttet, oder ihre nördlichen Abflußrinnen sägten sich rückwärts immer weiter in die Moränenwälle ein, bis sie schließlich ganz ausliefen. Während sich die Amper tiefer und tiefer in die Endmoräne fraß, fand der Ammersee einen neuen Zufluß durch die Ammer, welche von ihrem alten Weg zum Lech in scharfem Winkel abschwenkte, erst den Oberhauser See zuschüttete und darauf auch begann, den Ammersee aufzufüllen. Am längsten werden sich jene Seen erhalten, die sehr tief sind und, wie der Würmsee, keine stärkeren Zuflüsse haben. Ewig dauern auch sie nicht, ihr Ende naht im Vergleich zu dem der anderen nur ungleich langsamer. Nichts dauert ewig, aber unser eigenes Fortkommen dauert entschieden zu lang. Die erzwungene Flucht aus dem Alpenvorland ist kein Ausflug gelangweilter Reisender. Sogar die Weiber waren in den Krieg zwischen den Seen gezogen, und weil es ihnen an Pfeilen gebrach, schleuderten sie in unnatürlichem Wüthen ihre eigenen Kinder gegen die römischen Besatzer. Wir müssen endlich weiterkommen. Auch wenn die Kräfte wachsen in der Not, so werden doch noch einige ertrinken, andere werden zu Tode stürzen. Der Rest wird ankommen mit zerfetzten Röcken. Es lagern Räuber in den Wäldern. An uns aber, mit unseren aufgebrauchten Vorräten, werden sie kein Auskommen finden. Die schauen besser nach andern Kunden. Gefährlich sind die Täler, jetzt liegen sie bereits südlich des Alpenhauptkammes. Breit wird es noch nicht. Schmal liegen die Gewässer tief unten zwischen den steilen Hängen, an die sich kleine Dörfer klammern. Die dort ansässigen Tessiner picken den Kot aus den Pfützen und stopfen ihn zwischen die Fugen der Steinwände. Die Germanen bauten ihre Häuser aus Balken und verschmierten sie mit Lehm. Einen Kamin kannten sie noch nicht, dafür hatten sie hinten-oben ein Loch, durch das sie den Rauch abstreichen ließen. Zuletzt kamen sie nicht mehr so wild, sondern in einem ordentlichen Haufen. Bald sprangen sie auf die unumwundenen Alemannen. Und schon drohte ihnen Brenzliges auf dem Rücken. Einer rollte den Kopf, bis er dick genug war. Ein anderer rollte den Bauch. Als er nicht mehr konnte, halfen wir ihm. Bald war er fett genug, der Kopf aber auch. Dann gings auf holprigen Wegen ins Dorf. Dort wurden wir über eine Rutsche in ein finsteres Loch geschissen. Jeden Tag holt die Bäuerin ein paar herunter. Vormittags in der Kirche hatten die Italiener noch lustige Kleider an. Jetzt, nach dem Mittagessen, wird es langsam traurig. Um zwei Uhr nachmittags ist alles schwarz. Viele wandern auf den Friedhof. Uh, wie die Gräber geschmückt sind! An den Wänden sitzen finstere Gestalten und blicken gespannt auf ihren Haufen. Der Bauer und sein Sohn fliegen an ein verstunkenes Loch hin und bewegen sich nicht mehr. Unweit des Hauses wartet schon der angesehene Misthaufen auf sein Amt. Die Bauern trieben gerade zum ersten Mal aus. Wie wild und dumm hüpfen sie jetzt durcheinander und glotzen das Gras an. Die Frauen hier wählen ihren Geschlechtsanteil scheinbar nur ungern, denn Politik sei Männersache, so sagen viele von ihnen. Ihre Kinder haben einen Unterschied: Man muß sie misten, Puppen aber nicht. Wegen einer lästigen Fliege werde ich zornig, aber meine Nachbarin lacht nur. Da hole ich den Fliegentätscher. Klatsch, klatsch und schon liegt sie in einer Blutlache auf dem Pflaster. Sie hatte erst einen unheimlichen Husten, war auch sonst heiser, vollkommen erledigt und hochachtungsvoll, bis ihr besinnungsloses Strampeln endlich versiegte. Der Sohn wollte gerade auf den Haufen machen, aber der Vater hielt ihn zurück. Da, mit dem letzten Zucken des Sohnes, sah ich schließlich alles ganz klar vor mir. Wenn es um diese Jahreszeit schon so unglaublich heiß ist, dann muß es Italien sein. Von den bekannten Jahreszeiten haben wir ja erst das frühe Frühfrühjahr erreicht. Lege deine Schatten auf die Sonnenuhren und laß deine Winde fahren.

Hinaus in das Italienische! Wir sind die Kelten und wir wollen bis nach Rom! Wir sind die Kelten, aber nicht alle von uns flüchteten in die gleiche Richtung. Die nach Norden wandernden Angehörigen unseres Stammes brauchten Schiffe, um von der Bretagne nach Stonehenge zu kommen. Klaffend lag schon längst der Kanal als Wunde zwischen dem Kanal und einer Insel. Die Prähistoriker machen es sich zu leicht, wenn sie behaupten, wir Kelten hätten uns allein deshalb in Britannien am längsten gehalten, weil uns plötzlich der problemlose Rückzug auf das Festland verwehrt war. Die Römer überquerten die Isar beim Georgenstein. Die Ohlstätter Autobahnbrücke überquert die Loisach bei Ohlstadt. Die Würm überquerten die Römer bei Gauting. Die erst vor kurzem gesprengte Seeburg-Brücke überspannte den Höllgraben, der die Landkreise Starnberg und Wolfratshausen voneinander trennt. Die Römer hätten zumindest die zierliche Würm auch an irgendeiner anderen Stelle überqueren können. Hitlers Mangfallbrücke wurde gegen Kriegsende zerstört. München, das durch die Reichsautobahn mit Salzburg verbunden wurde, ist ohne die ganze Brückengeschichte völlig undenkbar. Die Römer haben die Isar bei Föhring ein zweites Mal überquert. Heinrich der Löwe mußte die Föhringer Isarbrücke erst niederbrennen, um zu erreichen, daß der Salzhandel über München läuft, das noch niemand kannte. Die Perchaer Würmbrücke, wo Vater Bauleiter war, ist bei Kriegsende gesprengt worden, um den Amerikanern den Vormarsch zu erschweren. Nach dem Krieg wurde sie durch eine neue ersetzt, die in den sechziger Jahren von einer wesentlich breiteren abgelöst wurde. Die Ohlstätter Autobahnbrücke, das gezogene S durchs Murnauer Moos, bezeichnet Vater rückblikkend als seine Lieblingsbaustelle. Die dritte Mangfallbrücke folgt erst an zweiter Stelle. Inzwischen scheint über weite Teile der italienischen Provinz Latium die Sintflut gekommen zu sein. Rom selbst meldet Hochwasser in den Außenbezirken. Auch wenn man das Zentrum noch trockenen Fußes überqueren kann, zeigt doch der verbliebene Bogen des Pons Aemilius den kritisch hohen Wasserstand des Tibers an. Gewöhnlich ragt der Rest dieses Bauwerks aus dem Jahr 179 vor der Zeitenwende fast ganz aus dem Wasser. Diese älteste Steinbrücke über den Tiber fiel 1598 in sich zusammen. In einunddreiviertel Jahrtausenden wird sich zeigen, ob Vaters Spannbetonbrücken mehr taugen. Zwischendurch aber, als sei es ein Gesetz, muß immer wieder mal alles vorsätzlich zerdeppert werden. Wie ich von einem, den ich nicht mochte, erfahren hatte, zogen sich im Verlauf der Menschheitsgeschichte durch keinen geographischen Raum Europas je so viele Grenzen als durch Deutschland, das ich wohl gerade noch rechtzeitig verlassen habe. In keiner Gegend sonst wechselte so oft die Bevölkerung. Das also wird es sein, was mich in alle Richtungen zerrt. Bis vor kurzem hätte ich auch noch sagen können, es gleicht sich aus, und ich bleibe wo ich bin. Im Oberland kam erschwerend die Nordgrenze des eiszeitlichen Gletschervorstoßes dazu. Ungefähr bei der Leutstettner Würmbrücke war das Gletschertor. Was ja bedeutet, daß die Altsteinzeitmenschen bis dort kamen und nicht weiter, bis dort, und dann war Schluß. Vielleicht noch ein paar hundert Meter hinauf auf die ausgebleckte Zunge, aber sicher nicht viel weiter, denn dort war nichts zu holen. So läßt sich die inzwischen völlig übertriebene Winterausrüstung in dieser Gegend vielleicht aus jenem Trauma heraus erklären. In diesem Zusammenhang ist auch der Hinweis auf die Eingemeindung von Söcking zur Kreisstadt interessant. Die eiszeitliche Kreisstadt dürfte vollkommen unregierbar gewesen sein. Vom höhergelegenen Söcking aus aber wäre die Fortführung der Starnberger Regierungsgeschäfte problemlos weiterhin möglich gewesen. Ein Bürgermeister möchte nicht von Klimaschwankungen abhängig sein. Wären die Europäer auch Menschenfresser gewesen, geworden oder geblieben, sie wären längst wegen Völlerei ausgestorben, hätten sie auch nur ein Zehntel der von ihnen erledigten Feinde aufgefressen, wie es sich eigentlich gehört. Beim Fressen spricht man nicht, und so hätten wir auch unsere Sprache verloren. Auf das Fressen aber folgt der stumme Wissensdurst. Hier ist Europa wieder führend, und Deutschland liegt mitten in dessen Zentrum. Quer durch Deutschland zieht sich die modernste Grenze der Welt. In kalter Regenzeit hockten siebzig Demonstranten beharrlich zwischen den Linien. Es ging gegen den Bau einer Wiederaufbereitungsanlage, und juristisch war unklar, welche Seite das Feuer eröffnen sollte.

Das Lob
Die Deutschen. Cheerio lads, here's something to remember: Besonders spornt sie zur Tapferkeit an, daß nicht Zufall und willkürliche Zusammenrottung, sondern Sippen und Geschlechter die Reiterhaufen oder die Schlachtkeile bilden. Und ganz in der Nähe haben sie ihre Lieben; von dorther können sie das Schreien der Frauen, von dorther das Wimmern der Kinder vernehmen. Ihr Zeugnis ist jedem das heiligste, ihr Lob das Höchste. Zur Mutter, zur Gattin kommen sie mit ihren Wunden, und jene zählen oder prüfen ohne Scheu die Stiche, auch bringen sie den Kämpfenden Speise und Zuspruch. Die Germanen glauben sogar, so Tacitus weiter, den Frauen wohne etwas Heiliges und Seherisches inne; deshalb achten sie auf ihren Rat und hören auf ihren Bescheid. Schon manche wankende und sich auflösende Schlachtreihe wurde, wie es heißt, von den Frauen wieder zum Stehen gebracht, durch beharrliches Flehen, durch Entgegenhalten der entblösten Brust und den Hinweis auf die nahe Gefangenschaft, die den Germanen um ihrer Frauen willen weit unerträglicher und schrecklicher dünkt.
Mit dem Ende des Winters fahren die Germanen in den Süden und nehmen dort überhand.

Das Hin

Im Tessin, wenn sie Italienisch reden, dann ist es nicht mehr die Schweiz. Die anderen Länder sind aus Holz, Italien aus Stein. Nach haariger Serpentinenfahrt erreichten wir das Schmugglerdorf Indemini, in dem schon Bakunin Waffen versteckte. Auf der Talfahrt stritt ich mit dem Westenrieder, ob denn die Lastwagen von MAN oder die von Magirus-Deutz besser seien. Der Westenrieder war sehr entschieden für MAN, ich war sehr entschieden für die Konkurrenz. Daß die Starnberger Feuerwehr nur Magirus-Deutz benutzte, konnte doch kein Zufall sein. Nebenbei schoben wir zerbrochene Butterkekse zwischen die Schlitze der Rücksitzpolsterung. Die Eltern bestaunten die volle Landschaft, wir aber waren ganz bei uns. Der Comer See, an dem wir jetzt entlangfuhren, ist langgestreckt, und auch er war vor langer Zeit von wuchtigen Gletschern ausgehobelt worden, aber ihm fehlte die hügelige Rätselhaftigkeit des Starnberger Sees, an den ich mich zurücksehnte. Diese Reise hatte ich nicht freiwillig angetreten. Die Stadt, in der ich wohnte, war aus Legosteinen, und sie stand in unsrem Wohnzimmer. Sie hatte mehrere öffentliche Gebäude, ein Industriegebiet, einen Hafen und ein Wohnviertel. Der Stadt wichtigste Persönlichkeit war ich selbst, und so lag es auf der Hand, daß ich mir eine lange Abwesenheit von dort eigentlich nicht leisten konnte. Verantwortung wiegt wie Senkblei und dort, wo sie ruht, steht ein Magnet.

Daß Herbert Marcuse ausgerechnet in Starnberg starb, lag nicht auf der Hand.

Das Her
Jenseits der Alpen schmeckt die Luft so saftig. Als ein Lebendiger hast du auch nicht immer die Möglichkeit, wie ein Toter dich zu gebärden. Das Leben hat die verschiedensten Austragungsorte, und nicht jeder war heuer schon in Rom. Auf dem langen Weg in die alte Stadt fuhren wir weiter durch die Po-Ebene, und ich haßte Italien. Die Bäche dort waren mir zu gerade, und am Horizont sah es immer noch genauso aus wie am Rand der nächsten Weide. Von den strammstehenden, den endlosen Pappelalleen schloß ich geradewegs auf das Volk, das sie gepflanzt hatte. Wir mußten zum Gardasee. Und es war mir so peinlich, als Vater den Autoschlüssel verlor. Die versammelten Deutschen auf dem Parkplatz probierten, ob die Schlüssel ihrer BMW's vielleicht bei unserem Opel paßten. Aus München sollte ein Reserveschlüssel geschickt werden. Hinter der Kies-Terrasse vor dem Hotel flitzten Luftkissenboote quer über den flachen See. Schön waren die lauen Sommerabende an der Hand meiner Mutter. Seepromenaden war ich von zu Hause her schon gewöhnt, aber hier klangen die Strandorgeln schmeichlerischer als diejenigen, die vor dem Undosa zum Tanz aufspielten. Doch dann kam der Schlüssel. Mit dem Dienstopel bewegten wir uns fort. Süßes Wasser in Kanälen links und rechts. Das Meer war ja für mich durchaus kein Synonym für Italien gewesen. Kurz hinter Triest, als ich es zum ersten Mal gesehen hatte, war ich überrascht gewesen, wie wenig blau es von weitem aussieht. Das mußte wohl am Salz liegen, am Salz, der Weiß-heit des Meeres. Immerhin war seine Krümmung annähernd so, wie angekündigt. Zuvor wurde ich bei den wenigen Meeresaufenthalten meiner Eltern stets in einem Wäschekorb bei meiner Patentante in Harlaching abgestellt. Wir brauchten bloß die Isarhochleite hinunter, um den Tierpark Hellabrunn zu besuchen.
Mir ist auch heute noch das Plätschern der Isar, zusammen mit dem Brüllen indischer Elefanten und der Angeberei persischer Pfauen, vertrauter als das Rauschen des Meeres, das so vielen vertrauter ist als das eigene Herzklopfen, als die Bewegungen der eigenen Hand.

Der Zug
Vater hatte daheim immer nur deutschen Weißwein im Keller gehabt, den mochte ich nicht. So dachte ich, Weißwein sei überhaupt etwas, das man nicht trinken kann. Rotwein schon. Roter war stets in großen Mengen bei den Festen am Bismarckturm um das hungrige Feuer herumgestanden. Der kam aus Italien, war gut und trotzdem billig. Es mußte auch noch Geld für das blöde Benzin der Mofas übrigbleiben. Ostufer hin und zurück. Plötzlich war Andrea gekommen und sagte, ich solle sofort zu Hause anrufen, meine Eltern hätten einen schweren Autounfall gehabt. Eine Kurve am östlichen Ortsausgang von Huglfing hatte sich zu einem Unfallschwerpunkt entwickelt. Eine einundsechzigjährige Autolenkerin aus Inzell war mit rund sechzig Stundenkilometern in das gefährliche Straßenstück gefahren, geriet auf die Gegenfahrbahn und stieß frontal mit einem Auto zusammen, das von einem 65 Jahre alten Starnberger gelenkt wurde. Während Mutter all die darauffolgenden Monate aus der Murnauer Unfallklinik auf die Alpen blickte, hatte ich mit Gregor und Schenz und dem Zug den Brenner überquert, und erst in Florenz waren wir zum Stehen gekommen. Das heißt, die Toskana mußte es sein, weil ich in einem von Tante Hildes Schöner-Wohnen-Heften einen Bericht über die Toskana gesehen hatte. Mein halbes Zimmer war schon schön eingerichtet gewesen, als diese Zeitschrift plötzlich eine Lackfarbenserie mit dem Namen Toskana auf den Markt brachte. Schöne Bilder hatte die namengebende Provinz zu zeigen. Und tatsächlich, schöne Landschaft zog an uns vorüber. Erst der Bahnhof von Florenz sah sehr faschistisch aus. Die schönen Italiener hatten ja auch dazugehört! Wir sind von dort weiter in das Zentrum hineingegangen, ein Brot zu kaufen gegen den Hunger. Es war bald Ostern, und wir wollten möglichst schnell die Straße Richtung Arezzo finden. Vor Jahren waren wir in der Schule kleine Gärtner gewesen. Andreas, Bertil, Hannelore und Schenz brachten kleine Schalen mit. Nun konnten wir säen! In die erste Schale kam Kresse. In die zweite Schale legte Hannelore Gurkenkerne. In die dritte Schale legten wir Erbsen und Bohnen und säten die winzigen Samen des Bohnenkrautes. Angeblich waren wir neugierig, wann alles keimen würde.

Daß ein Heimatdichter wie Rudolf M. Sagerer keine Ruhe findet, ehe er nicht auch das Erlebnis des Heiligen Berges Andechs poetisch bewältigt hat, liegt auf der Hand.

Das Eis
Wegen seiner berühmten Mutter kannte Gregor die Trotta und den Schlöndorff. Wir wollten zu deren Haus in einem kleinen Dorf Richtung Arezzo. Alt und schön war das Haus, ein Quadrat aus Wänden und Dach. Mit einer, die mir nicht gefiel, war auch der Hauff noch da. Im Filmclub hatten wir schon einen Film von Schlöndorff gesehn, aber er war doch eher klein. Er hat sehr nett für uns gekocht. Die Trotta war sehr müde. Auch wir legten uns bald hin. Am Morgen des Zweiten Tages wollten wir hinauf zu einem Ort in der Nähe, von dem meine Eltern viel erzählt hatten. Am Mittag des Zweiten Tages erreichten wir Valombrosa als einen verlassenen Sommerfrischlerort, der gerade für die Saison hergerichtet wurde. Nicht mal eine Bar war offen für ein Getränk. Auf dem Rückweg am Zweiten Tag begegnete uns ein kleiner Lastwagen, von dem aus ein Kind mit erhobener Faust heruntergrüßte. Vom Gregor wußten wir schon, daß hier die Kommunisten regierten. Schenz und Gregor stritten die meiste Zeit. Am Dritten, oder war es der Vierte Tag, sagte die Trotta, sie sei sehr ausruhbedürftig, denn sie müsse jetzt bald nach New York. Sie würde uns wieder runter ins Tal bringen, von wo aus wir leicht nach Arezzo weiterkämen, wo es eine Jugendherberge gibt. Am Vierten Tag gelang das Trampen stets nur von einem Dorf in das nächste. An einem Ort zwischen den Orten, wo es zu regnen anfing, machte uns das Mitleid auch nicht schneller. Vielmehr, es hatte gar niemand Mitleid mit uns. Dunstig war die Straße von unbekannten Gerüchen, die umgepflügte Erde glänzte orange. Kurvig wie die Straße, zog sich der Horizont über gebackene Hügelketten. Im Frühjahr sollte jeder Streit aufhören, sonst kommt es zum Krieg. Gerecht kauften wir drei Bananen. Drei gelbe aus den geschundenen Ländern. Bei Südfrüchten weiß man nie, was für eine Geschichte sie hinter sich herschleifen. Zucchini gab es auch, aber Gemüse will gekocht sein. Am Vierten Tag fuhren wir nach Arezzo hinein, wie in eine Stadt. Mit dem Auge erlebten wir den späten Nachmittag. Vom höchsten Punkt der Stadt überblickten wir die versammelte Umgebung. Unglaublich hoch waren die Räume in der Jugendherberge, die ab jetzt für uns zuständig war. So blieb auch für uns noch ein Platz. Keinen Jugendherbergsausweis zu haben war

kein Problem. We do speak English. Am Vierten Tag probierte Gregor sein frisches Französisch aus. Die Haustür war ein Problem. Ab zehn war sie zu. Die Nacht spielte sich auf einer breiten Straße Richtung Bahnhof ab, aber die Nacht mußte schon um zehn Uhr zu Ende sein. Am Fünften Tag hätten wir alle Sprachen der Welt sprechen können, solange wir die eine nicht konnten, hätten sie uns alle nichts genützt. Schwarzhaarig standen die äugigen Mädchen um die Ecke und lutschten ihr Eis. Aber wir waren so brav, so dumm. Wer nirgendwo was findet, der kann ruhig schaun, wie er weiterkommt. Südlich von Arezzo wurde es am Sechsten Tag wieder flacher, und wir hätten bloß unsere Extremitäten auszubreiten brauchen. Dort, wo die höheren Hügel auslaufen, läuft die Straße Richtung Siena, dort wollten wir hin. Siena sei besonders schön, hatte es geheißen, auf ein paar Hügel draufgebaut, hatten die Franzosen gesagt. Tief drinnen entstiegen wir einem englischen Auto und staunten. Wir entstiegen einem holzverkleideten Cooper und liefen durch die Gassen. So eine Geschichtsanhäufung, da blieb ihnen das Maul offenstehn. Das trockene Maul. Und die Augen wurden ihnen weit, als sie endlich zum Campo kamen. Dieser Platz hätte schon wieder und ganz besonders die Mitte der Welt sein können. In der Mitte dieser Mitte war ein prächtiger Brunnen, aus dem funkelndes Trinkwasser quoll. Hier tränkten sich die Touristen, die angeregt dabei sprachen, nur Italienisch war tabu. Sie lagen blaß in der Sonne. Wir lagen noch längst in der Sonne, die uns tränkte, als wir dachten, was wird aus der Nacht? Eine Jugendherberge ist noch im Bau, um im Freien zu schlafen ist es noch zu kalt und wir haben im April kein Zelt dabei. Am Sechsten Tag ging es zwei Schweizerinnen ähnlich. Als hätten wir unsere Lage über den Platz geschrien, fragten sie uns. Zusammen brachten wir ein freies Hotelzimmer in Erfahrung, was nicht einfach war. Der italienische Abend war noch fern, und die Schweizerinnen wollten noch kurz woandershin. So allein wurden wir beim ziellosen Umherlaufen von einem Gautinger Schwulen angeredet, angemacht und nicht mehr ausgelassen. Der erzählte gleich, er sei aus Gauting. Wir aber zeigten uns sehr zugeknöpft, wie wir es schon im Kindergarten gelernt hatten, wenn mit Lutschern gedroht wurde. Da mußten wir schnell weg, denn wir mußten die Schweizerinnen in einer

Diskothek treffen. Am Abend des Sechsten Tages kamen wir in eine Höhle unter einer Festung, die war so hochmodern ausgerüstet, daß niemand sich zu tanzen traute. Der Abgang des Brotes that uns lang so wehe nicht, als der Mangel des Weines zum heiligen Meßopfer, doch diesmal mußten wir nicht ohne Messe seyn, da uns drei Verschworene mit dem wenigen von dem ihren halfen. Plötzlich war es soweit. Es war die höchste Zeit, und wir durften schaun, daß wir noch vor Torschluß das Hotelzimmer erreichten. In der Nacht zum Siebten Tag war es ein langer Weg, doch auch der hatte sein Ende. Im Hotel war noch jemand wach, und wir mußten gleich unsere Pässe hergeben, als Pfand. Mehr als ein Doppelzimmer kam nicht in Frage, und die Buben waren so wohlerzogen, daß sie den Mädchen das dazugehörige Bett überließen. Die Nacht war windstill, auf dem Apennin fiel wieder Schnee. Gesalzen war die Hotelrechnung. Am Morgen des Siebten Tages verabschiedeten wir uns von den Schweizerinnen. Mögen sie noch eine schöne Reise gehabt haben! So sind auch wir weiter, an einen anderen Schauplatz. Die Superstrada in Richtung Rom ist kein Witz. Ein schlechter Witz ist die Ausfahrt von Chiusi. Wir wurden abgesetzt, hinausgeschmissen und mußten auf die Gnade des nächsten warten. Auf den Stufen vor dem Dom von Orvieto entstand das einzige und unterbelichtete Foto der Reise. Auf dieser Treppe fiel es uns ein. Als einzige Übernachtungsmöglichkeit für die nächste Nacht kommt ein Zugabteil in Frage. Die Jugendherberge ist voll, und zu noch einem Hotel reicht es nicht. Den Nachmittag des Siebten Tages verbrachten wir wartend in den Bahnhofsanlagen von Orvieto. Schenz besorgte eine Tüte Obst. Gregor entschied sich, wenn es irgendwie ginge, in der Stadt zu bleiben, er wollte nicht weiter. Vier Tage vor der umbrischen Kirschblüte gab es drei völlig verschiedene Geschmäcker. Elf Tage vor der umbrischen Apfelblüte gibt es sieben gemeinsame Erkenntnisse: Leben wie Gott im Ausland ist schwierig, wenn man das Fremdsprachenlexikon vergessen hat; möglicherweise, meint Schenz, gibt es nur ihn selbst und alles andere ist möglicherweise reine Einbildung; wo ein Holler steht, da schlägt der Blitz nicht ein (weit und breit gibt es keinen Holler); Reisen wie Seume in Italien ist schwierig, wenn man das falsche Jahrhundert erwischt hat; Mädchen machen ärgerlich, sie kön-

nen nicht auf Schallplatten aufpassen, und wenn sie irgendwie dazu Gelegenheit haben, lutschen sie Eis, bis ihnen die Zunge blau wird oder gelb (in Siebenbürgen tragen sie Tollkirschenwurzeln am Busen, um die Burschen an sich zu ziehen); eine Katze, die sich ständig in den Schwanz beißt, wird schließlich auch vom Kopf nicht satt werden; am Ende einer Straße ändern sich die Straßennamen.
Hätten wir nur besser aufgepaßt, wüßten wir jetzt, daß wahrscheinlich auch der Platz, über den wir unsere Orangenschalen verteilen, Piazza Garibaldi heißt; Garibaldi oder Cavour, beide gingen Hand in Hand.

Das Rom
Samstags hat es bis in die Abruzzentäler hinunter noch einmal geschneit. Hauptsache, das Salz des Winters schiebt sich wieder bis in den April hinein, und es stürmt. Der Zeiger der bekannten Jahreszeiten steht immerhin schon auf fortgeschrittenem Frühfrühjahr. Das Wetter ist ein Thema, denn um diese Zeit schneit es in der Nähe von Rom nicht gerade oft. Den ersten April, den merk ich mir. Jetzt bin ich in den April geschickt worden und komme nicht mehr aus ihm heraus. Hab mich auf einem römischen Speicher verschanzt und komme nur mehr selten aus dem Haus. Hab mich an das einzige Dachfenster gestellt und staune hinaus. Sonntag, und ich denk, es wär Montag, aber draußen steht es fest. Draußen gehen sie wieder spazieren, ob sie wollen oder nicht. Ich kannte einen, den Xaverheißer, der ging sonntags den gleichen Weg als Spaziergang, den er werktags zur Arbeit ging. Ich kannte auch eine, die sieht nicht mehr gut, sie sagte, daß sie das, was zu sehn ist, schon kennt. Die Dagmar. Vor 50000 Jahren lebten dort in Mitteleuropa etwa tausend Menschen in einigen Dutzend Horden. Faune, die oft gewaltige Strecken zurücklegten. Zuletzt lebten allein in der Kreisstadt vielleicht fünfzehnmal so viele. Wenn ich all die Namen zusammenzähle, die ich mit einem Gesicht verbinde, das ich selbst kannte, dann kommen vielleicht auch tausend zusammen. Dieser Haufen auf ganz Mitteleuropa verteilt, na ich weiß nicht recht. In drei Wochen schon wären wir ausgestorben gewesen, aber Platz hätten wir gehabt. Kein einziges Feuer hätten wir angekriegt. Zahllose Hollersträuche hätten verhindert, daß uns ein Blitz dabei hilft. Kein Fleisch. Von der Mammutjagd ganz zu schweigen, aber Platz hätten wir gehabt. Da durchbreche ich meine Verschanzung und hole Schenz ab. Wir durchfliegen die Straßen und landen in einer Bar an der Via Veneto. In dem finsteren Raum wird gnadenlos mit an die Wände gehängtem, ausgedientem Fischereigerät gedroht. Das ist so eine Gemütlichkeit, die würgt. Da foid a Finga Bier! Feldafinger Bier! Da fehlt ein Finger Bier! Schlecht eingeschenktes Glas. Da drohen wir gleich mit dem Sheriff von München, das ist auch so ein rustikaler Depp. Schenz kann ich erst für meine mitteleuropäischen Faune interessieren, als ich sie anfangen lasse Hütten zu bauen. Er war ja

immer schon von diesem Zimmermannsgedanken besessen gewesen. Würde er je wirklich Zimmermann werden, er könnte sich diese Besessenheit unmöglich bewahren, denn seine ganze Passion gilt der Abschaffung von Sägen. Nicht nur der Motorsägen oder der Elektrosägen, sondern der Gattung Sägen überhaupt. Eine Säge nähme keine Rücksicht auf die Fasern des Holzes. Er fordert die Abschaffung dieser Rücksichtslosigkeit. Er hat so eine Vorstellung, von der läßt er sich nicht abbringen. Es gab auch daheim längst kein Feldafinger Bier mehr, es gab nur noch mehr oder weniger schlecht eingeschenkte Gläser und Krüge, das konnten wir gerade noch selbst abschätzen; dazu brauchen wir keinen Sheriff. Ein gespaltener Viehzaun, auch wenn er noch so sehr der Witterung ausgesetzt ist, hätte kein Xylamon nötig. Alles Wesentliche hat sich verschlechtert, dabei sitzt der Schenz mit einem wesentlichen Verbesserungsvorschlag da. Wir könnten nach Ostia hinausfahren. Ohne weiteres kann ich, ohne übertreiben zu müssen, behaupten, daß sie uns jetzt gleich hinausschmeißen, wenn wir uns nicht sofort noch etwas zum Trinken bestellen. Hinaus auf die Straßen und vorbei an den unten aufgerissenen Häusern. Der Menschheit geht es wieder besser, seit man herausgefunden hat, daß der Käufer mehr kauft, wenn er gegen den Uhrzeigersinn durch den Supermarkt gehn muß. In der entgegengesetzten Richtung scheint man billiger wegzukommen. Ich habe schon immer so gelitten unter allem, was mir nicht gefallen hat. Da wollte ich alles schöner haben. Wir wollen uns den verlandeten Hafen vom alten Rom ansehn. Neben uns in der Vorortbahn sitzt eine Tussi, die in irgendeinem Feinkostladen schon erste reife Erdbeeren gefunden hat. Jede Beere schlürft sie aus und wirft die Hülle mit dem Stiel aus dem Fenster. Eine ganze Plastiktüte hat sie vollgekauft. Auch ein blindes Huhn findet mal ein Ei. Gerade so ein blindes Huhn findet nichts als Eier. (Ihr Gesicht gefällt mir nicht.) An Ostern ist die Welt mit Moos gepolstert und ihre Herrlichkeit lacht uns entgegen. Jetzt, gegen Ende der Heizperiode, werden in ganz Europa die Menschen wieder froh und zeugen ihre Nachkommen.
Die Vögel vögeln oder fliegen Hand in Hand.

Der Tag

Morgen ist auch noch ein Tag, dachte ich gestern. Und so hat das Heute prompt schon geboten: Sonnenaufgang, Sonnenhöchststand, Temperaturschwankungen und ein unterschiedlich starkes Verkehrsaufkommen zu den verschiedenen Tageszeiten. Ein Linkshänder tut sich rechts schreibend mit der Wahrheit auch nicht leichter. Am Morgen durch das erst knöchelhohe Getreide zwischen den Ruinen von Ostia Antica. Wir haben die Akustik des Theaterforums ausprobiert. Wo aber liegt die Anerkennung eines Bemühens? Bin ich Schenz, der geduldig Verbesserungsvorschläge an eine interesselose Allgemeinheit vergeudet? Was ihm am Herzen liegt, unten auf der Bühnenplattform sprach er es aus, und selbst oben in der letzten Reihe der verwitterten Marmortribüne war noch jedes einzelne Wort davon zu verstehen. Am späten Morgen handelten wir uns einen Streit ein, fluchten und erklärten uns provisorisch zum Weltgericht.

Wie der Apfel schon nach antiker Anschauung im Liebesorakel den Zukünftigen oder, nach weitverbreiteter Auffassung, die Keuschheit der Frau anzeigt, so spielt er auch in der Rechtsprechung des Mittelalters eine Rolle, wenn es darum geht, die Strafmündigkeit Heranwachsender festzustellen. Die Richter legen einen Goldgulden und einen verlockend roten Apfel vor. Nimmt das Kind die Münze statt der Frucht, gilt es als mündig und kann gerichtet werden. Der Vergleich mit dem Paradiesapfel, wo man wegen des entgegengesetzten Verhaltens für sündhaft erklärt wird, liegt nicht auf der Hand.

Das Nie
Jetzt das Meer, aber es rauscht nicht. In Lido frag ich mich, ob ich mir eine Suppe kaufen soll. Bin ich Schenz, den es nicht weiter stört, wenn ihn nur einer hört, der schon seiner Meinung ist? Steht es uns, die wir heute noch niemanden wenigstens von irgend etwas überzeugen konnten, überhaupt zu, hier an der Promenade zu hocken und eine Suppe zu löffeln? Darf man überhaupt noch anwesend sein in einer Welt, in die man nicht gehört, weil sie einem nicht gehört, auch wenn es Italien ist, von dem man ebenfalls keine Aktien besitzt? Der Retter sitzt am Nebentisch. Der Glöckner von Notre-Dame lädt uns in Lido in ein bayerisches Lokal zum Testessen ein. Verseuchte Starnberger-See-Renke Jahrgang 1986, samt Schwammerlsuppe und einem verlockendem Apfel der gleichen Ernte. In Andechs hatte ich den auf einen Monat komprimierten Dreißigjährigen Krieg überlebt, woraus ich praktischer Weise schließe, jetzt kann mir nichts mehr was anhaben. Schenz bleibt die Gabel im Mund stecken, hinter einem Kiosk will er drei Mädchen gesehen haben, die ihm bekannt vorkamen. Ich sehe nichts, ich höre nichts. Eher fühle ich mich an die Harlachinger Pfannkuchensuppe erinnert. Pfannkuchen mittags, dann in Streifen geschnitten, abends als Suppeneinlage. Am Nachmittag dazwischen der Tierpark. Da waren versammelt die Münchner Brüllaffen und die Münchner Pinguine. Gib mir deine Münchner Hand und ich vergesse, daß die Eltern in Italien sind. Abends betete ich brav: Oh Herr, gib ihnen die ewige Ruhe! – Stets kamen sie gesund zurück, brachten mir stets ein Spielzeug mit. Wenn er direkt zum Erfolg führt, läßt sich der Aufwand eines Gebets rechtfertigen. Doch jetzt, da das Amen erneut gesprochen ist, frage ich mich, wo denn die Wirkung meines Essens bleibt. Messer und Gabel liegen schon arbeitslos neben dem Teller, und das Testergebnis liegt noch immer nicht vor. Helden sagen Heldensagen.
Zur Überbrückung der Wartezeit: Unser Held Adolf Wölfli, der größte Natuhrvorscher aller Zeiten, zählt auf die zehn größten Städte unseres Erdballs.

1. Vatter=See. (Süd=M.) 70,000,000 Seelen.
2. Zohrn. (Süd=M.) 59,000,000 Seelen.
3. Mutterzohrn=Westthalhall. 53,000,000 Seelen.

4. Mutterhöhn=Südwandhall. 48,000,000 Seelen.
5. Mutterzohrn=Hertz. 47,000,000 Seelen.
6. Zitterzohrn=Hertz. 46,000,000 Seelen.
7. Stahrnbeerg M=Z.N. 45,000,000 Seelen.
8. Vatterzohrn=Hertz. 44,000,000 Seelen.
9. Jägerzohrn=Hertz. 43,000,000 Seelen.
10. Vatterhöhn=Hertz. 42,000,000 Seelen.

Ganz im Gegensatz zu den Meßwerten unserer Henkersmahlzeit liegt die eigentliche Verläßlichkeit der Angaben dieses Riesenstadt=Verzeichnisses (Heft Nr. 5, S. 502) zweifelsfrei auf der Hand.

Hoppla, mein Glückszahn schwitzt, siamo andati al lido, con tre ragazze, ma siamo ritornati soltanto con una. Che cosa è successo? Irgend etwas muß meine Weisheitszähne geärgert haben. Für ein paar Minuten war die Zeit stehengeblieben. Weit und breit kein Starnberger Zahnarzt, dem ich mich eh niemals anvertraut hätte. Drei leere Fernet-Gläser auf der Uferverbauung geben Auskunft. Wer gebannt in die leichte Brandung gestarrt hat, dem stand das frei, und plötzlich kam es der Reihe nach, wie es immer nur als vage Möglichkeit beschrieben worden war. Aus allen verfügbaren Tonquellen drängte es hervor. Da läuft gleich alles über. Wie viele Tonnen Wasser verdunsten in einem Jahr, und wie viele Meter müßte der Meeresspiegel jährlich sinken, käme kein neues nachgeflossen? Der warme, warme Wind kommt auf; daß es eine schiere Freude ist. Grashalm über Grashalm geknickt. Niemand staunt mehr die Wellen an. Fünf Minuten können doch keine Ewigkeit sein. Wer hat denn jetzt die ganzen Tische umgeschmissen und niemand ist mehr da? Der große Regen ist es noch nicht. Die Wetterberichte, von denen einer auf den andern folgt, bemühen sich appetitlich zu bleiben. Zehn Minuten sind doch keine Ewigkeit. Von der Hauptwindrichtung ist die Rede, von der es jetzt abhängt, so weit weg ist es. So nah ist es. Bei den südamerikanischen Nambikwara zog der Häuptling selbst als erster in den Krieg. Allein schon die Feuchtigkeit, die den jetzt so trockenen Mündern entzogen ist, müßte den Regen längst auslösen. Kommt kein Speichel mehr nach. Vollkommen festgefressene Verkehrsstauungen, eine viertel Stunde ist doch keine Ewigkeit. Als erstes bricht der Verkehr zusammen, das ist die Rechnung. Wo sie nur alle hinwollen? Fahrradfahrer haben eine Möglichkeit. Die Automobilklubs werden die günstigen Minuten nützen, um die ihnen überstellten Regierungen Südeuropas zu stürzen. Die, die mit Flüchtenden aus dem Norden rechneten, flüchten jetzt selbst. Die Klubmitglieder fühlen sich jetzt berechtigt, mit Nicht-Klubmitgliedern, die ihnen im Weg stehen, kurzen Prozeß zu machen. Ziellose Kampfwut liegt in der Luft. Durch die Luft flattern Polaroidfotos: nackte Kleinfamilien vom letzten Sommer. Die Zeitungsständer auf der Piazza Cavour sind einsam geworden. Die Zeitungsständer haben keine vagen Vorwarnungen mehr vorrätig. Keine Anweisungen mehr für den Fall des Falles der Fälle. Die Busse versuchen es blind und erfolglos durch die Nebenstraßen. Alle Läden heruntergezogen. Wenn irgendwo ein Magenbitter stehengeblieben ist, dann laß ich ihn nicht stehen. Wem das Klopapier ausgegangen ist, der kann jetzt sein Erspartes nehmen, sein sauer Erspartes. Satt lächeln die Reklametafeln ihr kalifornisches Lächeln, das kein anderes ist als woanders, wo auch immer. Es fängt ein Wind zum Heulen an. Der Staub, der hängt die Aussicht zu. Niemand mehr auf den Gehsteigen. Sandwehen ziehen über die Gehsteige. Niemand mehr an der Uferpromenade. Sandwehen ziehen über die Uferpromenade. Niemand lutscht ein Eis. Ein Kontinent wird mit endlosen Wetterberichten sauber in Schach gehalten. Niemand schleckt ein Eis. Ein V.o.l.k. hat Angst. Ein V.o.l.k. steht da wie ein Mann und schaut wie ein Kind. Jetzt steht uns alles frei. Wer klug ist, der schaut, daß er noch zu seinem Orgasmus kommt. Leonora ist mit Schenz davon. Totgeschlagene vor den Telefonzellen. Als ob die hastige Telefoniererei jetzt noch etwas brächte! Niemand bekommt sein Gespräch allein. Kreuz geht es und quer, und es spielt keine Rolle, wer mit wem. Dann macht die Last die Leitung tot. Dahinten ist auch Pasolini umgebracht worden, warum soll es anderen besser gehn! Auf den Telefonbüchern sitzt eine Plastikpuppe und grinst ihr jahrealtes Grinsen. Ihr Kleidchen ist zerrissen, und in ihrem Unterleib steckt ein Kugelschreiber. Wie du und ich den Krieg gewonnen haben. Wie du und ich mit weit aufgerissenen Augen die Siglwiese hinuntergekugelt sind. Eine Distel versteckte sich zwischen den Gräsern und der, der unten lag, war der Dumme. Die ersten Tropfen auf den heißen Steinen. Jeder Tropfen aber wird von einem Lächeln empfangen, damit das Geweine endlich aufhört. Was haben wir gelacht! Das Gras wird naß und nässer. Die Kleider kleben auf der Haut. Ein Foto macht doch niemand, bloß weil es so schön ist, daß alle Welt stillsteht, wenn er auch nur damit droht, auf den Auslöser zu drücken. Peng! Wie viele wohl haben den Anschlag von Orvieto überlebt, bloß weil unser Apparat zu kurz belichtete? Zu wie vielen Massakern kam es gar nicht erst, bloß weil wir uns damit begnügten, auf einer langen Reise nur ein einziges Foto zu schießen? Klack!, und wenn der Fotograf

Pech hat, dann verschmutzt ihm möglicherweise ein Blutspritzer seine Linse. Da ist ein Pechvogel gleich verblutet, dieser Unglücksrabe. Jessasmariaundjosef!, mir läuft alles so pechrabenschwarz an. Die dritte aztekische Kamera ist nochmal viel schlechter als die zweite, die eh schon nicht annähernd an die erste heranreichte. Jesusandmarychain, so tief drinnen sind wir schon. Was ich eh nicht weiß, macht mich eh nicht heiß, die Hitze kommt von außen. Endlich kam der Suppenteller, aber die Suppe war schon verdampft. Schlaff klebt die Einlage am Porzellanboden. Das schräge Licht dringt in die Augen, Judenstern und Feigenblatt. Und nur wenig Weggeschmissenes kommt unter dem weggetauten Schnee zum Vorschein. An jedem Baumstumpf kein Papierkorb und sonst gar nichts. Moorige Gewässer raunen durchs untere Holz. Goldrute und Johanniskraut flammen mit kleinen Sonnen auf, während die hochwüchsigen Weidenröschen purpurrot erglühen. So dick die Luft! So schwül das Plätschern unter den Standarten. Der Abgang des Meßweins that uns im Kloster lang so wehe nicht, als der Mangel des Brothes, und wir mußten oft ohne Essen seyn, wenn uns nicht die erlinger Bauern mit dem wenigen von dem ihrigen helfen konnten. Jetzt sind der Bauch und auch sonst alle Hohlteile voll. Zwei schuppige Astgabeln tiefer sitzen die zerrenden Bauchschmerzen, und ich horche hinaus in die Hitze und das Blattrauschen. Irgendwie hab ich es eilig, schnell hinauf zum Wipfel zu kommen, von wo ich den besten Überblick habe. Das ist wieder ein Alleinsein, wie ich es nicht immer brauchen kann. Zur achten Erkenntnis ernenne ich die Einsicht, daß niemand die unglaubliche Schönheit atomarer Pilze widerlegen kann. So viel kann ich gerade noch erkennen. Wo der Stein der selbsternannten Weisen steht, da wächst kein Gras mehr. So viel ist sicher. So schnell kann ich gar nicht schaun, wie die Sonne rauf und runter jagt. Doch morgen ist auch noch eine Nacht, oder nicht. Die Nachtschicht war schon immer meine einzige Erholung gewesen. Wie jede andere Verwaltungszentrale, so ist auch das menschliche Gehirn absolut zwanghaft, und oft täten die Gebeine schon wollen, aber von da oben kommen nur restlos reaktionäre Anweisungen. Alles bremst sich gegenseitig. Da soll es einen nicht zerreißen, wenn das eine auf das andere neidisch ist! Wer kümmert sich da überhaupt noch um mich, das Ich, das doch alles zusammenhalten soll? Bei der Tagschicht band ich mir die Augen zu. Das Leben ist kein Roman, jetzt an seinem Ende, bin ich mir da ganz sicher. Unglücksraben und Glückspilze hat es immer nur als Raben und Pilze gegeben. Der Rabe aber fiel hungrig über den Schwammerl her und schwang sich schließlich restlos gesättigt hinauf zu den allerhöchsten Baumwipfeln, um in aller Ruhe zu verdauen. Das ist Glück. Es schaut der Rabe mit vollem Bauch über die anderen Wipfel und denkt sich, Adam und Eva sind nur aus dem Paradies vertrieben worden, weil sie etwas wissen wollten. So fußt das Christentum auf dieser Methode der Strafe für die Suche nach Erkenntnis. Nicht-Erkenntnis demnach, als Bedingung für den Aufenthalt im Paradies. Irgendwer also scheint wieder in den falschen Apfel gebissen zu haben, denn jetzt sollen wir auch noch von der Welt vertrieben werden. Da die Menschen sich auf vielfältige Art wider Gott vergehen, sucht Gott dieselben auf vielfältige Art wieder zurechtzuweisen. Die selbsternannten Gottvertreter dulden keine Hungerleider in der Nähe vom Baum der Erkenntnis. Das ist ein Roman, aber es ist nicht das Leben, sondern der Tod. Ist es ein angelsächsischer Protestantenschwammerl, oder ein realsozialistisches Exemplar? Ich bin nicht eingeweiht, es gibt Spezialisten, die können das schon am Aussehn erkennen. Es macht sehr wohl einen Unterschied, ob wir eine offensive US-Suppe oder eine defensive Sowjet-Suppe auslöffeln müssen, aber es macht jetzt überhaupt keinen Unterschied. Jetzt heult sich der Wind aus. Die Wetterberichte sind verstummt. In jedem Tropfen sitzt ein Tod mit über der Brust verschränkten Armen. Wer im Recht ist, der kann jetzt schweigen. Und wer schweigt, dem ist nichts anderes übriggeblieben. 99000 Luftballons flogen in die falsche Richtung. Nie war der Wetterbericht so wichtig wie heute, und nie war er so falsch wie gestern, und nie war er so ermutigend wie vorgestern. Alles ist neu. Das Alte stirbt und etwas Neues kommt nicht nach. Ich drücke mir eine bespielte Kassette ans Ohr, aber die Batterie ist leer. Mein aztekischer Walkman ist verschwunden und die Batterie ist aus. Lieber allein als einsam, wie auch immer. Immer hat man sich erklären müssen. Und wenn wir in der Schülerzeitung einen Text des Maria-Goretti-Kreises abgedruckt haben, in dem dieser Beterverein die

Sexualerziehung an den bayerischen Schulen als zu fortschrittlich verteufelt, dann ließ der Direktor fragen, warum wir denn plötzlich so prüde seien. Tröpfel di tropf tropf. Das Wasser gießt die Seinen im Schlaf. Es ist nicht wichtig, ob die Rechnung stimmt. Es stimmt eh immer alles. Nichts ist wichtig. Wo is unsa Haus?

Wo is unsa Kind? Wo is unsa Tisch?
Wo is unsa Milch?   Wo is unsa Katz? Wo is
unsa Maus? Wo is unsa See?
Wo is unsa Hund?
Wo is unsa Mund? Wo is unsa Herz? Wo is unsa Blut?
                    Wo is unsa Boot? Wo is unsa Brot? Wo is
unsa Licht? Wo is unsa Heil? Wo is unsa Land?   Wo
is unsa Gott?   Wo is unsa Aut?
                                                    Wo is unsa O?

Egalegalegal. Als ich vorgestern
Als ich heute die Rechnung
Als ich gestern mit meinem Freund Rad fuhr, sahen wir am Himmel schon ganz schwarze Wolken. Auf einmal fing es an zu regnen. Wir hatten natürlich kurze Hosen an. Deswegen fuhren wir heim und zogen lange Hosen an. Kaum
Wie ich zu meiner Tante gefahren bin, habe ich gesehen, daß bei einem Hochhaus das Dach weggeblasen war. Und bei einem Giebelhaus war der Dachstuhl eingedrückt, von dem großen Dach. Das hat alles der böse Wind angerichtet. Es war vor einem ha
Heute waren wir in der Schule kleine Gärtner. Andreas, Bertil, Christian und Hannelore brachten Schalen mit. Nun konnten wir säen! In die erste Schale kam Kresse. In die zweite Schale legte Hannelore Gurkenkerne. In die dritte Schale legten wir Erbsen und Bohnen und säten die winzigen Samen des Bohnenkrautes. Nun sind wir neugierig, wann alles keimen wird. Es war vor einem ha
Es war vor einem halben Jahr, und ich wurde heiser. Wie ich am nächsten Tag von der Schule gekommen bin und gegessen habe, hat meine Mutter gesagt: Jetzt müssen wir Fieber messen! – Und ich hatte 40 Grad Fieber gehabt, dann mußte ich zwei Tage im Bett liegen, oh war das

langweilig. Ich habe meinen Schlitten vom Speicher geholt und bin zum Schlittenfahren gegangen. Wie ich zum dritten Mal die Bahn hinunterfuhr, schrie ein Schlittenfahrer hinter mir so laut Vorsicht!, daß ich vom Schlitten herunterfiel, und der Schlitten fuhr allein weiter. Einmal schaute ich FBI an,

FBI

Einmal, vor zwei Wochen schaute ich FBI an. Es war sechs Uhr und der Film war aus, da ging ich heim. Es war auch sehr dunkel und ich meinte, die ganzen FBI-Menschen laufen hinter mir her. Als ich mir einbildete sie zu sehen, rannte ich durch die Gegend, wie ein Blitz. Als ich endlich die Haustür erreichte, bekam ich wieder Mut. Ich tat so, als wenn ich welche abschoß, oder ihnen einen Kinnhaken gab und sie umfielen. Im Traum ging es mir genauso. In den Großen Ferien sind wir nach Ehrwald gefahren. Da gingen wir spazieren. Und als meine Eltern müde waren, setzten sie sich hin. Da sah ich einen Bach, ging ans Ufer und fing an zu spielen. Erst habe ich den Bach ausgehoben. Dann schichtete ich den Damm auf. Ich wartete, bis er vollgelaufen war. Da sagte mein Vater: Wenn jetzt der Damm bricht, dann ist Ehrwald

Als wir noch im alten Haus gewohnt haben, hatten wir noch eine Katze mit dem Namen Muschi. Ich ging noch nicht in die Schule. Und einmal ging ich mit meiner Mutter in die Stadt. Als wir wieder heim kamen, sagte die Mutter: Warum fliegen um Muschi so viele Fliegen? – Aber als sie näher hinkam, sah sie, daß die Muschi tot war. Es war heute früh, und wir hatten Turnstunde. Leider war das Fräulein krank, und Frau Delker warnte uns: Wenn ihr so laut seid, turnen wir nicht! – Jetzt taten wir das noch. Später, oben in der Halle, schien alles schon vergessen. Einer von unserer Reihe verklagte andauernd, ein anderer aber rannte dauernd wieder aus der Reihe. Ich selbst war auch nicht der Bravste. Als das Frau Delker merkte, schickte sie uns sofort in die Garderobe. Drüben im Schulhaus belehrte sie uns darüber, wie wir das besser machen sollten und rief: 1.) Wenn so viele Kinder da sind, muß man einfach ruhig sein! 2.) Man muß rücksichtig sein!

3.) Auch ihr werdet einmal Kinder kriegen, und dann wißt ihr, was das heißt. – Nach fünf weiteren Ermahnungen hörte sie ihre Predigt auf.
Ich würde meine Tochter Marie nennen.
Nach Schulschluß zeugte ich Apfel essend eine oder mehrere Töchter. Zumindest die ersten Wochen ist zumindest Marie sehr glücklich aufgewachsen. Sooft sie nur konnte, rannte sie hinauf zur Tutzinger Hütte, und wie ein Eichkatzl sprang sie zwischen Himmel und Erde. Aber eines Tages sammelten sich die Fliegen zu Trauben in der Luft, denn Unglaubliches war geschehen; hatte sich doch der Elternbeirat erlaubt, Kritik an der Qualität der Schülerzeitung und auch an ihrer politischen Einseitigkeit zu üben. Spechte klopften ihren Takt dazu. Ich machte das Abitur und ich machte das Studium. Als ich endlich aus der Universitätsstadt zurückkehrte, war es doch ein bemerkenswertes Zurückkommen in die Kreisstadt gewesen. Für die Beleuchtung des neuen Tunnels waren verschiedene Versuche angestellt worden. Diese sind jedoch noch nicht abgeschlossen, und daher auch noch nicht entschieden. Die Bordsteine waren nur fünf Zentimeter hoch. Ein Gehweg und Radweg ist nicht vorgesehen, da im Tunnel ausschließlich Kraftfahrzeuge zugelassen sind (weil Gehweg und Radweg fehlen). Marie darf sich nicht weh tun. Als seitliche Absicherung gegen ein Ausbrechen von Fahrzeugen waren besonders kräftige Leitplanken aus Stahlbeton angebracht worden, welche für einen seitlichen Stoß von zehn Tonnen berechnet sind. Sie wurden auf der Baustelle selbst hergestellt, da der Transport der schweren Fertigteile zu hohe Frachtkosten verursacht hätte, die sicher beanstandet worden wären. Aber: Schon Kritik an sich ist äußerst unerwünscht, hatte ich geschrieben, und hier darf man mich wohl einmal beim Wort nehmen. Denn die Freiheit, Kritik an der Schülerzeitung zu üben, ist offenbar nicht jene Freiheit, die ich meine, wenn ich von Meinungsfreiheit rede. Das Recht zur Kritik, so scheint es, habe ich für mich allein gepachtet. Über der Bleichwiese, so scheint es, schwebt sacht an einem großen Fallschirm der Landeapparat. Nach einigen Minuten bereits die ersten

Umarmungen, die ersten Hinrichtungen. Eine weitere Reise am Firmament ist beendet! Auferstehung setzt den Tod voraus, wo die Medizin dann aufhört. Nicht aber hört die naturwissenschaftliche Frage auf. Letzte medizinische Handlung. Ein Soldat reicht dem Andreas einen Schwamm, in Essig getränkt. Fieberkrank, Blutverlust. Den Apostel dürstet es. Seine Tochter (der Genuß von Äpfeln verschafft Kinder: Aarne Thompson 303, *Die zwei Brüder* und 708, *Das Wunderkind*), seine Tochter also trocknet das Blut ab und den Schweiß. Man reicht ihm Wein, mit Myrrhe vermischt: Betäubungstrank. Lanzenstich in das Herz. Damit ist Andreas' Tod dann bezeugt. Feststellung des Todes. Blöde glotzend standen die Einwohner wieder am Straßenrand: Der hat vor 15 Jahren dem Wimmer auf dem Schulweg einen Apfel vom Baum gestohlen! – Tod am Kreuz ist ein Erstickungstod. Nach dem Studium erkannte ich den Ernst des Lebens und seine Spielregeln. Ich hatte damit begonnen, so eine Art strategisches Spiel zu entwerfen, ich habe das Programm Entwicklungshelfer genannt. Man fängt ganz klein an, als Entwicklungshelfer irgendwo in der Dritten Welt und kann sich dann bis zum Regierungsputsch hocharbeiten, also die Macht übernehmen. In der Software-Abteilung eines renommierten Unterhaltungskonzerns waren sie ganz begeistert von dieser Idee, und ich wurde gekauft. Seitdem die Nachfrage nach Cheopspyramiden damals sprunghaft angestiegen war, engagiert sich unsere Firma mehr denn je auch im Handel mit Pyramidenformen. Von der Antike bis zum heutigen Tag ist über Pyramiden ein Streitgespräch im Gange. Seit Jahrhunderten fragt man sich, ob die grundlegenden Geheimnisse des Universums in diese mysteriösen Strukturen hineingebaut sind. Bevor man die Antwort auf diese Frage wußte, die die ganze Esoterik-Branche zu unseren Gunsten revolutionieren sollte, fuhr ich dauernd von Hinz nach Kunz. An Himmelfahrt hatte ich nicht mal einen Fensterplatz. Schwamm drüber! Meine Tochter Marie war lungenkrank. Ein Kuhtritt war ihr einziger Halt. Der untere

Teil des Himmels war schon blau vor Wut. In Saxophone wurde hineingeblasen und auf die Felle von Congas wurde eingedroschen, daß man es überall in Thüringen hat hören können. Da haben die Bauern der dortigen LPGs von ihrer zähen Arbeit aufgeschaut. Schwamm drüber! Jeden Monat bin ich mit dem Zug von München zu ihrer Urgroßtante hingefahren, bis es Marie wieder besser ging. Bin in Würzburg umgestiegen und bin von dort mit dem Eilzug nach Erfurt weitergefahren. Als ich nach Himmelfahrt wieder an meine Münchner Arbeitsstelle zurückgekommen war, hatte sich dort bereits erdrückendes Beweismaterial angesammelt. 1.) Eine große kalifornische Universität hatte festgestellt, daß das Bakterienwachstum in Milch, die unter einer Pyramide aufbewahrt ist, unterbunden wird. 2.) Ein unabhängiges Industrielabor, welches einen Massenspektrometer benützte, der an einen Dupont-302-Computer angeschlossen war, fand heraus, daß chemische Verunreinigungen in Wasser verschwinden, wenn man das Wasser unter einer Pyramide aufbewahrt. 3.) Leberextrakte, die unter einer Pyramide aufbewahrt wurden und die mittels Massenspektrometer durch einen Dupont-Computer analysiert wurden, behielten ihre Reinheit und einen Sauerstoffgehalt, während Kontrollproben demgegenüber drastisch schnell schlecht wurden. Noch an Himmelfahrt hatte ich geglaubt, meine Tochter Marie käme nicht durch. Am Vortag hatte sie mir noch gesagt, sie hätte nichts mehr vom Leben. Sie wolle es eh schnell hinter sich bringen, damit sie und die andern endlich Ruhe haben. Ihre Noten sind so schlecht gewesen, und überhaupt sei es doch egal, wann man stirbt. Sie war unfähig positiv zu denken, wollte keinem mehr zur Last fallen und hatte schrecklich Angst davor, einmal einen Beruf ausüben zu müssen, der ihr nicht gefällt. 4.) Es gibt verblüffende Ergebnisse von Pyramidenuntersuchungen, die mit Lebensmitteln sowie Pflanzen und auf medizinischem Gebiet durchgeführt wurden. 5.) Der Kaufkraftvergleich zwischen den Bewohnern der Stadt- und Landkreise beziehungsweise Gemeinden zeigt nach Ermittlungen der Marktforscher eine noch stärkere Differenzierung. Angeführt wird die Liste mit dem Landkreis Starnberg (+31,3%), gefolgt von Baden-Baden (+28,9%), dem Hochtaunuskreis (+26,6%) und Stuttgart (+25,1%). Auf den nächsten Plätzen folgen Pforzheim, Düsseldorf und München. Übertroffen wird das Niveau der Stadt- und Landkreise von den Nobelrefugien Kronberg im Taunus, Gräfelfing und Starnberg bei München und Königstein im Taunus. Ihr Kaufkraftindex liegt durchweg 50% über dem Mittelwert der Bundesrepublik. 6.) Für den Starnberger See beträgt die reduzierte Tiefe rund 87 Meter. Was beinhaltet dieser Wert? In erster Annäherung kann die vom Wasser pro Quadratmeter aufgenommene Windenergie der Weglänge, das heißt dem mittleren Durchmesser des Sees, proportional gesetzt werden. Daraus folgt laut Lenhart/Steinberg, daß die Windarbeit imstande sein wird, einen Dichtegradienten bis zu einer Tiefe zu beseitigen, die laut Steinberg/Lenhart der Quadratwurzel aus dem mittleren Durchmesser proportional ist oder, was dasselbe bedeutet, der vierten Wurzel aus dem Areal. Ist für einen See die reduzierte Tiefe kleiner als die Maximaltiefe, das heißt $z(red)_m > 1$ $[z(red)_m = \frac{z_{max}}{A_o{0.25}}]$, wie zum Beispiel beim Starnberger See $[z(red)_m = 1.46]$, ist Meroximie (unvollständige Durchmischung) wahrscheinlich. 7.) Die Welt, in der ich lebte, war nicht nur kaputt und häßlich, sondern vor allem atemberaubend schön. Wir fotografierten und beschrieben diese Schönheit, zu Hause und draußen, und zeigten sie Stück für Stück in herrlichen Farbberichten. So freue ich mich, Ihnen und einigen anderen, möglicherweise in ihren Privat-Bunkern überlebenden Arschlöchern, unser neuestes Projekt anbieten zu können. (Von den Fenstern der Kreisstadt aus gesehen, ist Seeshaupt das Haupt vom See, da bin ich einverstanden.) In Starnberg haben wir eines der letzten bebaubaren Grundstücke für Sie sichern können. Starnberg, das bedeutet Wasser, Wälder, Sonne und gesunde Luft. Hier können

Sie das Leben genießen. Können segeln, baden, Wasserski laufen, Dampfer fahren, mit Walter Pause wandern, Tennis spielen, reiten in nahegelegenen Gehöften, golfen fast hinter jedem Strauch; oder einfach faulenzen bei herrlichem See- und Gebirgsblick. Hier, wo sich unser Märchenkönig Ludwig II. am liebsten aufhielt, haben Sie jetzt die Gelegenheit, sich ein Stückchen Starnberger See, ein Stückchen Bayern zu kaufen, hier sollten Sie eine Wohnung erwerben, als Feriendomizil, als Altersruhesitz, ja, auch als Kapitalanlage. Denn nach Starnberg zog es immer mehr Münchner. In kaum mehr als 30 Minuten war man mit der Bahn (Starnberg war S-Bahnstation) oder mit dem Auto in München, an seinem Arbeitsplatz. Und nach Feierabend kann man in herrlicher Landschaft die vielfältigen Freizeitmöglichkeiten nutzen, die sich hier bieten. Wer wollte nicht an jedem Arbeitstag Urlaub machen? Zudem waren alle schulischen Einrichtungen, zum Beispiel Gymnasium mit naturwissenschaftlichem und neusprachlichem Zweig, und Einkaufsmöglichkeiten vorhanden. 8.) Die Mieten stiegen hier sprunghaft, und der Ausverkauf der letzten Grundstücke hatte begonnen. Die geplante Wohnanlage wird wieder im oberbayerischen Landhausstil mit weißem Rauhputz und viel Holz (Fenster, Balkon, Verblendungen) errichtet.
Guck mal hier! Guck mal da!, hätte meine Tochter sicher geschrien. Hätte ich sie noch rechtzeitig von meiner Großtante zurückgeholt, ich hätte ihr eine Banane und eine Uhr gekauft. Und was es hier einst gab: Jeans für zwanzig Mark! T-Shirts für fünf Mark! Pullover in Farben, wie sie in Thüringen noch nie zu sehen waren. Und alles kostete nur einen Bruchteil von dem, was sie gewohnt war: eine Tafel Schokolade für knapp eine Mark statt 4.80 in der DDR. Und Obst und Blumen zu dieser Jahreszeit!
Seit Maries Geburt hatte ich viele Berufe ausgeübt. Als Soziologe fand ich aufgrund meiner fundierten Italienstudie heraus, daß Comiso der beste Stand-

ort für die auf Sizilien zu stationierenden Cruise Missiles ist. Mein Auftrag war es, abzuklären, wo die örtliche Sozialstruktur Proteste gegen die zukünftige Raketenbasis am ehesten ausschließt. Als Psychologe hatte ich für einen angesehenen Körperpflege-Konzern eine Werbestrategie zu erarbeiten, die am besten gerade diejenigen Zwänge mobilisiert, die wahrscheinlich am ehesten zum Kauf genau seiner Produkte führen. Als Völkerkundler erforschte ich, ob die Indianer am Rio Xingu eher mit Glasperlen tschechischer oder eher mit solchen fernöstlicher Herkunft zum Tauschhandel zu bringen sind. Als Volkskundler mußte ich mir im Auftrag des Dachverbandes der Trivialliteraturverleger die Frage stellen, welche Bedürfnisse im Detail Groschenromane denn eigentlich befriedigen. Es ging um die Formulierung einer aktualisierten Schreibanweisung, die es den Autoren erleichtern sollte, sich noch präziser auf die Wünsche ihrer Leser einzustellen. Bei der Bestimmung schließlich des zukünftigen Standorts für die bundesdeutsche Wiederaufbereitungsanlage, arbeitete ich als einziger Ethymologe in einem großen Team, das hauptsächlich mit hochqualifizierten Soziologen und Psychologen besetzt war. In mir . . .
In ihm haben wir einen großen Menschen verloren. In tiefer Trauer und großer Verehrung nehmen wir Abschied von unserem langjährigen Aufsichtsratsmitglied. Wir werden seinen klugen Sachverstand, seine reichen Erfahrungen und seinen ausgewogenen Rat sehr vermissen. Im Gefühl großer Dankbarkeit für einen Freund werden wir sein Andenken in unserer Gruppe stets in Ehren halten. Wir stehen vor dem Unfaßbaren: unser Freund, Partner und Senior unserer Sozietät ist am 2. April auf dem Höhepunkt seines Lebens und Schaffens aus unserer Gemeinschaft gerissen worden. Seine unbedingte, tief überzeugte Einsatz-

bereitschaft und Hingabe an seinen Beruf, sein Wille zum Erfolg, seine Weitsicht, gepaart mit Fairneß und menschlichem Verständnis, machten ihn zum Vorbild für viele, verbinden uns in unserer Arbeit und prägen das Andenken, das wir ihm in Freundschaft und Dankbarkeit bewahren werden. Schon als Bub ist er brav bis zu acht Stunden gelaufen. Vom Brauneck die ganzen verschiedenfarbigen Köpfe hinter bis zur Benediktenwand und alles wieder zurück. Wie sein Vater liebte er Bergtouren bis ins hohe Alter. In the mountains, there he felt free. – Freiheit ist immer die Freiheit der Andersdenkenden, so sagte einmal Rosa Luxemburg, die Gründerin der KPD. Von Rosa Luxemburg bis zu Andreas Nachleger, dem ehemaligen Linken, ist offensichtlich kein sehr weiter Weg. Er gründete eine Zeitschrift, die sich ein bißchen von anderen Magazinen unterscheidet. Statt nur Sex, Pornographie und Kriminalität zeigte sie jede Woche das Wahre, Schöne und Gute, das es in dieser Welt ja schließlich auch gibt. Einst, am Anfang seiner Karriere, wollte ihn ein Autor unserer Konkurrenz (Quick, Bunte) belehren, was seriöser Journalismus sei. Wenn er träumte, träumte er sehr gezielt. In seiner knappen Freizeit stand er neben dem Gipfelkreuz der Benediktenwand, sah das ganze Voralpenland vor sich ausgebreitet, sah hinten den See und die Kreisstadt als Haupt vom See, genauso, wie sie auch auf den Landkarten stets das Haupt vom See ist. Nur von der Kreisstadt selbst aus gesehen, muß Seeshaupt als das Haupt vom See gelten. Sah noch weiter hinten München, mit einer Glocke drüber, es war Föhn, und die warme Luft wirkte wie ein Vergrößerungsglas. Am Himmel hingen die Fischwolken quer. Man muß einmal mit ihm unterwegs gewesen sein, um sich das vorstellen zu können. Wird er geahnt haben, daß so ein Wetter auch einmal umschlagen kann? Jetzt, zu diesem Abschied, wollen wir uns alle noch einmal sein Geburtsjahr 1959 vor Augen führen, jene Archiv-Chronologie, die, bis auf den offensichtlichen Sozialkitsch im Februar, so viele Eckpunkte seines ganzen Lebens entschlüsselt.

Januar

Greifbagger im Einsatz gegen die Schneemassen. Neunter Stadtball am 17. 1. im Undosa-Festsaal. Konzert der Schwarzmeer-Kosaken im Undosa.

Februar

Stadtrats-Wohnungskommission trifft unter anderem katastrophale Zustände an: 13 Personen (Urahn, Großmutter, Mutter und Kind) in zwei kleinen Räumen usw.

Erster Kinder-Faschingszug in Starnberg am 10. 2.

März

Hartmann-Stadel mit 3000 Zentner Heu abgebrannt. Das Amt für Verteidigungslasten (Josef-Sigl-Straße) ab 31. 3. aufgelöst.

April

Baubeginn zur Verbreiterung der Hauptstraße mit rechtsseitigem Gehweg.

Mai

Vierfacher Brandstifter W. H. (Brände Hartmann, Hofbauer, Oswald, Steuerwald) festgenommen.

Juni

Der Städtische Schlachthof wird um- und ausgebaut.

Juli

Erste Serenadenfahrt mit der Seeshaupt am 15. 7. unter Mitwirkung des Orchestervereins Starnberg. Ballon Loden-Frey I, besetzt mit sechs Personen, muß wegen ausströmendem Gas auf dem See notlanden. Motorboote vom Strandbad und BYC leisten Hilfe.

August

Renovierung des Bahnhofs. Verblendmauerwerk freigelegt und stadtseits verputzt. Am Almeidaweg entsteht die Rudolf-Schock-Villa.

Bebauungsplan für 14 Reihenhäuser und Garagen an der Josef-Fischhaber-Straße gebilligt.
September
Einzug der Bundeswehr in die neue Maxhof-Kaserne (General-Fellgiebel-Kaserne). 700 Soldaten auf dem Kirchplatz von Landrat Dr. Irlinger und 1. Bürgermeister Süskind begrüßt. Starnberger Schulsprengel durch Einbeziehung des Geländes östlich der Olympiastraße in Richtung Pöcking erweitert.
Oktober
Kreisverband Bund der Vertriebenen gegründet. Ruhetag bei Hotel- und Gaststättengewerbe eingeführt.
November
Foto-Wettbewerb der Stadt Starnberg erfolgreich abgeschlossen.
Dezember
Erstmals Herbergssuche mit Adventssingen in Sankt Josef. Einen Tag nachdem Dr. h. c. Nachleger sein erstes Weihnachten erlebt hatte, wurde das Hotel Post nach Beendigung umfassender Bauarbeiten (mit fünf Garagen und zehn Freiparkplätzen) am 25. 12. 1959 wiedereröffnet.
Tiefbewegt müssen wir von ihm, unserem langjährigen Berater und Mittestamentsvollstrekker, Abschied nehmen, der uns immer in treuer Freundschaft verbunden war. His judgement and foresight were an inspiration for all of us. His memory will accompany us in our future endeavours. In the mountains, there he felt free. Er war einer der ganz Großen und seit siebzehn Jahren immer für uns da: als Ratgeber, Mahner, Fürsprecher, Wegbegleiter und Freund. Keine Großschweinerei der letzten Jahrzehnte, zu der er nicht seinen Beitrag geleistet hätte. Wesentliches geht auf ihn zurück. Wir danken ihm. Wir danken ihm also, . . .

Ich kann das allerletzte Wort nicht finden, vielleicht bin ich selbst das allerletzte Wort. Ich sehe absolut nicht ein, warum ausgerechnet ich selbst an meinem eigenen Grab sprechen soll. Ich kann doch auch nicht, von mir selbst aus gesehen, das Haupt vom See sein. Immerhin war mein Wirken untrennbar mit der Entstehung unserer Gesellschaft und aller LAWE-Unternehmen verknüpft. Als maßgebender Mann der deutschen Wirtschaft war ich unserem Unternehmen mit großer Erfahrung, meiner schöpferischen Kraft und meinem wegweisenden Rat verbunden. Verantwortung wog mir wie Senkblei, und wo sie ruhte, stand ein Magnet.
Doch jetzt, am Ende meiner Tage, bleibst mir nur mehr du, Marie. Gebirge aus Akten und Terminen standen zwischen uns. Meine geliebte Tochter, wir hätten viel mehr Zeit füreinander haben sollen. Neulich, bei unserem traditionellen Betriebsausflug, übernachteten wir auf der Tutzinger Hütte. Es wurde ein zünftiger Hüttenabend veranstaltet. Es wurde gelacht, getanzt und getrunken. Wie so mancher, so hatte auch ich tiefer in das Glas gesehen, als ich vertrug. Wir sprangen auf die Tische und beschmierten uns mit Senf. Auch die leitenden Angestellten gerieten außer Rand und Band, und manch einer von ihnen konnte nicht mehr feststellen, wen oder was er gerade in Armen hielt. Ich selbst umklammerte und küßte angeblich einen Türstock und lallte immer wieder etwas von einer Marie. Um dich, mein Kind also, scheint sich meine unterdrückte Verzweiflung gedreht zu haben. Wir hätten die mir verbliebene Zeit besser nützen sollen, hätten in meinen V 8 steigen sollen, um nach Leutstetten zu fahren und über deine Zukunft zu reden. Du mußt wissen, daß ein glückliches Leben von verschiedenen

Faktoren abhängig ist. Damit wir uns des Lebens erfreuen können, brauchen wir genügend Nahrung und geeignete Kleidung. Wir brauchen ein Zuhause, wo wir Geborgenheit und Ruhe finden können. Das sind aber nur die grundlegendsten Faktoren. Doch selbst wenn alle diese Faktoren in einem gewissen Maße vorhanden sind, mag man sich noch immer nach dem wahren Glück sehnen. Die Bedingungen, unter denen man arbeitet, mögen einen der Zufriedenheit berauben, man mag vielleicht die Förderung der deutschsprachigen Gegenwartsliteratur als nicht ausreichend ansehen. Auch gibt es in vielen Familien Spannungen zwischen Mann und Frau. Das Leben ist ein Krampf. Und als schließlich auch noch die Whiskyflaschen zu streiten anfingen, ließ ich den Türstock los. Das Leben ist ein Kampf. Endlich rannte ich hinaus, die Hänge hinunter ins flachere Vorland. Überquerte größere und kleinere Flüsse und erreichte endlich das Ostufer. Die Luft war knapp, und mir dröhnten die großen Ohren. Wo jetzt ein Versteck finden, für meine erste Aztekische Kamera? Was ich jetzt sah, das ging mich nichts mehr an.
Schon vor langen Jahren war dort, um den See, der Baumbestand immer schütterer geworden. So kam für kurze Zeit wieder der Anblick zutage, den die Orte um den See bereits auf Schenzens alten Postkarten geboten hatten. Auf freie Wiesen draufgesteckte Ansiedlungen. Nur, was sich auf den alten Fotografien hatte sehen lassen, das konnte sich sehen lassen. Was aber dann, nach dem Ableben der meterhohen Hekken, wieder sichtbar wurde, das wäre besser unsichtbar geblieben. Und seit ohne die festigenden Baumwurzeln (the roots that clutch) auch die Humusschicht Richtung

See geschwemmt wird, sinken die meisten Villen und Doppelhaushälften langsam und lautlos in den Kies (stony rubbish). Die Moränen stehen wieder frei und breit, als wären sie gestern erst dort abgelagert worden. Den wenigen, die hier den Suppenkrieg ohne Bunker halbwegs überlebt haben, sind zum Siedeln also nur die feuchten Senken geblieben, wo sie zwischen den Bahnen langgezogener Torfstiche ihr hinausgezögertes Dasein fristen. Anstelle der Kreisstadt erstrecken sich drei solcher Moränenrücken, auf den alten Postkarten Almeidaberg, Schloßberg und Mühlberg genannt. Diese drei Kieselsteingebirge gilt es jetzt zu überqueren, die Lage ist bescheiden. Wenn ich es schaffe, dann weiß ich nicht recht wozu. Die wenige Luft ist so trocken und ein gepumptes Wasser so weit. Die Sonne beißt die Haut. (The dead tree gives no shelter, die Grille keinen Trost and the dry stone no sound of water.) Wenn nur nicht der Gegenwind noch kommt! Mir sind die Beine ganz krumm und das Rückgrat nicht gerade. Ich führe jetzt ein eigenartiges Leben, aber mir bleibt wohl noch eine Frist. Mir ist, als sei ich über und über mit Blutegeln behaftet, als flösse deshalb kein Tropfen Blut mehr in mir. Hin und wieder traf ich umherreisende Amerikaner, an die leicht für ein paar Cents irgendein Heiligenkram zu verkaufen ist. Selbst ausgeschnittene Zeitungsbilder mit religiösen Motiven finden Beachtung. Mir war die Art zuwider, wie sie gierig in den Resten des zerstörten Kontinents herumstöbern, und so beschimpfte ich sie als würdige Nachfolger der Deutschen. Aber auch die Stimmbänder brauchen ihr Öl. Von innen auszutrocknen ist bestimmt nicht besser, als von außen zu verfaulen. 360 Grad Fieber sind kein Grund zum Frieren. Unter den müden Füßen, den abgelatschten Lederlappen, weichen die Steine unermüdlich zur Seite. Jeder einzelne Stein arbeitet mutwillig mit den anderen zusammen gegen mich. Die Säge gehorcht blind. Die Axt ist intelligent. Die Axt sucht sich denjenigen Weg durchs Holz, der ihr den geringstmöglichen Widerstand entgegensetzt: den Weg entlang der Fasern. Er ist zwar nicht der kürzeste, aber er ist der, der sich geradezu anbietet, und der, der am wenigsten Verwüstung anrichtet und die Fasern nicht beschädigt. So ist gespaltenes Holz wesentlich haltbarer als gesägtes. So kann man als Dachschindeln nur gespaltenes Holz verwenden. Da hol ich aus und hole nochmal aus, aber der Rundsteinsammlung kann die Axt nichts anhaben. Den Magen voll Zement, hilft zwischen diesen Wänden aus Schutt nur, sich Schneereste über die brennende Kopfhaut zu verteilen. Wo, zum Teufel, bleiben die Schneereste, wie hoch liegt die Aprilschneegrenze denn noch? Würde ich jetzt als Antwort auf diese Nichterhörung mit Steinen schmeißen, ich renkte mir dabei sicher nur den Arm aus. Schon in der Schule hatte ich entwürdigend schlecht weitgeschmissen. Über zwanzig Meter war ich stolz gewesen und hernach tat mir der Arm weh, als sei er frisch gehäutet. In meiner Haut möchte ich nicht stecken. Dem Ich war es beim Werfen nicht anders ergangen, meistens aber hatten ihn Schnelllaufen und Weithüpfen vor dem Schlimmsten bewahrt. Das alljährliche Sportfest galt zu Recht als die am straffsten militärisch organisierte aller Schulveranstaltungen. In der stummen Steinwüste halte ich vergeblich

Ausschau nach einer großen rechteckigen Fläche an einem Riedenerweg, nur kann ich keine Orientierungspunkte mehr finden. Mit Rennen und Hüpfen hatte ich es doch noch manchmal zu einer Siegerurkunde gebracht. Eine Siegerurkunde aber hatte nichts mit einem wirklichen Sieg zu tun, besagte sie doch eigentlich nur, daß man den totalen Mißerfolg besiegt hatte. Zu einer Ehrenurkunde jedoch hatten es weder Stefan noch ich je gebracht. Da wäre die richtige Ehre losgegangen, wo sie dir mit einem Sporteinser im Zeugnis und später mit einem Mehrjahresvertrag bei der Bundeswehr hinterherlaufen. Zum Weithüpfen jetzt aber bräuchte ich festen Boden unter den Füßen, und von Rennen kann auf diesem Geröll auch nicht die Rede sein. Ehrlosigkeit machte die Tage nicht finster und die Nächte nicht lang. Drei Kieselsteingebirge minus ein halbes macht zweieinhalb Kieselsteingebirge. Das ist ein halbes weniger als am Anfang, sag ich zum Ich. Vor dem Schwimmen hatte ich mich immer gedrückt, hatte mir gerade noch rechtzeitig das Bein gebrochen. Ein rätoromanischer Krankenwagen hatte mich in das Illanzer kranke Haus gebracht. Mit zwei Schrauben waren Schienbein und Wadenbein wieder zusammengewachsen. Der Maier hatte mir geheißen, doch möglichst oft zu schwimmen, damit es ausheilt, damit die stillgelegten Beinmuskeln wieder an Umfang gewinnen. So vertraute ich mich dem See an. Nur in der Schule hatte ich, auch als der Gips schon längst herunter war, glaubhaft versichern können, ich dürfe jetzt auf keinen Fall schwimmen. So ist mir das stolze Hallenbad nur von außen bekannt, und die entsprechenden Ehrungen konnten wieder nicht an den falschen Mann kommen. Einen BMW hätte ich ohnehin nicht angenommen. Einen BMW würde ich als Werbegeschenk gar nicht akzeptieren. Einen alten V 8 höchstens. Einen V 8 schon. Einen aus jener Zeit, in der die bayerische Polizei optisch wenigstens noch Stil hatte. Immer wieder werde ich auf das Alte verweisen, das Schöne und das Gute, und ich meine es auch nicht anders. Inspektor Wanninger war mit seiner Isar 12 in den westenriederschen Fernsehnachmittag gefahren. So eine Verfolgungsjagd jetzt, oder ein kaltes Bier! Von mir aus eine Limo. War das noch eine Schwarzweiß-Serie, oder schon keine mehr? Ich träumte nicht in Farbe, also kann sich auch meine Erinnerung an kein Bunt erinnern. Von Lockersedimenten war die Rede, die sich aus gerundeten Gesteinstrümmern vom Korndurchmesser zwei bis zwanzig Millimeter zusammensetzen. Zum Schmeißen wird dem Ich das terroristische Material schon nicht ausgehen, dafür ist gesorgt. Wäre sein geschundener Arm nur nicht kurz vor dem Abfallen. Dir läuft schon der Rotz in langen Fahnen aus der offenen Nase. Jetzt, da auch noch Wind aufkommt, werden die Fahnen von ihm abgetrieben. So ein Wind macht dem Ich auch keinen Spaß. Dein Mund eine Trockensteppe, aber die Nase, sie läuft und läuft. Jede Böe vergrößert den Winkel der elastischen Fahne, und so hat das Ich einen zuverlässigen Anzeiger seines momentanen Zustandes. Gibt es ein Drüberkommen über die Würmalpen, oder bleibt nur noch der Rückzug? Wie wird es dahinter aussehen? Sein Hirn wird sich denken, warum es sich die Mühe machen soll, sich etwas vorzustellen, was es sich nicht vorstellen will. Die Vorstellung von einer nur mit Krüppelgebüsch bewachsenen Trockensteppe mehr, wird es sich ersparen wollen. So viel Verständnis muß ich doch wohl für ein ganz und gar vollkommen eigenes Körperteil aufbringen. Wenn das Bewußtsein ganzer Völker so funktioniert, warum sollte dann ausgerechnet mein eigenes Ich sich die Mühe machen, anders zu arbeiten? Steter Rotz höhlt auch den Stein, aber was nützt mir *ein* mühsam ausgeschliffener Kieselstein, wenn immer noch zweieinviertel Gebirgszüge davon übrigbleiben? Die Lage ist bescheiden. Im Voralpenland gibt es keine so dünnen Steinplatten wie oben in Franken, nicht so viel Schilf wie in Norddeutschland unten. So bleiben nur die Holzschindeln. Doch Nägel, um die Schindeln festzunageln, sind nicht aufzutreiben. So gut kann man einen Schmied gar nicht entlohnen, daß er wiederaufersteht und sich an die Arbeit macht. Es bleibt die Lösung, die Hüttendächer mit möglichst geringer Neigung zu bauen, auf denen die Schindeln gar nicht erst ins Rutschen kommen. Als Gewicht gegen den Wind tun es auch große Feldsteine. Die Wände der meisten Hütten sind aus Balken zusammengefallener Häuser aufgerichtet, die Zwischenräume mit Lehm verstopft, und der Bewurf, roher Kalk, hat sich fast überall losgeschält. Die Dächer sind durchlöchert, und braune Sparren stechen in die freie Luft. Die Not drückt die Hütten in den feuchten Boden, wo sie rapide vor sich hinfaulen. Kaum das fünfzigste Bauernweib kann lesen, kaum das hundertste schreiben. Und niemand hat gezählt, ob es überhaupt noch hundert sind. Wieder herrschen fast allgemein die alten Aberglauben, Vorurtheile und die schädlichen Irrthümer, welche auf die Landwirthschaft Einfluß haben. Von der Isar nach dem Würmsee wird man (welches besonders den Fremden aus Übersee auffallen muß) von verkrüppelten Bettelkindern überfallen, welche den Wagen umringen, und den Reisenden eine Strecke Wegs mit ihrem Geschrey verfolgen. Dies ist abscheulich, und wird es dadurch doppelt, daß es fast allenthalben gemein ist. Ohne Kies kein Bau. Ohne Abbaugenehmigung kein Kies. Ohne Kohle kein Bau. Ohne Abbaugenehmigung keine Kohle. Ohne Geld kein Bau. Ohne Bau kein Geld. Ohne Geld keine Nägel. Ohne Geld keine Abbaugenehmigung. Ohne Heiligenbildchen keinen Cent. Ohne Geld keine Kohle. Ohne Torf keine Heiligenbildchen. Ohne Torf keine Kohle. Ohne Kohle kein Öl. Ohne Geld kein Geld. Das eine hing am anderen, und dazwischen hing jeweils das Geld, diese arrogante Erfindung als fiktiver Tauschwert. Gut, das hatte ich mir noch eingehen lassen, diese italienischen Lire-Münzen, deren Materialwert so hoch war, das sie von japanischen Geschäftemachern massenweise aus dem Verkehr gezogen worden sind. Sie waren mir noch als greifbarer Wert erschienen. Auch die Bonbons, Getoni und Briefmarken, die ich in Ostia als Wechselgeld bekommen hatte. Obwohl sie mir die Taschen verstopften, waren sie mir doch lieber als so ein Fetzen Papier, als ein Scheibchen Billigmetall. Fürchte ich den Tod durch Verdursten? Da hab ich noch fünfzig Deutschmarks und niemand will mir etwas geben dafür. Ein Maul, mein Maul schreit immer mehr nach einem Getränk, egal, was es kostet. Windelweich macht mich der Wind. Der treibt mich ab. Meine Empörung war ja durchaus immer gerecht gewesen, aber jetzt bin ich froh, wenn ich es wenigstens noch zu den Schmalzwiesen hinter schaffe. Ich weiche aus, seitlich durchs Tal der sieben versiegelten Quellen. Und es ist weit. Doch hinten im Schutt steckt noch der Jägerstand. Und das sind die letzten greifenden Wurzeln, die letzten Äste, die aus diesem Steingeröll wachsen. Ich verfluche die Dummheit, und das ist die Kraft, die mich die Sprossen hinaufträgt. Oben stell ich die Axt neben mich und seh durch den Sucher der Aztekischen Kamera hinüber zu dem Pfad, der von Süden herkommt. Dort tut sich nichts. Nur ganz aus der Ferne hör ich Geplärr und Geschütze näher kommen. Da hab ich noch Zeit. Ich hab auch Durst. Und ich hab einen blauen Gedichtband bei mir. Im Sitzen fällt der Entschluß leichter, auf dessen Leerseiten noch eine Meldung zu schreiben. Die neuformierten Truppen des General Epp stehen schon am Hirschberg. Sie werden jeden Fischer erschießen, der nicht ihre Fahne gehißt hat. Ich will die Lage schildern, ganz wie sie ist, und im Schreiben wird mir klar, sie ist aussichtslos. Keine drei Kieselsteine kann ich mehr aufeinanderlegen. Keine zwei Kieselsteine mehr kann ich gleichzeitig von der Stelle rühren. Es sind also schon wieder genügend Idioten unterwegs, den andern die Köpfe einzuschlagen. Seht her, der meine ist noch voller als sonst, mit seinem Übergewicht droht er schon von allein von seinem angestammten Platz herunterzubrechen. Dort streiten sich die Sinne mit den gespeicherten Informationen. Software gegen Hardcore in

der letzten Runde. Wie jegliche Zentrale, so ist auch die da oben absolut zwanghaft. Es gibt so eine Gesetzmäßigkeit, aber die Maßstäbe haben sich verschoben. Hmmmmm. Meine Geduld ist jetzt am Ende. Jetzt hab ich es eilig. Hmm. Mit dem Ende der Geduld hört es auf. Es gibt einen Zeitpunkt, da läuft das letzte Faß über. Ich komme nicht mehr auf die Beine, aber nochmals auf neue Gedanken. Wenn ich jetzt das Gleichgewicht verliere, herunterfalle, mir noch dazu das Genick breche und einer dieser Fremdenlegionäre findet mich in ein paar Stunden, was wird der vom Inhalt dieser Zeilen wohl halten?
Soweit also notierte ich diesen Gedanken auf dem Buchumschlag. Dann aber kam mir, daß ich ja auch jetzt erst dort herunterfallen und mir das Genick brechen könnte. Dann würden sie mich, von frischem Staub bedeckt, zusammen mit meinen gerade erst niedergeschriebenen Sätzen über den erdachten Tod vorfinden. Falls sie überhaupt lesen können, dann müßten sie sich doch übel verspottet vorkommen. Mir stieg ein Summen in den Kopf, und als ich die Weiterführung dieses Gedankens aufschrieb, kam mir sofort, daß ich ja auch erst jetzt hinunterfallen könnte. Denn die Säge, sie nimmt keine Rücksicht auf die Fasern des Holzes des Stichflammendaseins des

einzelnen wie auch der Menschheit überhaupt. Ich hatte in den falschen Apfel gebissen, und jetzt war es eben soweit. Gegen Abend wurde ich rüde geweckt und *Ask the Angels* brach ab, statt diesem Summen hörte ich das vertraute Rauschen niedriger Wellen. Ich glaubte zuerst, bei meiner eigenen Flucht helfen zu sollen. Die Uhr am Arm meines nassen Körpers stand auf sechs vor sieben, Epps auf sechs Minuten nach acht Uhr. Meine Uhr war bereits in den Taschen eines Legionärs verschwunden. Das Schicksalsdrama ist für mich wie die Fußspuren in der Früh um fünf Uhr, wie Dr. Maier aus Starnberg herausfand, wie die Schritte nur auf eineinhalb Meter zusammengekommen sind. Also kein Ringen; entweder ich wurde mit Chloroform von andern betäubt, oder Betäubungstrank, Lanzenstich. Daß man mich aber als Epps Mörder bezeichnet, ist leider völlig danebengegriffen! Bender hatte die Telegramme verfälscht, die ich als Lagebericht nach München gesandt hatte. Später wurde mir gesagt, ein Fischer von Possenhofen, früher Hoffischer in Ammerland, hatte unsere Schritte auf dem Seegrund näher zusammen-

bringen müssen. Dazu bediente er sich einer Stange mit angenageltem Holzpantoffel. Bender war Kommunistenfeind. Wir Fischer durften keine rote Fahne haben. Bayerische Rautenfahnen wurden jedem Fischer frei geliefert. Immer wieder kämen jetzt Gebirgler und behaupten, man habe zwei Wachspuppen nach Hause gefahren und begraben. Telegraphist Mathaus sagte mir, vorläufig wirst du närrisch erklärt, und dann räumen sie dich auf die Seite. – Öd und leer das Meer, reimte er. Tod durch Ertrinken ist ein Erstickungstod. Würm, würmer, am würmsten. I had not thought death had undone so many. Wenn sie überhaupt etwas finden, dann höchstens mein tiefblaues Buch mit Eliots 433versigem Gedicht *Waste Land*. Darin die erste Strophe angestrichen, *The Burial of the Dead* (Ich hatte oft bis tief in die Nacht gelesen):
April is the cruellest month, breeding (er

treibt) lilacs (Flieder) out of the dead land, mixing memory and desire, stirring (er weckt) dull roots with spring rain. Winter kept us warm, covering earth in forgetful snow, feeding a little life with dried tubers (Knollen). Summer surprised us, coming over the Starnbergersee with a shower of rain; we stopped in the colonnade (Säulengang), and went on in sunlight, into the Hofgarten, and drank coffee, and talked for an hour. Bin gar keine Russin, stamm' aus Litauen, echt deutsch. And when we were children, staying at the arch-duke's (beim Großfürsten), my cousin's, he took me out on a sled (Schlitten), and I was frightened. He said, Marie, Marie, hold on tight. And down we went. In the mountains, there you feel free. I read, much of the night, and go south in winter. Hildesheimer mißt die beiden großen englischen Lyriker der ersten Jahrhunderthälfte, Eliot und seinen Kumpel Pound, an ihren eigenen theoretischen Maßstäben und konstatiert ihr Scheitern. Again and again, there came some highlanders and maintained, it had been two wax-puppets, being brought to the burial. You ought not to go to Siena and ask any automatic horoscope, or any angels. Der April ist auch nicht schrecklicher als die anderen Monate. Die Monate an sich sind sowieso nie schrecklich, nicht mal der März. Ende des Monats ist die Milch sauer. In aprile sono andato al lido con un uomo, ma nessuno è ritor-

nato. In den
versumpften
Uferhöhlen des
Sees lauern die
Aale, in April
they prefer the
liver of the
redskins.
Aprilglöckchen,
Aprilgewitter,
Aprilfeiertag,
Aprilandacht,
Aprilblumen,
Aprilwetter,
Aprillieder,
Aprilkäfer,
Aprilregen,
Aprilsonne,
Aprilwiese,
Aprilbaum,
Aprilapril,
Aprilluft,
Aprilzeit,
Aprilwein,
Aprilbock,
Apriltag,
Apostel
Andreas,
Andex,
Andel,
Apfel,
Ael.

Aal,
Ah!
Aa,

Ä.

[redacted] Hr. Nachleger hat nachher selbst seine Reise beschrieben. Er war damals nach München gekommen, um bey Hofe zu sollicitiren. Er erhielt auch 1782 eine Pension von 400 Fl. unter dem Titel als Fürstl. Schiffmeister auf dem Starnbergersee***. Er baute auf diesem See zwey Bote mit Segeln auf engländische Art, dergleichen man in dieser Gegend noch nicht gesehen hatte. Er hatte noch andere Verbesserungen im Sinne, fand aber taube Ohren. Dazu war ihm, wie den meisten Leuten, die weite Seereisen gethan haben, das Landleben zu enge, und noch mehr das Spielschiffen auf einem kleinen See zuwider. Er ging daher noch in demselben Jahre nach Triest, und begab sich als Steuermann auf ein Kauffahrtheyschiff, das ein Engländer, Namens Digson, nach Ostindien führte.

[redacted]

*** Starnberg ist ein kurfürstliches Lustschloß drittehalb Meilen von München auf einem ziemlich hohen Berge unweit Aufkirchen. Bey demselben ist ¼ Meile langer und in mittlerer Breite etwa 200 Fuß breiter sehr fischreicher See, der Würmsee genannt, auf welchem der Hof zuweilen Spazierfahrten in vielen ausgezierten Kähnen, die über 1000 und mehr Menschen enthalten, und zugleich Wasserjagden anstellt, indem ein Hirsch in die See getrieben, und mit Kähnen oder kleinen Booten verfolgt, und endlich geschossen wird. S. Keyslers Reisen 1ter Bd. S. 61. Herr Westenrieder hat wie schon oben S. 587 angezeigt, 1784 eine interessante Beschreibung dieses Sees und der umliegenden schönen Gegend herausgegeben.

Neue deutschsprachige Literatur in den suhrkamp taschenbüchern

Udo Aschenbeck: Südlich von Tokio. st 1409
Margrit Baur: Überleben. Eine unsystematische Ermittlung gegen die Not aller Tage. st 1098
Katja Behrens: Die weiße Frau. Erzählungen. st 655
Ulla Berkéwicz: Josef stirbt. Erzählung. st 1125
– Michel, sag ich. st 1530
Silvio Blatter: Kein schöner Land. Roman. st 1250
– Love me Tender. Erzählung. st 883
– Schaltfehler. Erzählungen. st 743
– Die Schneefalle. Roman. st 1170
– Wassermann. Roman. st 1597
– Zunehmendes Heimweh. Roman. st 649
Franz Böni: Die Fronfastenkinder. Aufsätze 1966-1985. Mit einem Nachwort von Ulrich Horn. st 1219
– Ein Wanderer im Alpenregen. Erzählungen. st 671
Thomas Brasch: Der schöne 27. September. Gedichte. st 903
Hans Christoph Buch: Die Hochzeit von Port-au-Prince. Roman. st 1260
– Jammerschoner. Sieben Nacherzählungen. st 815
– Karibische Kaltluft. Berichte und Reportagen. st 1140
Fritz H. Dinkelmann: Das Opfer. Roman. st 1591
Werner Fritsch: Cherubim. st 1672
Herbert Gall: Deleatur. Notizen aus einem Betrieb. st 639
Herbert Genzmer: Cockroach Hotel. Ängste. st 1243
– Freitagabend. st 1540
– Manhattan Bridge. Geschichte einer Nacht. st 1396
Rainald Goetz: Irre. Roman. st 1224
Reto Hänny: Flug. st 1649
Wilhelm Hengstler: Die letzte Premiere. Geschichten. st 1389
Ulrich Horstmann: Das Glück von Omb'assa. Phantastischer Roman. PhB 141. st 1088
– Das Untier. Konturen einer Philosophie der Menschenflucht. st 1172
Thomas Hürlimann: Die Tessinerin. Geschichten. st 985
Franz Innerhofer: Die großen Wörter. Roman. st 563
– Schattseite. Roman. st 542
– Schöne Tage. Roman. st 349
Bodo Kirchhoff: Dame und Schwein. Geschichten. st 1549
– Die Einsamkeit der Haut. Prosa. st 919
– Mexikanische Novelle. st 1367
– Ohne Eifer, ohne Zorn. Novelle. st 1301
– Zwiefalten. Roman. st 1225
Ady Henry Kiss: Da wo es schön ist. st 914

250/1/6.89

Neue deutschsprachige Literatur in den suhrkamp taschenbüchern

Bettina Klix: Tiefenrausch. Aufzeichnungen aus der Großstadt. st 1281
Alfred Kolleritsch: Gedichte. Ausgewählt und mit einem Vorwort versehen von Peter Handke. st 1590
– Die grüne Seite. Roman. st 323
Marcel Konrad: Stoppelfelder. Roman. st 1348
Jürg Laederach: Nach Einfall der Dämmerung. Erzählungen und Erzählungen. st 814
– Laederachs 69 Arten den Blues zu spielen. st 1446
– Sigmund oder Der Herr der Seelen tötet seine. st 1235
Gertrud Leutenegger: Gouverneur. st 1341
– Ninive. Roman. st 685
– Vorabend. Roman. st 642
Thomas Meinecke: Mit der Kirche ums Dorf. Kurzgeschichten. st 1354
E. Y. Meyer: Eine entfernte Ähnlichkeit. Erzählungen. st 242
– In Trubschachen. Roman. st 501
– Ein Reisender in Sachen Umsturz. Erzählungen. Neufassung. st 927
– Die Rückfahrt. Roman. st 578
Bodo Morshäuser: Die Berliner Simulation. Erzählung. st 1293
– Blende. st 1585
Judith Offenbach: Sonja. Eine Melancholie für Fortgeschrittene. st 688
Erica Pedretti: Harmloses, bitte. st 558
– Heiliger Sebastian. Roman. st 769
– Sonnenaufgänge, Sonnenuntergänge. Erzählungen. st 1653
Nikolaus Pietsch: Der Gefangene von Heidelberg. st 1129
Peter Rosei: Der Fluß der Gedanken durch den Kopf. Logbücher. st 1656
– Reise ohne Ende. Aufzeichnungsbücher. st 875
– Wege. Erzählungen. st 311
Ralf Rothmann: Messers Schneide. Erzählung. st 1633
Hansjörg Schertenleib: Die Ferienlandschaft. Roman. st 1277
Jochen Schimmang: Das Ende der Berührbarkeit. Eine Erzählung. st 739
– Der schöne Vogel Phönix. Erinnerungen eines Dreißigjährigen. st 527
Einar Schleef: Gertrud. st 942
Peter Sloterdijk: Der Zauberbaum. Die Entstehung der Psychoanalyse im Jahr 1785. Ein epischer Versuch zur Philosophie der Psychologie. st 1445
Angelika Stark: Liebe über Leichen. st 1099
Harald Strätz: Frosch im Hals. Erzählungen. st 938
Karin Struck: Lieben. Roman. st 567
– Die Mutter. Roman. st 489
– Trennung. Erzählung. st 613

250/2/6.89

250/3/6.89

Deutschsprachige Literatur in der edition suhrkamp: Prosa

Eva-Maria Alves: Maanja. Meine Freundin, meine Mutter, meine Puppe. Eine Anrufung. Zeichnungen: Alexandra Albrand. es 1159
– Neigung zum Fluß. Mit 16 Fotos von Christiane P. Scharlau. es 1083
Renato P. Arlati: Auf der Reise nach Rom. Prosa. Auswahl und Nachwort von Franz Böni. es 1053
Reinhold Batberger: Drei Elephanten. es 1459
Martin Roda Becher: Unruhe unter den Fahrgästen. ›Aufzeichnungen‹. es 1352
Jürgen Becker: Umgebungen. es 722
Thomas Bernhard: Prosa. es 213
– Ungenach. Erzählung. es 279
Franz Böni: Alvier. Erzählungen. Mit einem Nachwort von Samuel Moser. es 1146
– Hospiz. Erzählung. es 1004
– Der Johanniterlauf. Fragment. es 1198
Nicolaus Bornhorn: Der Film der Wirklichkeit. es 1154
Volker Braun: Berichte von Hinze und Kunze. es 1169
– Es genügt nicht die einfache Wahrheit. Notate. es 799
Bertolt Brecht: Die Geschäfte des Herrn Julius Caesar. Romanfragment. es 332
– Prosa. Bd. 1-4. es 182-185
– Der Tui-Roman. Fragment. es 603
Hans Christoph Buch: Der Herbst des großen Kommunikators. Amerikanisches Journal. es 1344
Michael Buselmeier: Der Untergang von Heidelberg. es 1057
Esther Dischereit: Joëmis Tisch. Eine jüdische Geschichte. es 1492
Hans Magnus Enzensberger: Das Verhör von Habana. es 553
– Der Weg ins Freie. Fünf Lebensläufe überliefert von Hans Magnus Enzensberger. es 759
Gerold Foidl: Scheinbare Nähe. es 1237
Max Frisch: Ausgewählte Prosa. Nachwort von Joachim Kaiser. es 36
Werner Fritsch: Steinbruch. es 1554
Peter Greiner: Wie Bombenleger-Charly leben ... Sozialverhalten. Geschichten und Szenen. es 1356
Norbert Gstrein: Einer. Erzählung. es 1483
Reto Hänny: Ruch. Ein Bericht. es 1295
– Zürich, Anfang September. es 1079
Peter Handke: Phantasien der Wiederholung. es 1168
Hermann Hesse: Tractat vom Steppenwolf. Nachwort von Beda Allemann. es 84

300/1/4.89

Deutschsprachige Literatur in der edition suhrkamp: Prosa

Ulrich Holbein: Samthase und Odradek. es 1575
Uwe Johnson: Jahrestage. Aus dem Leben von Gesine Cresspahl. 4 Bde. im Schuber. es 1500
– Karsch, und andere Prosa. Nachwort von Walter Maria Guggenheimer. es 59
– Porträts und Erinnerungen. Herausgegeben von Eberhard Fahlke. es 1499
– Versuch, einen Vater zu finden. Marthas Ferien. Tonkassette mit Textheft. Mit einem editorischen Bericht von Norbert Mecklenburg. es 1416
Bodo Kirchhoff: Body-Building. Erzählung, Schauspiel, Essay. es 1005
Bettina Klix: Sehen Sprechen Gehen. Prosa. es 1566
Alexander Kluge: Gelegenheitsarbeit einer Sklavin. Zur realistischen Methode. es 733
– Lernprozesse mit tödlichem Ausgang. es 665
– Neue Geschichten. Hefte 1-18. ›Unheimlichkeit der Zeit‹. es 819
– Schlachtbeschreibung. Roman. es 1193
Werner Koch: Intensivstation. Erzählung. es 1173
Wolfgang Koeppen: Morgenrot. Anfänge eines Romans. es 1454
Franz Xaver Kroetz: Frühe Prosa / Frühe Stücke. es 1172
Dieter Kühn: Ausflüge im Fesselballon. Roman. Neufassung. es 656
Jürg Laederach: Vor Schrecken starr. Fixierungen, Stechblicke, Obsessionen. es 1503
– Der zweite Sinn oder Unsentimentale Reise durch ein Feld Literatur. es 1455
Jean Lessenich: »Nun bin ich die niemals müde junge Hirschfrau oder der Ajilie-Mann«. es 1308
Gertrud Leutenegger: Das verlorene Monument. es 1315
Uwe Maeffert: Bruchstellen. Eine Prozeßgeschichte. es 1387
Gert Mattenklott: Blindgänger. Physiognomische Essays. es 1343
Frank-Wolf Matthies: Tagebuch Fortunes. es 1311
Friederike Mayröcker: Magische Blätter. es 1202
– Magische Blätter II. es 1421
Bodo Morshäuser: Revolver. Vier Erzählungen. es 1465
Hans Erich Nossack: Pseudoautobiographische Glossen. es 445
Erika Runge: Frauen. Versuche zur Emanzipation. es 359
Einar Schleef: Die Bande. Erzählungen. es 1127
Peter Schwacke: Carte blanche. Erzählungen. es 1164
Split: Apfelsinen im Hals. Geschichten. es 1558
Karin Struck: Kindheits Ende. Journal einer Krise. es 1123

300/2/4.89

Deutschsprachige Literatur
in der edition suhrkamp:
Prosa

Karin Struck: Klassenliebe. Roman. es 629
Thank You Good Night. Herausgegeben von Bodo Morshäuser. Alle Fotos: Michael Strauss. es 1227
Joachim Veil: Die Wiederkehr des Bumerangs. es 1137
Walter Vogl: Hassler. Frequenzritte eines Straßenkehrers. es 1182
Von nun an. Neue deutsche Erzähler. Herausgegeben von Hans-Ulrich Müller-Schwefe. es 1003
Martin Walser: Eiche und Angora. Eine deutsche Chronik. es 16
– Geständnis auf Raten. es 1374
– Lügengeschichten. es 81
Peter Weiss: Abschied von den Eltern. Erzählung. es 85
– Die Ästhetik des Widerstands. Roman. es 1501
– Fluchtpunkt. Roman. es 125
– Das Gespräch der drei Gehenden. es 7
– Notizbücher 1960-1971. 2 Bde. es 1135
– Notizbücher 1971-1980. 2 Bde. es 1067
– Der Schatten des Körpers des Kutschers. es 53
Sinclair (P. Weiss): Der Fremde. Erzählung. es 1007
Josef Winkler: Die Verschleppung. Njetotschka Iljaschenko erzählt ihre russische Kindheit. es 1177

300/3/4.89